일본 소도시 여행

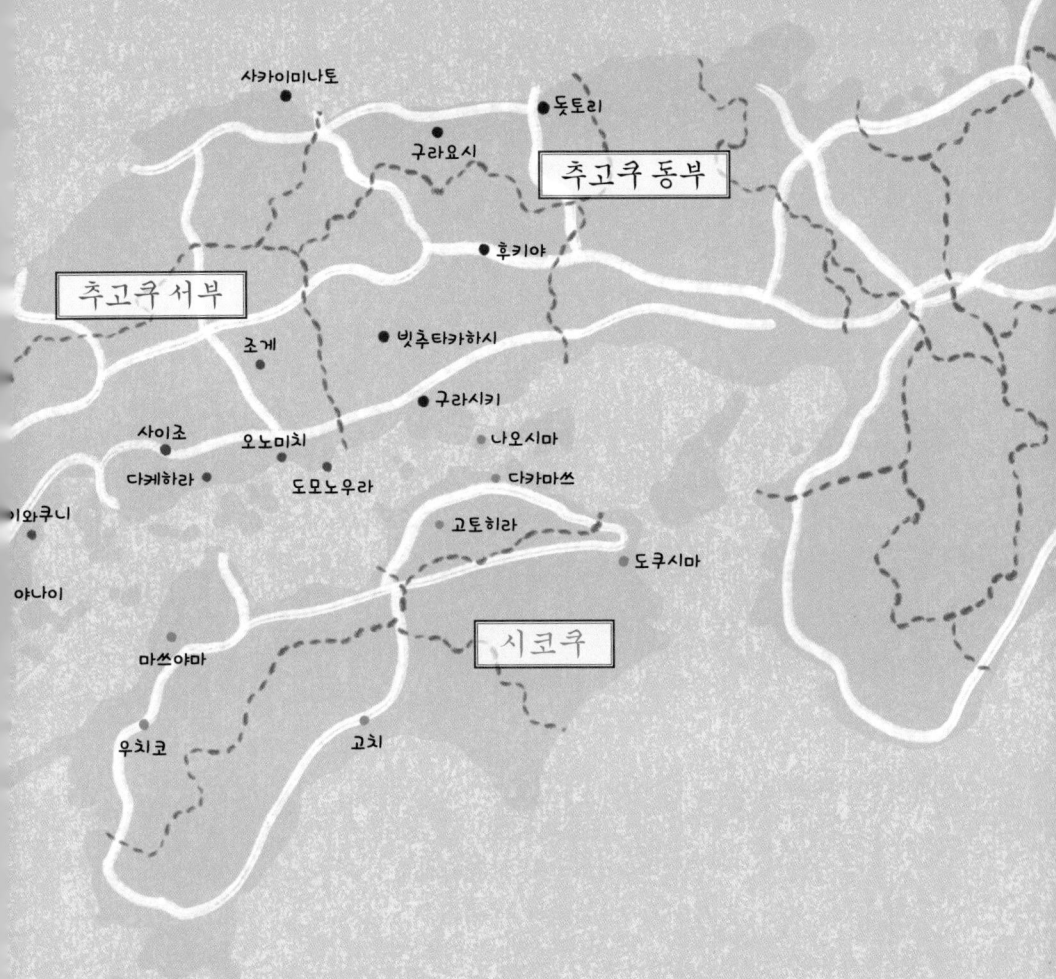

일본 소도시 여행

지은이 박탄호
펴낸이 임상진
펴낸곳 (주)넥서스

초판 1쇄 발행 2017년 12월 5일
초판 10쇄 발행 2022년 1월 28일

2판 1쇄 발행 2023년 5월 10일
2판 2쇄 발행 2023년 5월 15일

출판신고 1992년 4월 3일 제311-2002-2호
주소 10880 경기도 파주시 지목로 5
전화 (02)330-5500 팩스 (02)330-5555

ISBN 979-11-6683-561-2 13980

저자와 출판사의 허락 없이 내용의 일부를
인용하거나 발췌하는 것을 금합니다.
저자와의 협의에 따라서 인지는 붙이지 않습니다.

가격은 뒤표지에 있습니다.
잘못 만들어진 책은 구입처에서 바꾸어 드립니다.

www.nexusbook.com

일본 소도시 여행

숨은 보석처럼 반짝이는 풍경
서일본의 소도시를 거닐다

박탄호 지음

넥서스BOOKS

시작하며

 2012년, 교환학생 자격으로 일본에 건너왔다. 1년으로 끝날 줄 알았던 일본 생활은 워킹 홀리데이와 대학원 진학, 그리고 취업으로 이어졌다. 10년 넘는 타향살이에서 큰 위로가 되어 준 것은 여행이었다. 특히 잘 알려지지 않았지만 자세히 들여다보면 너무도 아름다운 일본 소도시에 매료되었다.
 하지만 유명 관광지를 벗어나 소도시로 눈을 돌리는 여행자가 늘어나고 있음에도 이런 지역을 다루는 정보가 턱없이 부족한 것이 아쉬웠다. 그 결과, 일본 소도시 여행을 원하는 여행자들에게 도움이 될 만한 책을 만들기로 결심하고, 그간 여행을 다니며 쌓은 기록을 토대로 출판을 준비했다. 2017년 11월, 《일본 소도시 여행》이 출간될 때만 해도 '1쇄만 다 팔려도 좋겠다.'라고 소원을 빌었다. 그런데 독자분들의 두터운 성원 덕에 증쇄를 거듭한 데 이어 개정판까지 출간하게 되었으니 정말 감사한 일이다.
 초판에서도 증쇄 때마다 여행 정보를 대폭 수정하고 이야기를 다듬는 등 변화를 주었으나, 개정판은 그 정도로 만족하지 않고 제대로 업그레이드된 모습을 선보이기 위해 노력하였다. 전체적으로 최신 여행 정보로 갱신하는 데 그치지 않고, 17개 지역을 아예 새로운 내용으로 교체하였다.
 또한 그 동안 온라인 서점과 각종 사이트의 서평에서 가장 많이 지적되었던 '음식 이야기'를 대폭 보강하였다. 초판에서 맛집 소개를 최소화한 것은, 인터넷 검색 한 번이면 다 나오는 맛집 소개보다는 마을을 둘러싼 역사와 인물, 건

축물 이야기에 집중하고 싶었기 때문이다. 또한 모처럼 책에 소개한 가게가 문을 닫거나 하면 독자분들께 민폐를 끼칠 수 있다는 우려도 있었다. 하지만 출판 이후에 독자분들의 서평을 꼼꼼히 읽으면서 의외로 맛집 소개와 같은 정보를 독자분들이 필요로 한다는 점을 알게 되었다. 그리하여 개정판에서는 초판의 기조를 유지하되 깊이 있는 지식과 실용적인 정보를 추가하고자 했다.

아울러 제한된 분량에 현지 역사와 문화, 인물, 건축물 이야기를 꾹꾹 눌러 담는 데 주력한 탓에 정작 책에서 '현지 분위기'를 느끼기가 쉽지 않다는 지적도 겸허히 받아들였다. 군더더기라고 판단되는 내용을 과감히 삭제하고, 이야기 흐름이 뒤죽박죽인 곳도 여행 동선에 맞춰 다시 작성하고, 더 실감나는 이야기로 활기를 불어넣고자 애썼다.

동시에 2022년 하반기에 유튜브 채널을 개설해 이 책에 나오는 소도시 여행 영상을 올렸고, 이를 QR코드로 만들어 책에 삽입했다. 시간적, 금전적 한계로

인해 이번 개정판에는 13곳의 동영상만 소개하는 데 그쳤지만, 앞으로도 계속 취재를 하여 하나씩 영상을 올릴 예정이다. 독자분들은 먼저 이 책을 통해 깊이 있는 현지 이야기를 접한 다음, 유튜브 영상을 통해 생생한 현지 분위기를 확인하시면 여행을 준비함에 있어 실질적인 도움을 얻을 수 있을 것이다.

이렇듯 다양한 의견을 수렴해 부족한 부분을 채운《일본 소도시 여행》개정판이 나오기까지는 많은 분들의 도움이 있었다. 증쇄 때마다 까다로운 요구를 함에도 더 좋은 책을 위해 기꺼이 수렴해 주신 넥서스 출판사 직원분들의 배려와, 하늘에 계신 아버지와 늘 곁에 있어 주시는 어머니의 뜨거운 사랑, 그리고 책을 읽어 주신 모든 분들의 관심이 아니었다면 나날이 어려워지는 출판 환경에서 개정판이 나오는 일은 없었을 것이다. 이를 알기에 10년 후에도 사랑받는 책이 될 수 있도록, 더 열심히 쓰고 취재해서 독자분들께 보답하려 한다.

고맙습니다!

차례

시작하며 ·· 6

1장 추고쿠 동부
에도 시대의 영광과 애니메이션의 매력이 공존하는 곳

으스스한 요괴 마을, **사카이미나토** ·· 14
빨간 기와지붕이 옹기종기, **구라요시** ··· 26
삼천엔 택시로 즐기는 대자연의 선물, **돗토리** ··· 36
높은 문화의 힘, **구라시키** ··· 48
일본의 마추픽추, **빗추타카하시** ·· 62
벵갈라의 고장, **후키야** ·· 74

2장 추고쿠 서부
재미난 역사 이야기가 한자리에

일본의 이스탄불, **모지코·시모노세키** ··· 88
품위 있는 도시, **야나이** ·· 104
아름다운 아치 다리가 놓인 마을, **이와쿠니** ·· 116
아기자기한 고양이 마을, **오노미치** ··· 128
대나무 공주의 전설, **다케하라** ·· 142
일본주의 본고장, **사이조** ··· 154
히나 마쓰리를 만나러, **조게** ·· 166
조선통신사가 극찬한 일본 제1의 경치, **도모노우라** ······························ 176

3장 시코쿠
섬나라 속 아름다운 섬 동네

- 나츠메 소세키의 발자취가 남은 온천 마을, **마쓰야마** ································ 190
- 목랍으로 번영한 상업의 마을, **우치코** ·· 206
- 일본의 영웅 료마와 호빵맨의 고향, **고치** ·· 220
- 어깨춤이 절로 나는 아와오도리의 고장, **도쿠시마** ·· 234
- 세상의 중심에서 우동을 외치다, **다카마쓰** ·· 244
- 꿈과 예술의 섬, **나오시마** ·· 256
- 사누키 우동의 원조, **고토히라** ·· 266

4장 규슈 북부
이보다 일본스러울 수 없는 아기자기한 마을들

- 세계 문화유산 히타 기온 마쓰리, **히타** ·· 280
- 사무라이의 마을, **기쓰키** ·· 296
- 일본 제1의 온천 도시, **벳부** ·· 306
- 시간이 멈춘 동네, **분고타카다** ·· 318
- 일본의 베니스, **야나가와** ·· 330
- 아무것도 하고 싶지 않을 때, **우키하** ·· 340
- 조선인 도공의 발자취를 찾아서, **이마리** ·· 356

5장 규슈 남부
신이 머물다 간 황홀한 대자연의 땅

- 일본 본토의 최남단, **가고시마 · 이부스키** ·· 368
- 미야자키의 보물 창고, **니치난** ·· 384

각 지역 여행 코스 및 추가 정보 제공 blog.naver.com/inb4032

1 추고쿠 동부

에도 시대의 영광과
애니메이션의 매력이
공존하는 곳

〈게게게노 기타로〉라는 만화가 있다. 20세기 중후반 선풍적인 인기를 끈 이 요괴 만화 시리즈는 그 후로도 수십 년간 일본인들의 사랑을 받았다. 그리고 만화의 저자, 미즈키 시게루의 고향인 돗토리현 서부 사카이미나토에는 그의 만화 세계가 반영된 요괴 마을이 조성되어 여행객들을 유혹한다.

으스스한 요괴 마을

사카이미나토 境港

찜통 같은 무더위가 물러나고 제법 선선한 기운이 도는 10월 초, 돗토리현 요나고米子로 향했다. 흔히 돗토리현과 시마네현을 묶어 산인山陰 지역이라 칭하는데 '산인의 오사카'라 불리는 소도시 요나고는 돗토리 여행을 위해 반드시 거쳐야 할 관문이다. 따라서 요괴 마을로 유명한 사카이미나토로 향하는 이번 여행도 요나고역에서 시작했다.

요나고역에 도착한 후, 사카이미나토까지 가는 요괴 열차를 타기 위해 0번 승강장으로 발걸음을 옮겼다. 일본에서는 숫자 '0'과 귀신을 뜻하는 한자 '靈'을 똑같이 '레이レイ'라고 읽기 때문에, 인간 세상과 요괴 세상을 잇는다는 의미에서 요괴 열차 승강장을 0번 승강장이라 이름 붙였다. 이에 그치지 않고 JR 측에서는 요괴 만화 〈게게게노 기타로로ゲゲゲの鬼太郎〉의 주인공인 기타로와 네코무스메, 네즈미 오

요괴 열차가 출발하는 요나고역 0번 승강장

토코 등 요괴 캐릭터를 입힌 요괴 열차 6대를 운영한다. 실내외로 요괴 캐릭터가 그려진 열차가 각 역에 정차할 때마다 기괴한 요괴 효과음이 들리는데 그때마다 탑승객들은 요괴 세상으로 들어가는 착각에 빠진다.

쇠락하던 수산 도시의 부흥책, 요괴 마을

1990년대 초까지 연간 어획량 50만 톤 이상을 기록하며 일본 수산업의 전초 기지 역할을 하던 사카이미나토는, 수산업 쇠퇴와 함께 쇠락의 길에 접어들었다. 항구 주변 상권이 축소되자 일자리를 구하러 떠나는 사람들이 많아지면서 도시 기반이 흔들렸다. 심각성을 감지한 시 당국은 지역 부흥을 위해 대책을 강구했는데, 이때 구세주로 등장한 것이 바로 이 지역 출신의 만화가 미즈키 시게루 水木しげる가 그린 만화 시리즈 〈게게게노 기타로〉였다.

 이 만화 시리즈는 1960년대 애니메이션으로 방송된 이래 많은 사랑을 받았다. 처음 방영될 때만 해도 요괴 만화답게 음침하면서도 고독한 분위기를 풍겼으나 점차 그림체와 분위기도 부드러워졌고, 시대상을 반영하는 배경과 캐릭터들의 내면 변화로 독자들의 공감을 끌어냈다. 요괴 캐릭터를 통해 현실을 대변한 점과 아기

마을 곳곳에 세워진 요괴 동상

자기하고 앙증맞은 캐릭터들의 활약도 큰 사랑을 받은 원동력이었다.

공무원들과 상인들은 이 〈게게게노 기타로〉의 캐릭터를 관광 자원으로 활용하기 위해 미즈키 시게루에게 허락을 구했고, 승낙을 받자마자 시내 곳곳에 23개의 캐릭터 동상을 설치했다. 하지만 얼마 지나지 않아 큰 문제가 발생했다. 동상이 파괴되거나 도난당하는 사고가 속출한 것이다. 도시 부흥을 위해 사활을 건 사업이 하루아침에 물거품이 될 위기였는데, 여기서 반전이 일어났다. 이 사건이 매스컴을 타고 일본 전역에 보도되면서 도시가 유명세를 타기 시작한 것이다. 소문을 듣고 관광객이 몰려들자 상권이 살아났고, 시에서는 동상 수를 더 늘리며 관광객 맞이에 힘썼다. 이러한 과정을 거쳐 지금까지 177개의 동상이 설치되었고, 2020년 말에 총 방문자 수 4000만 명을 돌파하며 명실상부한 돗토리현의 대표 관광 명소가 되었다.

요괴 세상으로, 미즈키 시게루 로드

여행객을 태운 요괴 열차는 출발 45분 만에 목적지 사카이미나토역에 도착했다. 수산업으로 명성을 떨쳤던 지역답게 등대 모형을 올린 역 건물 내부에는 요괴 그림이 새겨진 의자와 소품이 가득했고, 출입구 주변 인도에는 크고 작은 요괴 동상들이 서 있었다. 사카이미나토역에서부터 미즈키 시게루 기념관水木しげる記念館까지 이들 요괴 동상이 길게 이어진 대로를 미즈키 시게루 로드水木しげるロード라 부르는데, 800m에 이

미즈키 시게루 로드에서는
아기자기한 만화 캐릭터와 기념품을 만날 수 있다.

르는 거리 양쪽으로는 음식점과 카페, 잡화점 등 많은 상점이 여행객을 맞이한다. 마치 그 모습이 요괴 세상과 같아서 거리 여기저기서 즐거운 환호가 쏟아졌다.

요괴 스탬프 랠리

나 또한 다른 여행객들처럼 마을을 즐겁게 돌아보기로 하고 역 바로 옆에 위치한 사카이 미나토 페리 터미널의 관광 안내소에 들러 '요괴 스탬프 랠리'라는 500엔짜리 요괴 가이드북을 구입했다. 마을 곳곳에 설치된 요괴 스탬프를 가이드북에 찍은 후 관광 안내소에 보여 주면 요괴 스티커 한 장을 선물로 받는데, 스탬프를 모으며 추억을 남기려는 여행객들에게 인기를 끌고 있다.

미즈키 시게루 로드에 위치한 상점들 안팎에는 다양한 기념품이 진열되어 있었다. 조잡한 싸구려 기념품이 아니라, 만화 속 요괴 캐릭터의 특징을 반영한 풍성한 먹거리부터 정교한 예술 작품에 이르기까지 다양하기 이를 데 없었다. 인구 4만의 작은 소도시에서, 한국으로 치면 '영심이' 정도의 인지도를 가진 캐릭터로 이렇게 다양한 관광 상품을 창출하는 모습에 혀를 내둘렀다.

〈게게게노 기타로〉 시리즈가 오랜 시간 대중적인 사랑을 받은 덕에 요괴 마을을 찾은 관광객의 연령대도 다양했다. 어린 학생들부터 연세 지긋한 어르신에 이르기까지 요괴 마을을 향한 애정으로 즐겁게 여행했고, 나를 비롯한 몇몇은 요괴 가이드북에 스탬프를 찍으며 여행을 즐겼다.

요괴 마을에서 맛보는 차슈 라멘과 요괴 카페라테

스탬프를 3분의 1가량 찍었을 무렵, 허기가 찾아왔다. 미즈키 시게루 로드 주변으로 맛있는 냄새를 풍기는 가게가 많았으나, 나는 미리 알아 둔 노포 오야지^{おやじ}로

미즈키 시게루 로드 곳곳에서 요괴 캐릭터를 만날 수 있다.

오야지의 차슈 라멘과 볶음밥

요괴 카페라테

향했다. 거리 중심부에서 100m가량 벗어난 골목에 위치한 가게는 지역 주민들이 즐겨 찾는 맛집이다. 백발이 성성한 노부부가 운영하는 가게는 딱 봐도 허름해 보였고 벽에는 세월이 느껴지는 표창장과 빛 바랜 그림들이 걸려 있었다. 이곳의 추천 메뉴가 차슈 라멘과 볶음밥이라기에 둘 다 주문했다. 차슈 라멘은 적당히 꼬들꼬들한 면발도 면발이지만, 구운 돼지고기인 차슈와 너무 진하지 않은 국물 맛이 일품이었다. 함께 시킨 볶음밥도 기대 이상이었다. 개인적으로는 라멘보다 볶음밥이 훨씬 입에 맞아서 숟가락으로 그릇을 삭삭 긁어 먹었다.

식사 후 다시 거리로 나섰다. 푸른 하늘 아래로 길게 이어진 아케이드 상가 천장에는 요괴 캐릭터 그림이 들어간 조명이 주렁주렁 걸려 있었고, 바로 아래에는 요괴 동상이 가득했다. 그리고 거리 한쪽에는 요괴의 집을 형상화한 ATM 부스가 있었다. 게다가 여기저기에서 사람을 홀리는 달달한 요괴 만주 냄새가 풍겨 오니 정말 요괴의 세상에 들어온 듯한 착각에 빠졌다.

몇 년 전 처음 왔을 때보다 훨씬 볼거리가 풍성해진 거리를 구경하며 걷다가 '게게게의 요괴 낙원ゲゲゲの妖怪楽園'이라는 상점을 찾았다. 입구에 걸린 요괴 간판과 마당 곳곳에 설치된 요괴 모형들이 시선을 사로잡는 이곳은 이 마을에서 영업 중인 요괴 관련 상점 중 최대 규모를 자랑한다. 그래서인지 많은 사람들이 상점 마당에 마련된 벤치에 앉아 휴식을 취하고 있었다. 마당 끝에 위치한 커다란 목조 건물 내부에는 지역 특산물과 요괴 캐릭터 상품이 진열되어 있고 한쪽에는 음식을 판매하는 공간이 있었다. 이곳에서 만화 속 캐릭터 그림이 담긴 '요괴 카페라테' 한 잔을 주문했다. 맛은 아주 평범했지만 부드러운 거품 위로 앙증맞게 그려진 요괴 그림 덕에 몹시 특별하게 다가왔다.

미즈키 시게루 기념관

오늘 여행의 최종 목적지인 미즈키 시게루 기념관으로 향하는데, 몇몇 사람들이 눈깔사탕 같은 걸 들고 있는 게 보였다. 호기심에 주변을 살피니 기념관 바로 옆의 '요괴 식품 연구소妖怪食品研究所'라는 가게에서 만화 주인공 기타로의 아버지인 메다마 오야지目玉おやじ 모
양으로 만든 당고(경단)를 팔고 있었다. 호기심에 나도 하나 사 먹고 기념관에 입장했다.

 귀에 착 달라붙는 만화 배경 음악이 흘러나오는 기념관은 미즈키 시게루의 일대기와 작품 세계, 만화 속 캐릭터의 숨겨진 이야기 등을 소개하는 공간이다. 또한 만화에 등장하는 캐릭터 그림과 인형이 곳곳에 배치된 덕에 본격적으로 요괴 세상을 탐방하는 기분에 빠지게 된다.

 기념관에 소개된 이야기를 몇 가지 읽어 보았다. 주인공인 기타로는 키 130cm에 체중 30kg의 아담한 체구에 귀여운 얼굴을 하고 있으나 유부남이라는 설정으로 등장한다. 그의 아버지 메다마 오야지는 병으로 죽었는데 세상을 떠나는 날까지 아들을 걱정하다 죽어서는 눈만 남은 요괴가 되었다. 그리고 기타로가 입고 있는 속옷은 그의 아버지가 일본 전설 속의 영웅 모모타로桃太郎에게서 받은 귀신의 팬티라고 한다. 이 밖에도 이 만화를 아는 사람들의 흥미를 자극할 만한 이야기가 기념관 곳곳에 소개되어 있고, 작업 당시의 스케치도 볼 수 있었다.

 또한 미즈키 시게루가 요괴에 관심을 갖게 된 성장 배경과 그의 생애 전반에 관한 이야기도 볼 수 있었다. 어릴 적 그의 집에는 집안일을 해 주던 논논 할머니라는 분이 계셨는데, 그는 할머니가 들려주던 요괴 이야기를 통해 요괴 세계에 관심을 갖게 되었다. 그렇게 미즈키 시게루의 삶 깊숙이 들어온 요괴 세계는 제2차 세계 대전 당시 파푸아뉴기니 전선에 배치되어 한 팔을 잃은 것도 모자라 굶주림과

작가의 일대기와 작품 세계를 만날 수 있는 미즈키 시게루 기념관

외로움까지 겪으며 극단으로 치닫던 그를 붙잡아 주기도 했다.

이렇듯 미즈키 시게루의 삶과 작품 세계가 담긴 기념관은 〈게게게노 기타로〉를 본 적이 없는 사람에게는 다소 난해하게 느껴질 수도 있다. 하지만 미즈키 시게루가 남긴 그림과 유물을 통해 한 인간의 생애를 들여다보고, 나아가 만화 속에 투영된 과거 일본의 사회상까지 폭 넓게 바라볼 수 있기에 이곳에 들른다면 한 번쯤 들러 보는 것도 좋겠다는 생각이 들었다.

1시간가량 기념관 구석구석 돌아본 후 밖으로 나서자 입구 바로 옆에 아이들의 환호성이 터져 나왔다. 요괴 인형 탈이 등장한 것이다. 코로나19 이전만 해도 요괴 인형 탈을 쓴 사람들이 마을 곳곳을 돌아다녔는데 현재는 감염 문제로 인해 지정된 시간에 인형 탈 하나만 기념관 앞에 등장하는 모양이었다. 많은 인형 탈이 골목 곳곳을 수놓던 모습을 기억하는 만큼 살짝 아쉬웠으나, 아이들이 요괴 인형과 인사를 나누고 행복해하는 모습을 보니 나쁘지만은 않았.

요괴 인형 탈과의 짧은 만남을 끝으로 사카이미나토를 떠날 시간이 되었다. 이대로 떠나기 아쉬운 마음에, 앞서 지나온 상점가와 골목을 한 번씩 다시 돌아보며 역으로 돌아갔다. 그리고 요나고로 돌아가는 요괴 열차 '네즈미 오토코'에 탑승하는 것으로 요괴 마을 여행에 마침표를 찍었다.

동영상 보기

Travel Tip

가는 방법 요나고역(米子駅)에서 0번 승강장에서 JR 전차 탑승하여 사카이미나토역(境港駅)에서 하차. (약 50분 소요, 요금 330엔)

둘러보기 사카이미나토역 → 미즈키 시게루 기념관 → 미즈키 시게루 로드(요괴 스탬프 랠리) → 게게게의 요괴 낙원에서 카페라테 한 잔 → 사카이미나토역 (약 3~4시간 소요)

볼거리
미즈키 시게루 기념관(水木しげる記念館)
- 영업 시간 : 09:30~17:00
- 요금 : 내국인 700엔, 외국인 300엔(여권이나 외국인 등록증 제시)

요괴 스탬프 랠리(妖怪スタンプラリー)
요괴 스탬프 랠리를 구입하여 미즈키 시게루 로드 내의 상점가 앞에 놓인 35개의 스탬프를 모두 찍은 후 관광 안내소에 제출하면 스탬프 랠리 완주증을 발급해 준다.
- 요금 : 요괴 스탬프 랠리(가이드북) 500엔
- 구입처 : 사카이미나토 관광 안내소 및 미즈키 시게루 로드에 있는 상점에서 구입 가능

※ 관광 안내소가 있는 건물 4층에 있는 사카이 포트 사우나(さかいポートサウナ)에 '요괴 스탬프 랠리 완주증'을 제시하면 입욕 요금을 할인받을 수 있다. (완주증 발급 당일 유효)

먹거리
사카이미나토 마구로 라멘 혼포(境港まぐろラーメン本舗)
미즈키 시게루 기념관 근처에 화려한 간판으로 치장된 라멘집 하나가 눈에 띈다. 담백한 국물 위로 탄력 있는 면, 그리고 그 위로 신선한 참치 회가 놓인 '혼 마구로 라멘(本マグロラーメン)'이 주력 메뉴이다.

게게게의 요괴 낙원(ゲゲゲの妖怪楽園)
미즈키 시게루 기념관 뒤편에 자리한 이곳에는 다양한 요괴 캐릭터가 전시되어 있다. 실내에는 〈게게게노 기타로〉의 캐릭터가 들어간 굿즈와 지역 명물을 판매한다. 또한 실내 한쪽에 마련된 카페에서는 요괴 그림이 들어간 카페라테와 아이스 쇼콜라를 맛볼 수 있다.
- 영업 시간 : 09:30~18:00(토요일 17:00) / 비정기 휴무(주로 수요일)

오야지(おやじ)
지역 주민들이 즐겨 찾는 맛집으로, 차슈 라멘과 볶음밥이 추천 메뉴이다. (1인당 약 1,000엔 예산)
- 주소 : 돗토리현 사카이미나토시 마쓰게초 60-6(鳥取県境港市松ケ枝町60-6)
- 영업 시간 : 11:00~13:30(주문 마감 13:00), 18:00~20:00 / 매주 일요일 휴무(비정기 휴무도 있음)

요괴 식품 연구소(妖怪食品研究所)
만화 캐릭터인 '메다마 오야지' 당고(경단)를 판다. (1개당 400엔)
- 주소 : 돗토리현 사카이미나토시 혼마치 4(鳥取県境港市本町4)
- 영업 시간 : 09:30~16:00 / 연중무휴

흰 벽과 빨간 지붕이 조화를 이룬 전통 건물이 다닥다닥 붙은 구라요시의 시라카베도조군 지역은 돗토리현을 대표하는 역사 전통 보존 지구다. 예로부터 지역의 구심점 역할을 하던 이 동네에는 오늘날까지도 당시의 흔적을 엿볼 수 있는 건물들과 거리가 남아 있다.

빨간 기와지붕이 옹기종기

구라요시 倉吉

구라요시역 앞에서 시라카베도조군白壁土蔵群으로 가는 버스에 올랐다. 며칠째 비구름에 가려 웅크려 있던 해님이 그간의 지루함을 털기라도 하듯 세상을 환히 비추고 있었다. 햇살이 향하는 방향을 향해 달리길 15분, 도착을 알리는 안내 방송이 들려온다.

지역을 대표하는 여행지치고는 다소 초라한 버스 정류장에서 내려 관광 안내소인 아카가와라赤瓦(전통 빨간 기와집) 10호관으로 이동해 여행 안내도 몇 장을 챙겼다. 오늘날 이곳 시라카베도조군에는 잡화점과 공방, 레스토랑 등으로 구성된 10곳의 아카가와라관이 있다. 이 건물들은 에도 시대와 메이지 시대에 세워진 것을 수리하여 예전 모습 그대로 복원한 것이다.

구라요시는 고대 호키국伯耆国의 정치 및 문화 중심지였다. 또한 무로마치 시대

오랜 역사를 간직한 다카타 주조(왼쪽)와 도요타 가문 저택(오른쪽)

(1336~1573년)에는 우쓰부키산打吹山에 성이 축조되면서 그 아래 위치한 시라카베도조군 지역에 큰 규모의 성하 마을이 들어섰다. 이렇듯 고대를 시작으로 근세에 이르기까지 위대한 발전을 이룬 이 마을은 곳곳에 남은 건축물을 통해 찬란했던 옛 시절을 기억하고 있다.

마을 외곽의 옛 건축물 순례

아카가와라관이 밀집한 시라카베도조군을 돌아보기에 앞서 마을 외곽에 자리한 옛 건축물들부터 돌아보기로 했다. 관광 안내소에서 얻은 정보에 의하면 한국 드라마 〈아테나〉의 주요 신이 촬영된 장소가 마을 외곽에 있다고 했는데, 때마침 그곳이 등장했다. 1843년에 세워진 다카타 주조高田酒造다. 오늘날엔 주말마다 건물 일부를 레스토랑으로 활용하고 있는데, 미리 예약하지 않으면 입장할 수 없다는 말에 아쉬움을 삼켰다.

조금 더 걸어가니 20세기 초중반의 느낌이 생생히 전해지는 낡은 건물들이 나를 반겨 준다. 가장 먼저 눈에 띈 곳은, 메이지 시대에 지어진 도요타 가문 저택豊田家住宅이다. 1900년도에 완공된 이 건물은 구라요시의 근대 상가 건축 양식이 남은 문화재로 이름 높은 곳이다. 하지만 오늘날에는 상가가 아닌, 만담 공연이나 지역 주민들을 대상으로 한 경연의 장으로 활용되는 모양이다.

바로 근처에는 구라요시 요도야倉吉淀屋라는 건물이 보인다. 1760년 마치다 가문에 의해 세워진 이 건물은 오늘날 구라요시에 남아 있는 상가 건물 중에서 가장 역사가 오래된 곳이다. 마치다 가문은 돗토리 영주와의 잡곡 거래를 통해 큰돈을 벌었다고 하는데, 그런 만큼 건물 외관에서부터 당시의 화려함이 엿보인다. 그런데 한 가지 독특한 점은, 1층의 처마 지붕과 2층의 처마 사이가 굉장히 짧다는 것이다. 후에 안 사실이지만, 지붕과 처마 사이가 짧은 것은 옛 구라요시 건축물에서 보이는 특징 중 하나란다.

　조심스레 안으로 들어가자 건물 관리인 아주머니께서 팸플릿 한 장을 내밀며 건물의 역사와 특징을 설명해 주신다. 그녀의 설명에 의하면, 250년의 역사를 지닌 이 건물은 몇 차례 풍파를 겪었다고 한다. 줄곧 상가로 사용되던 건물이 메이지 시대에는 우체국으로 쓰였고, 나중에는 일반 주택이 들어서면서 역사적 가치가 지워질 뻔한 것이다. 그러나 몇몇 역사학자들이 '보존'을 외치며 조사를 실시하였고, 이후 이곳이 에도 시대 오사카 지역의 거상이던 요도야와 밀접한 관련이 있음이 밝혀지면서 역사 보존 건물로 지정되기에 이르렀다.

　안내가 끝나자 신발을 벗고 건물 구석구석을 둘러보기 시작했다. 화려함과 정교함이 어우러진 넓은 실내와 하늘을 뚫을 듯한 높은 천정에 압도당하는 기분이다. 어느 새 약간의 긴장감을 머금은 채 사뿐사뿐 발걸음을 옮기고 있는 나 자신을 발견했다. 보기만 해도 입이 쫙 벌어지는 규모를 자랑하는 1층을 둘러본 후 2층으로 올라갔다. 바깥에서 볼 때는 다락방밖에 안 될 것 같던 2층은 실제로 보니 어마어마한 높이를 자랑했다. 한창 상업으로 번성하던 시기에는 상가 일꾼들이 이곳에서 잠을 청했다고 한다.

<u>고풍스러운 레스토랑에서의 점심 식사</u>

구라요시 요도야를 나와서 아카가와라관이 몰려 있는 중심부로 향했다. 점심 시간이라 그런지 거리에서 맛있는 냄새가 흘러나온다. 뭘 먹으면 좋을까 고민하다 '요네자와 다이야키米沢 たい焼き'라고 하는 구라요시를 대표하는 붕어빵 가게로 향했다.
　그러다 굉장히 근대적인 건축물이 눈길을 사로잡았다. 아카가와라 13호관인 '구라요시 시라카베 구라부倉吉白壁クラブ'다. 1908년 구 국립 제3은행 구라요시 지점旧国立第3銀行倉吉支店으로 세워진 이곳은, 돗토리현에서는 국가 등록 유형 문화재 제1

구라요시 요도야는 구라요시에 남아 있는 상가 건물 중 가장 역사가 오래된 곳이다.

레스토랑이 입점해 있는 구라요시 시라카베 구라부

호로 기록될 만큼 역사적 가치가 높다. 지금은 은행 대신 레스토랑이 입점해 있는데, 건물 앞에 세워진 간판에서 '특별 런치 20명 한정'이라는 글귀가 눈에 띈다.

'앗, 붕어빵부터 먹어야 하는데 어쩌지?'

고민은 잠시뿐, 나도 모르게 발걸음이 가게 안으로 향했다. 조심스레 문을 열고 들어가자, 20세기 흑백 영화에서나 볼 법한 근대풍의 가구와 실내 장식이 두 눈을 사로잡는다. 고풍스러운 실내에는 이미 많은 손님들이 식사를 하고 있었다. 나도 서둘러 2인석에 자리를 잡고 특별 런치를 주문했다.

실내를 흐르는 은은한 피아노 선율을 즐기는 사이에, 콘 스프와 부드러운 식감이 일품인 오징어가 어우러진 애피타이저를 시작으로 구운 고등어와 빵이 나왔다. 사실 맛은 그럭저럭 나쁘지 않은 정도였지만, 분위기가 주는 매력에 후식으로 나온 초콜릿과 커피 한 잔이 더해지니 프랑스의 고급 식당에서 먹는 런치가 부럽지 않았다. 고풍스럽고 로맨틱한 공간에 앉아 있자니, 오래전 검정 양복에 멋쟁이 모자를 쓰고 오페라와 클럽을 다니던 상류층 자제라도 된 기분이라고나 할까? 만족스러운 식사를 끝낸 후에는 종업원의 허락을 받아 건물 2층까지 구경한 다음 배를 두들기며 바깥으로 나왔다.

푸짐한 점심 식사 덕분에 배가 불렀지만, 처음에 먹으려던 요네자와 타이야키*沢たい焼き를 포기할 수는 없었다. 아주 조금은 위에 여유가 남았다고 스스로를 변명하면서, 붕어빵에 건강 주스를 곁들여 먹었다.

맷돌 커피 한 잔 시켜 놓고 달콤하게, 은은하게

흰 벽의 건물이 마주한 골목을 누비다 보니, 건물 입구마다 놓인 독특한 목각 인형이 시선을 사로잡았다. '복의 신福の神'이라 불리는 이 인형들은 구라요시에 살았던 3명의 불상 장인이 모여 제작한 것들로, 화재로부터 집을 보호하는 한편 악귀로부터 어린 생명을 지켜 주는 신성한 존재라고 한다. '후쿠로쿠쥬福禄寿(도교의 신이자 장수의 신)'를 비롯해 각각의 의미를 지닌 일곱 신을 '복의 신'이라 하는데, 그중 에비스惠比寿는 유일하게 일본 토착신이라서 일본인들에게 큰 사랑을 받고 있다.

근엄한 표정을 한 복의 신과 옛사람들의 손길이 남은 낡은 노점을 잇는 하천을 따라 걷다, 그늘진 바닥에 주저앉아 선선한 바람을 즐겼다. 걷다가 앉았다가, 여유 부리기를 2시간 남짓. 마을에 자리한 중요 건축물과 소박한 거리가 눈에 익었다. 그럼 이제 여행의 피날레를 장식할 맷돌 커피숍 '구라人來'를 방문해야겠다.

KBS 드라마 〈아테나〉의 촬영 중에 배우 정우성이 들러 극찬한 것으로 유명한 커피 전문점 '구라'는 아카가와라 5호관에 입점해 있다. 1층의 잡화점을 지나 2층으로 올라가니 묵직한 맷돌과 낡은 테이블 몇 개가 놓인 실내가 등장했다.

"어서 오세요. 앉고 싶은 곳에 앉으세요."

바깥 경치가 내려다보이는 자리에 앉아 맷돌 커피 한 잔을 주문했다. 그때 주인 아주머니가 맷돌을 손으로 가리켰다.

"직접 갈아 보시겠어요?"

"저도 해 보고 싶지만 제 손을 거치면 아무리 맛있는 재료도 맛이 형편없어져서요. 저는 그냥 주시는 커피, 감사하게 맛만 보겠습니다."

내 대답에 한참을 웃던 아주머니는 맷돌로 간 원두를 사이폰에 넣어 커피를 내렸다. 잠시 후 은은한 향이 깃든 커피가 나왔다. 맷돌로 원두를 가는 건 둘째치고 설탕 대신 팥을 넣은 게 호기심을 자아냈다. 스푼으로 잘 저어서 한 입 맛보니 달달함과 부드러움이 입안을 감돌아 감탄사가 나왔다.

　창밖으로는 마을의 전경이 내려다보였다. 파스텔톤의 하늘 아래로 길게 늘어선 빨간 기와 건물과 졸졸 흐르는 하천이 조화를 이룬 모습이 한 폭의 수채화 같다. 거기에 낡은 LP판에서 흘러나오는 구성진 선율을 벗 삼으니 신선 놀음이 따로 없다. 머릿속을 맴도는 많은 사색을 내려놓고 눈을 감았다.

　'좋구나……'

　그렇게 한 시간쯤, 세상에서 가장 편한 자세로 유유자적하다가 가게를 나섰다. 오후 5시, 상점들이 하나둘 문을 닫기 시작했고 여행객들도 마을을 떠날 채비를 하는 시각. 구라요시역으로 돌아가는 버스 한 대를 그냥 보낸 후 개미 한 마리 찾아볼 수 없는 조용한 거리를 거닐었다. 그렇게 한참을 걸으면서 아쉬움을 털어낸 다음에야 버스 정류장으로 돌아가니 어느새 해가 지고 있었다. 버스를 기다리며 빨갛게 물들어 가는 저녁놀을 구경하는 동안, 어느 때보다 기분 좋고 특별했던 구라요시에서의 하루가 저물어 갔다.

구라요시

Travel Tip

가는 방법 항공편으로 요나고 공항(米子空港)에 도착. 요나고역(米子駅)에서 JR 산인혼센(山陰本線) 돗토리 방면(鳥取方面) 전차를 탑승하여 구라요시역(倉吉駅)에서 하차. (약 1시간 소요, 요금 990엔) / 또는 슈퍼 마쓰카제 2호(スーパーまつかぜ2) 탑승하여 구라요시역에서 하차. (약 30분 소요, 요금 2,190엔)

둘러보기 구라요시역에서 시라카베도조군으로 이동 → 아카가와라 10호관(관광 안내소) → 다카다 주조 → 도요타 가문 저택 → 구라요시 요도야 → 아카가와라 13호관 시라카베 구라부에서 점심 식사 → 아카가와라 5호관 구라에서 커피 한 잔 → 구라요시역 (약 4시간 소요)

볼거리

시라카베도조군(白壁土蔵群)

- 가는 방법: 구라요시역 앞 2번 정류장에서 파크 스퀘어(パークスクエア') 세키가네(関金)행 버스 탑승하여 시라카베도조군(白壁土蔵群前)에서 하차. (약 15~20분 소요, 요금 260엔)

※ 아카가와라 10호관(관광 안내소)에 사물함이 있어 짐을 넣어 둘 수 있다. 단, 5시에 문을 닫으므로 그 전에 짐을 빼야 한다.

먹거리

라멘 고가(ラーメン 幸雅)

소뼈를 우려내어 진하면서도 담백한 국물맛을 내는 규카쓰 라멘(牛かつラーメン)이 일품이다.

- 주소: 돗토리현 구라요시시 야마네583-2(鳥取県倉吉市山根583-2)
- 영업 시간: 11:00~21:00

아카가와라관 구라(久楽)

배우 정우성이 다녀간 커피 가게. 마을 전경이 내려다보이는 창가 자리에서 마시는 은은한 향의 맷돌 커피(石臼珈琲, 650엔)가 일품이다.

- 영업 시간: 09:00~17:00 / 비정기 휴무

돗토리현의 현청 소재지인 돗토리는 이 지역의 경제와 문화 중심지다. 비록 인구와 경제 규모는 작지만 오랜 역사가 남은 건축물과 돗토리 성터, 천혜의 자연환경은 어느 지역에도 뒤지지 않는다. 특히 시내 외곽에 자리한 돗토리 사구는 일본이 자랑하는 아름다운 대자연의 선물이다.

대자연의 선물 삼천 엔 택시로 즐기는

돗토리
鳥取

이른 아침, 지난밤 묵었던 돗토리역 근처 호텔을 나섰다. 브런치 먹기 좋은 다방과 부드러운 커피 잘 뽑아낼 것 같은 카페, 잔잔한 음악이 울려 퍼지는 상점가가 역 주변에 옹기종기 모였다. 이렇듯 소도시 특유의 소박함과 활발함이 공존하는 동네, 지금 내가 서 있는 이곳은 돗토리현의 현청 소재지 돗토리다.

오늘 하루는 돗토리시가 지원하는 3천 엔 택시를 타고 돗토리 사구와 모래 박물관, 진푸카쿠仁風閣를 둘러볼 예정이다. 기분 좋은 시내 산책을 끝낸 후 3천 엔 택시를 타기 위해 돗토리역 관광 안내소로 향했다.

오늘날 일본에서 가장 낙후된 지역으로 거론되는 돗토리현에서는 쇠퇴해 가는 지역 경제를 부흥시키기 위해 관광업에 힘을 쏟고 있다. 특히 외국인 관광객 유치에 많은 노력을 기울였는데 그중 하나가 바로 3시간 동안 이용 가능한 3천 엔 택시의 도입이다. 여행자가 3천 엔만 내면 나머지 비용은 돗토리시가 부담하는 택시로, 여행자 입장에서는 저렴한 여행을, 지역 사회 입장에서는 관광객 유치와 경제적 이익을 얻을 수 있다는 점에서 큰 호응을 얻고 있다.

한편, 오늘 내 여행을 도와주실 택시 기사는 이케다 씨다. 오사카 출신인 그는 6년 전에 유통회사에서 정년 퇴임한 후, 돗토리현으로 이주해 오면서 택시 면허를 취득했다고 한다. 아직 한국을 방문한 적은 없지만 몇 차례 한국인 관광객을 태운 적이 있다며 '안녕하세요!', '감사합니다!' 등의 한국말을 건네셨다. 우리는 이동하는 동안 한국어를 알려 주기도 하고, 이런저런 세상 사는 이야기도 나누며 웃음꽃을 피웠다.

대자연의 특별한 선물, 돗토리 사구

택시가 첫 번째 목적지인 돗토리 사구에 도착했다. 돗토리 사구는 화강암이 풍화되어 만들어진 모래가 센다이강을 거쳐 동해로 흘러나와 쌓인 것으로, 3만 년에 걸쳐 형성되었고 한다. 동서로 16km, 남북으로 2.4km로 뻗은 사구에는 다양한 자연 현상이 발생하는데 바람결이 만들어내는 풍문風紋과 사구의 급경사에 생기는 모래무늬는 천연기념물로 지정될 만큼 그 가치를 높게 평가받고 있다.

택시에서 간단한 설명을 들은 후 1시간의 자유 시간을 얻었다. 드넓게 펼쳐진 모래 언덕에는 이미 많은 여행객들이 즐거운 한때를 보내고 있다. 모래가 곱다 보니 맨발로 걷는 사람도 심심찮게 보인다. 한쪽에는 낙타 탑승 체험이 한창이다. 살짝 호기심이 생겼지만, 고작 1~2분 타는 데 1,500엔이나 내라는 말에 먼발치에서 바라보는 것에 만족하기로 했다.

유유히 모래사장을 도는 낙타를 등지고 높이가 90m에 달하는 언덕을 향해 걸어갔다. 눈앞으로 보이는 저 가파른 모래 언덕에 상업적 광고를 남기는 행위는 엄

드넓은 돗토리 사구와 푸른 바다, 탁 트인 하늘이 어우러진 풍경이 이국적이다.

격히 금지된다고 한다. 일전에 한 TV 프로그램의 PD가 방송 홍보를 위해 모래 언덕에 큰 글씨로 방송 타이틀을 남겼다가 호되게 혼이 나기도 했단다.

이렇듯 말도 말고 탈도 많은 사구에는 매년 200만 명의 관광객이 방문한다. 오늘도 수많은 관광객들이 노란 모래 언덕을 개미처럼 오르는 모습이 장관이다. 나도 그 틈에 끼어 부지런히 언덕을 오르는 사이, 이마에는 송글송글 땀이 맺혔다. 5분 후, 시원한 바닷바람이 부는 사구 정상에 도착했다. 바람도 바람이지만 사구 앞으로 펼쳐진 바다 풍경이 인상적이다. 아름다운 동해바다다.

언덕 위에 자리를 잡고 주변을 둘러보았다. 풍경도 아름답지만, 즐거운 한때를 보내는 사람들의 표정도 보기 좋다. 독특한 포즈로 사진을 찍는 친구들이 있는가 하면, 어머니를 꼭 껴안은 채 이야기를 나누는 아이도 있고, 딸을 위해 썰매를 끌어 주는 아버지도 있었다. 모두가 행복해 보이는 모습이었다.

발걸음을 돌려 주차장으로 돌아갔다. 신발에 끼인 모래를 탁탁 털고 택시에 오르니, 이케다 씨가 반갑게 맞아 주셨다. 이제 두 번째 목적지로 이동할 시간이다.

세계 최초의 모래 미술관

돗토리 사구 근처에는 모래 미술관이라고 해서, 세계적으로 유명한 모래 예술 작가들이 모여 특정 테마를 정한 후 모래 조각을 제작, 전시하는 곳이 있다. 백사장도 아닌 곳에서 모래 조각을 상설 전시하는 것은 돗토리 모래 미술관이 세계 최초인 만큼 방문해 볼 만한 가치가 있다. 매년 200만 명이 찾는 돗토리 사구만큼은 아니지만, 이 미술관 또한 꾸준한 인기로 매년 50만 명의 여행객이 찾고 있다.

2006년 첫 전시회 이후로 매년 다른 테마의 모래 조각이 전시되는데, 이날은 독일의 역사와 문화를 담은 전시가 열리고 있었다. 이번 전시에서는 오랜 세월 동안 프랑스와 영국, 합스부르크 왕국에 밀려 분열된 2류 국가에 그쳤음에도 불구하

고, 찬란한 문화와 예술을 이룩한 독일의 역사를 상세히 표현하고 있었다. 또한 괴테의 〈파우스트〉나 전래 동화 속의 장면 등 볼거리가 많았다.

입이 딱 벌어지는 작품이 가득한 이곳에서 40분밖에 못 있는 게 아쉬웠다. 게다가 이번엔 이케다 씨가 옆에 붙어 안내를 해 주시니 사진 찍는 것도 여의치 않았다. 결국 다음을 기약하며 미술관과 이별을 고했다.

택시에 오르자 대뜸 이케다 씨가 락쿄らっきょう(일본 식당에서 제공되는 염교 절임)를 아느냐고 물어왔다. 그의 설명에 의하면 돗토리가 락쿄의 산지인데 모래 미술관 근처에 락쿄 밭이 펼쳐져 있다고 한다. 11월이 되면 활짝 핀 락쿄가 보라색과 핑크색 사이의 밝은 색상을 띠는데 그 모습이 흡사 홋카이도의 라벤더 밭과 비슷하여 많은 이들의 사랑을 받고 있단다.

'11월에 왔으면 좋은 구경 했을 텐데 아쉽네.'

돗토리의 근대화를 주도한 건물, 진푸카쿠

어느덧 3천 엔 택시의 마지막 여행지 진푸카쿠仁風閣를 만날 차례가 되었다. 그런데 시간을 확인해 보니 벌써 3시간이 지났다. 예상보다 시간이 지체된 탓에 3천 엔 택시의 일정을 마무리할 시간이 된 것이다. 진푸카쿠는 따로 돌아봐야겠다고 생각하고 있는데, 역으로 향하던 택시가 방향을 튼다. 이미 약속된 3시간이 지났다고 말씀을 드려도 서툰 한국어로 "괜찮아요. 괜찮아요."를 외치는 이케다 씨. 결국 그의 배려로 진푸카쿠까지 돌아본 후 돗토리역으로 되돌아왔다. 3시간 넘게 좋은 구경을 시켜 주신 이케다 씨께 정중히 감사 인사를 전한 후 이별을 고했다.

다시 혼자만의 여행을 시작하기에 앞서, 역으로 들어가 지역의 명물인 돗토리 소바鳥取そば와 카쓰동カツ丼으로 허기를 채웠다. 음식 맛은 그럭저럭 나쁘지 않은 수준이지만, 든든히 한 끼 먹으니 기분은 좋다. 배를 두드리며 이제 어딜 갈까 고민하다가, 앞서 대충 둘러보고 나온 진푸카쿠를 다시 가기로 결정했다.

　이번에는 역 앞에 서는 100엔짜리 초록색 셔틀버스에 탑승했다. 역을 시작으로 낡은 상점가가 이어지는 시내를 거쳐 15분 만에 도착한 진푸카쿠 주변은 차분하면서도 생기가 돈다. 아름다운 자연 경관 사이로 우뚝 선 건축물과 그 주변을 가득 채운 새소리, 천진난만한 아이들의 웃음소리에 웃음이 절로 난다.

　잠시 주변을 산책한 후 진푸카쿠 본관으로 들어갔다. 본디 150엔의 입장료를 내야 하지만 오늘은 '돗토리 현민의 날'이라 해서 돗토리 시내의 국립 미술관과 박물관, 역사 유적의 입장료가 전면 무료란다. 기쁜 마음에 두 팔을 휘저으면서 실내를 둘러보기 시작했다.

　이 화려한 프랑스 르네상스풍의 근대 건축물은 1907년, 당시 왕세자 신분이던 다이쇼 일왕의 산인 지방 행차를 앞두고 돗토리현의 영주 이케다 후작이 세운 것이다. 도쿄의 영빈관迎賓館(아카사카 별궁)과 교토 국립 박물관 등을 건축한 가타야마 박사의 지휘하에 지어진 이곳은 완공까지 약 4만 4천 엔의 비용이 들었다고 한

진푸카쿠 뒤편에는 잘 가꾸어진 호류인 정원이 있다.

다. 당시 돗토리시의 1년 예산이 5만 엔이었다는 것을 생각하면 이 건물에 얼마나 많은 비용과 수고가 투입되었는지 짐작이 간다.

이케다 후작은 다이쇼 일왕의 행차 이후에도 이곳이 일본 왕실의 정식 별장으로 쓰이길 기원하며 많은 정성을 쏟아 부었지만, 아쉽게도 그의 바람은 이뤄지지 못했다. 이후 지역의 유력 인사들이 모이는 영빈관과 과학 박물관 등으로 활용되다 1976년에 이르러 일반 시민들에게도 전면 공개되었다.

한편 다이쇼 일왕의 돗토리 행차는 이 지역의 근대화에 불을 지폈다고 한다. 일왕의 행차를 위해 교토에서 산인山陰 지역을 잇는 철도가 가설된 한편 돗토리역에서 진푸카쿠까지의 도로도 정비되었다. 또한 건물 내부에는 지역 최초로 전등이 설치되기도 했다.

또 한 가지 주목할 점은 실내에 놓인 가구들이다. 특히 책상과 의자가 오늘날의 것에 비해 굉장히 낮게 설계되었다는 점을 확인할 수 있는데, 이는 당시 일왕의 작은 키에 맞춘 것이라고 한다. 행차 기간에만 쓰일 건물을 짓기 위해 1년 예산에 버금가는 금액을 들인 것이나, 왕을 위해 가구까지 맞춤으로 제작한 것을 보면 당시 일본인들에게 일왕의 존재가 얼마나 중요했는지를 알 수 있다.

그런데 이곳은 우리의 아픈 역사와도 관련이 있다. 관내 전시실에 남은 기록에 의하면, 1912년 7월 17일 대한제국의 영친왕이 이곳에 들러 2박 3일을 머물렀다고 한다. 이를 통해 국권을 빼앗긴 후 일본의 꼭두각시가 되어 여기저기로 끌려 다녀야 했던 그의 심경과 일제의 수탈에 고통 받았을 조상의 아픔이 전해졌다.

긴 한숨으로 복잡한 마음을 가다듬은 후 정교한 유리 조각과 나선형 계단 등 어디 하나 빼놓을 것 없는 내부를 샅샅이 둘러보았다. 그리고 젊은 나이에 남편을 잃고 과부가 된 돗토리 11대 영주의 아내, 호류인 부인을 위로하기 위해 건물 뒤편에 세운 호류인 정원까지 돌아보고서야 진푸카쿠를 떠났다.

옛 영광은 어딜 가고 황량함만 남은 돗토리 성터

돗토리 사구를 시작으로 모래 미술관, 진푸카쿠까지 오늘 가려던 곳은 모두 다녀왔다. 그러나 여행을 마무리하기에는 아직 이른 시각이라, 진푸카쿠 뒤편에 자리한 돗토리 성터로 향했다.

16세기에 해발 263m의 규쇼산久松山에 지어진 돗토리성은, 에도 시대 도쿠가와 가문의 일원이던 이케다 미쓰마사가 세출 32만 석을 받는 영주로 입성하게 됨에 따라 큰 변화를 맞이했다. 그의 입성과 함께 돗토리가 산인 지역의 중심지로 우뚝 서게 된 것이다. 그러나 메이지 유신 이후 돗토리현이 이웃 시마네현에 흡수되면서, 한 지역에는 하나의 성만을 남기고 폐쇄하라는 폐성령에 의해 성 내의 천수각과 몇몇 건축물이 해체되는 비극을 맞이했다. 게다가 1942년에 발생한 돗토리 대지진과 1952년의 대화재가 겹치며 그나마 남아있던 성곽마저 파괴되었다.

돗토리 성터에서 내려다본 진푸카쿠와 시내 풍경

그러다 1990년대에 이르러 역사학자들의 노력으로 서서히 옛 모습을 회복하기 시작했고, 2006년부터는 30년간 51억 2천만 엔(약 515억 원)의 비용을 들여 옛 모습을 복원하는 프로젝트에 돌입했다.

그럼에도 불구하고 황량함이 남은 건 어쩔 수 없다. 그래도 성터 정상에 올라 바라보는 시내 풍경은 일품이다. 진푸카쿠, 시청, 현청, 그리고 주민들의 터전이 남은 상점가와 주택들이 한눈에 들어온다. 소박하기 그지없는 전경을 바라보니 마음이 평온해졌다. 거기에 시원한 산바람이 솔솔 불어오니 이건 뭐 신선놀음이 따로 없다. 그렇게 20여 분, 충분히 경치를 만끽하고 나서야 아래로 내려와 시내로 향했다.

역으로 돌아가는 길은 버스를 타지 않고 걷기로 했다. 차분한 발걸음으로 오래전 일왕의 행차를 위해 정비된 1자 대로를 따라 가며 사람 냄새 나는 거리를 거닐었다. 주민들의 쉼터 역할을 하는 다방과 빵집을 지나 시간이 멈춘 듯한 상점가의 골동품 가게와 양장점, 시계방 등을 차례로 만났다. 자전거를 타고 집으로 돌아가는 앳된 얼굴의 중고생들과도 눈을 맞췄다. 주요 관광지가 시 외곽에 흩어져 있어 시내 중심가는 별 기대를 안 했건만, 주민들의 생생한 일상 속으로 자연스레 들어가는 것도 꽤나 괜찮았다.

그리고 여행의 마무리는 돗토리역 근처에 위치한 현내 제1호 스타벅스에 마시는 시원한 바닐라 라떼 프라푸치노. 안녕, 돗토리!

돗토리

Travel Tip

가는 방법 항공편으로 요나고 공항(米子空港)에 도착. 요나고역(米子駅)에서 특급 열차 탑승하여 돗토리역(鳥取駅) 하차. (약 1시간 소요, 요금 2,890엔) / 또는 쾌속 돗토리 라이나(快速とっとりライナー) 탑승하여 돗토리역 하차. (약 1시간 30분 소요, 요금 1,690엔)

둘러보기 돗토리역 → 3,000엔 택시 투어(돗토리 사구, 모래 미술관 등) → 진푸카쿠 → 돗토리 성터 → 돗토리역 (약 3시간 소요)

볼거리

돗토리 3,000엔 택시

3,000엔을 내면 3시간 동안 돗토리 주변을 돌아볼 수 있는 택시 관광 프로그램. 차 한 대당 최대 3명까지 탑승 가능하다. 단, 택시 요금에 유료 관광지의 주차료는 포함되지 않는다.

- 요금 : 차 한 대당 3,000엔(3일 전까지 예약해야 함)

※ 2023년 4월 현재, 예산 소진으로 인해 프로그램이 종료되었으며 추후 재개 시점은 불투명하다.

진푸카쿠 & 돗토리 성터

- 가는 방법 : 돗토리역 앞에서 초록색 순환 버스를 타고 진푸카쿠·현립 박물관 앞에서 하차. (7~8분 소요, 요금 100엔)
- 영업 시간 : 진푸가쿠 09:00~17:00 / 매주 월요일, 공휴일 다음날, 연말연시 휴관
- 요금 : 진푸가쿠 150엔

먹거리

수제버거 전문점 슈비두바(Shuvi du Bar)

돗토리 지역 재료로 만든 슈비두바 버거(1,980엔)는 지역 주민들에게 큰 사랑을 받고 있다.

- 영업 시간 : 11:00~14:00, 17:30~21:00(화~토) / 월요일 휴무

예로부터 오카야마현은 시코쿠와 히로시마, 돗
토리, 히메지 등을 잇는 교통의 요지로 큰 번영
을 이뤘다. 특히 드넓은 평야와 바다가 접하는
남부 지역은 눈부신 발전을 이뤘는데 그중에서
도 구라시키는 무역항이라는 이점을 활용해 찬
란한 문화를 꽃피웠다. 그 결과 오늘날까지도
시내 곳곳엔 옛 영광의 흔적이 고스란히 남아
있다.

높은 문화의 힘

구라시키 倉敷

늦더위가 기승을 부리던 여름 끝자락, 문득 기차 여행이 하고 싶어져서 이른 아침부터 히로시마역으로 가서 완행열차에 탑승했다. 잠시 후 열차는 사이조, 오노미치, 후쿠야마 등 30개 역을 지나 목적지 구라시키에 도착했다. '치익' 하는 소리와 함께 차량 문이 열리고, 나는 열차에서 내려 역전 거리로 나섰다.

오전 10시 11분, 그리 늦은 시간이 아님에도 인파로 북적이는 인도를 걷다 왼쪽 골목으로 이어지는 아케이드 상점가로 들어가 5분쯤 걸었다. 잠시 후 눈앞으로 흰 벽에 검은 기와가 조화를 이룬 전통 건축물이 밀집한 역사 전통 거리인 '미관 지구美観地区'가 등장했다. 오늘 여행의 주 무대가 될 미관 지구의 초입에는 100년 넘은 민가를 개조한 게스트 하우스 겸 카페 유린안有鄰庵이 있는데 몇 해 전부터 이곳에서 파는 시아와세 푸딩しあわせプリン이 구라시키의 명물로 떠올랐다. 푸딩을 먹기

유린안의 명물, 판나코타   돈가스 전문점 갓파

전 소원을 빌었던 사람들이 꿈을 이뤘다는 입소문이 퍼지며 유명세를 치른 가게는 영업 시간이 되기도 전에 문전성시를 이루고 있었다. 가게 문을 열기까지 20분가량 기다린 끝에 시아와세 푸딩과 예쁜 판다 그림이 들어간 판나코타パンナコッタ(이탈리아식 스위트 푸딩)를 맛볼 수 있었는데, 기다린 보람이 있는 맛이었다.

그 후 점심 식사를 하러 근처 상점가에 위치한 돈가스 전문점 갓파かっぱ로 향했다. 1961년에 문을 연 이 가게는 구라시키를 대표하는 맛집으로 오픈 1시간 전부터 가게 앞에 설치된 대기자 명단에 이름이 꽉 찰 정도다. 그 때문에 영업 개시에 맞춰 갔음에도 1시간 넘게 기다린 후에야 주방과 마주 보는 카운터 자리에 앉아 나다이 돈테이名代とんてい라는 돈가스 정식을 먹을 수 있었다. 튀김옷이 얇은 탓에 젓가락질 한 번에 고기와 튀김옷이 분리되는 단점이 있었지만, 진한 육즙과 특제 소스, 씹는 맛이 끝내주었다. 나는 돈가스를 한 입도 남김없이 먹어 치우고는 남산만큼 부푼 배를 움켜쥐고 가게 문을 나섰다.

에도 시대의 무역항, 미관 지구

일찍이 무역항으로 각종 물자가 모이던 구라시키는, 1642년에 에도 막부의 직할 관청인 대관소代官所가 설치되면서 유례없는 번영을 이뤘다. 당시 구라시키 항구는

구라시키

흰 벽의 전통 건축물이 즐비한 미관 지구 풍경

조석 간만의 차를 이용해 드나드는 선박이 많았는데, 특히 18,19세기에는 일본 전역의 상업 발달에 따라 물류 이동이 폭발적으로 증가하면서 미관 지구 곳곳에 이를 수용하기 위한 물류 창고가 들어섰다. 구라시키倉敷라는 지명도 '운하 옆으로 하얀 벽의 물류 창고가 들어선 곳'이라는 뜻에서 유래한 것이라고 한다. 이렇듯 흰 벽과 검은 기와가 조화를 이룬 창고와 상가가 늘어선 미관 지구는 1979년 일본 중요 전통적 건축물군 보존 지구로 지정되었고, 각지에서 여행객들이 몰려오는 인기 관광지가 되었다. 이날도 마을 입구에는 여행객들이 거리 위를 오가고 있었고, 건장한 인력거꾼들이 환한 인사로 호객하느라 여념이 없었다.

3분쯤 걸으니 황금색 지붕의 건물 하나가 등장했다. 지역 출신의 부호이자 사업가 오하라 마고사부로大原 孫三郎가 병마와 싸우던 아내의 쾌유를 기원하며 지은 별

유린소

유린소 앞을 흐르는 운하

장 유린소有隣荘다. 건물에 올라간 기와 한 장당 비용이 오늘날 금액으로 3만 엔에 달할 만큼 고급 자재로 지어진 건물은 상당히 잘 보존되어 있었다. 돈으로 사랑의 가치를 따질 수는 없지만 가지런히 정리된 기와지붕에서 아내를 향한 사랑이 느껴졌다. 참고로 이 지붕은 보는 각도에 따라 초록색으로도 보이기 때문에 사람들은 이곳을 녹색 저택이라 부르기도 한다. 이곳은 평소에는 비공개이나 일 년에 두어 번 공개된다. 이날은 마침 마티스 전시전이 열리고 있어서 입장권을 구입하여 내부로 들어가 볼 수 있었다. 일본 전통 양식과 서양 건축 양식이 혼재된 유린소의 실내, 그리고 그곳에 전시된 마티스의 여러 작품을 구경했다.

한편 유린소 앞에는 국화 무늬와 용의 형상이 새겨진 아마바시今橋라는 다리가 있는데, 이 다리는 오하라 마고사부로의 친구이자 동료였던 고지마 도라지로児島 虎次郎가 설계한 것이다. 그 앞으로는 나카바시中橋라 불리는 아치 형태의 석교가 남아 있다. 그리고 두 다리 사이로 흐르는 길다란 운하에는 여행객을 태운 조각배가 오갔다. 지금은 운하 폭이 10m 정도로 좁아지며 작은 조각배만 오가지만, 에도 시대만 해도 20m 넘는 폭에 매일 40척 넘는 배가 드나들며 물자를 실어 날랐다고 한다.

일본판 노블레스 오블리주의 상징, 오하라 미술관

에도 시대 주고쿠 지역의 상업 중심지로 번영하던 구라시키는, 격동의 개항기에 이르러 시 외곽에 위치한 고지마児島 지역에 대규모 방적 공장이 들어서며 공업 도시로 탈바꿈했다. 그리고 한참 뒤인 1950~1960년대에는 이를 기반으로 일본 최초로 청바지를 생산하기도 했다. 오늘날 널리 이용되는 스톤워싱Stone Washing과 샌드블래스트Sand Blast 등의 청바지 가공 기술이 고지마에서 고안된 것이라고 한다. 구라시키 시내에서 1시간 가량 떨어진 고지마 지역에는 오늘날에도 각종 구제 청바지 판매점을 비롯해 청바지 역사관 등이 남아 있다.

그리고 이와 같이 구라사키가 '청바지'로 명성을 떨치기까지 큰 영향을 끼친 이가 있으니 그가 앞서 소개한 오하라 마고사부로다. 지역을 대표하는 사업가이자 독지가로 지역 사회 발전에 관심이 많았던 그는 장학 재단 운영을 통해 인재 양성에 힘을 쏟았다. 당시 그의 지원을 통해 많은 인재가 배움의 기회를 얻었는데 그중에는 고지마 도라지로도 포함되어 있었다.

미술 학도였던 그는 오하라 가문의 지원을 받아 유럽으로 미술 유학을 떠났고 이후 현지에서 '미술품 소장 및 전시'의 가치에 눈을 떴다. 그리고 공부를 마친 후 일본에 돌아와 오하라 마고사부로에게 미술품 수집을 권유했다. 이에 오하라는 문화 예술을 통한 지역 사회 발전을 기대하며 고지마에게 미술품 수집 권한을 일임했다. 그 후 고지마가 구입한 작품 중에는 내로라하는 유명 화가들의 작품이 다수 포함되었다. 고지마는 해외뿐만 아니라 일본 화가의 작품 수집에도 관심을 기울이는 등 가문의 미술 수집상으로 활약하며 오하라와도 깊은 친분을 쌓았다. 1929년 고지마가 48세의 젊은 나이로 세상을 떠나자, 오하라는 그를 기리고자 미술관을 짓는데 이곳이 바로 일본 최초의 서양 미술관인 오하라 미술관大原美術館이다.

모네, 샤갈, 엘 그레코, 르느와르, 마티스, 피카소, 앤디 워홀 등 세계적인 거장의 작품 3,500여점이 전시된 미술관 외관은 유럽에서 볼 법한 웅장함을 자랑한다. 그리고 출입구 바로 앞에는 로댕의 걸작인 〈칼레의 시민〉 동상이 서 있다. 프랑스와 영국 간에 벌어진 백 년 전쟁(1337-1453) 당시, 영국군이 프랑스 북부의 칼레 지방을 공격했다. 이때 영국의 에드워드 3세는 '성문 열쇠를 가지고 영국 진지로 와서 항복할 6명만 보내면, 그들만 처형하고 도시를 파괴하지 않겠다.'라는 조건을 걸었다. 그러자 칼레의 부유한 유지들이 선뜻 죽음의 길에 나서면서 도시를 지켜 냈고, 이들은 '노블레스 오블리주'의 상징이 되었다. 〈칼레의 시민〉은 로댕이 이들을 기리고자 만든 작품이다.

 하지만 일본에 건너온 지 얼마 안 되어 이 작품은 한 차례 위기를 맞이했다. 제2차 세계 대전 당시, 일본 군부가 무기 제작에 필요한 금속을 공출하는 과정에서 하마터면 공출 대상이 되어 역사의 뒤안길로 사라질 뻔한 것이다. 다행히 미술관 사람들의 노력으로 지켜 냈고 현재는 미술관의 수문장 역할을 톡톡히 하고 있다.
 여느 미술관이 그러하듯 이곳 또한 사진 촬영을 엄금하고 있어 카메라를 가방에 넣은 채 실내에 들어갔다. 높은 천정 아래로 펼쳐진 전시품 중 가장 먼저 눈에 띈 것은 에드몽 프랑수아 아만 장Edmond François Aman-Jean의 〈머리카락〉이었다. 이 그림은 고지마가 처음으로 구입한 작품이다. 그는 오하라에게 그림을 구매하자는 서신을 보내면서 '이번 부탁은 단지 개인적인 바람이 아닌, 일본 예술계의 발전을 위해서입니다.'라는 문구를 넣어 오하라를 설득하는 데 성공했다고 한다.
 다음으로 시선을 사로잡은 건 엘 그레코의 〈수태고지〉였다. 르네상스 시대의 화려함이 깃듯 이 작품은 세계적인 걸작으로 꼽힌다. 이런 진귀한 작품이 경매 시장에 나올 가능성은 희박했으나 제1차 세계 대전 직후에 유럽을 휩쓴 경제 불황으로 경매에 나왔고, 이를 놓치지 않은 고지마가 구입에 성공했다.

　모네의 〈수련〉 또한 놓쳐서는 안 될 작품이다. 1920년, 고지마는 작품 구입을 위해 모네의 집을 찾았다. 집 안에 우키요에浮世絵(에도 시대에 유행한 풍속화)를 걸어 둘 만큼 일본 미술에 호의적이던 모네를 향해 고지마는 '일본 사회와 미술계의 발전을 위해 귀하의 미술품이 필요하다.'라는 말로 설득했다. 그의 간절한 요청에 한참 고민하던 모네는 '지금은 대작을 그리고 있으니 한 달 뒤에 다시 찾아오시오. 그 사이 당신에게 줄 작품을 준비해 두겠소.'라는 말로 그를 돌려보냈다. 그리고 한 달 후 다시 찾아온 고지마에게 〈수련〉을 비롯해 작품 몇 점을 제시했다. 화가에게는 사실상 사망 선고와 같은 백내장을 얻고도 그림을 향한 열정과 사랑으로 본인만의 예술 세계를 창조한 모네의 생애가 깃든 〈수련〉을 한참동안 바라봤다.
　이 밖에도 개인적으로 좋아하는 화가 르느와르가 그린 〈샘 옆의 여인〉과 폴 고갱이 타히티의 아름다움을 표현한 〈아름다운 대지〉 또한 감성을 자극했다. 이렇듯 거장들의 걸작이 가득한 미술관을 관람하자니 마치 보물섬에서 보석을 하나씩 줍는 것 같은 착각이 들었다. 두 시간 가까이 둘러보았지만 전시된 작품을 반의 반도 못 본 듯했다. 남은 일정을 위해 아쉬움을 뒤로하고 거리로 나섰다.

흰 벽의 창고와 상가, 고요한 운하가 이어지는 마을

흰 벽의 창고와 상가, 잔잔한 물결이 흐르는 운하가 이어지는 미술관 근처에는 구라시키관倉敷館이라는 관광 안내소가 있고, 바로 옆에는 에도 시대 주민들의 소박한 생활상을 전시한 민예관이 자리하고 있다. 1948년에 세워진 민예관에는 국내외 도자기 15,000여 점과 유리 공예, 죽공예품 등이 전시되어 있다. 전시품의 수도 많고 보존 상태도 양호해서, 옛사람들의 삶을 엿보고자 하는 여행객들이 들러 보기에 좋은 곳이다.

　물론 골목 곳곳에 들어선 상점가를 구경하는 것도 지난 역사를 살필 수 있는 방법이자 구라시키 여행의 묘미다. 특히 '나마코 벽 なまこ壁·나마코 카베'이라 불리는 외벽이 이어지는 골목을 따라가는 재미가 쏠쏠했다. 건물 벽에 기와를 붙이고 기와와 기와 틈새를 회반죽으로 이어 놓은 이 벽은, 기와 사이의 틈이 해삼(나마코)을 닮았다고 해서 나마코 벽이라고 부른다. 흰색과 검은색이 조화를 이루는 벽을 따라 돌며 주민들의 일상과 마주했다. 지역 특산물을 파는 상점, 진귀한 물품을 전시해 놓은 잡화점, 맛있는 냄새 솔솔 풍기는 식당, 분위기 좋은 카페, 예쁜 작품이 가

득한 수공예 공방 등이 늘어선 거리에는 주민들의 평범한 일상이 담겨 있었다.

나마코 벽을 따라 걷다가 1971년에 문을 연 커피 노포 '구라시키 코히칸倉敷珈琲館'에 방문했다. 벽돌로 둘러친 벽과 갈색 가구, 가지런히 놓인 장식품와 고색창연한 커피 도구들 덕에 마치 근세를 배경으로 한 영화 속 커피 하우스를 연상케 하는 실내에서 '호박의 여왕琥珀の女王·코하쿠노죠오'이라는 시그니처 커피를 주문했다. 매년 10월부터 다음 해 6월까지만 판매하는 이 음료는 차가운 물에 우려낸 커피인 콜드 브루cold brew에 꿀, 리큐어(정제 알코올에 설탕·향료를 섞은 술), 우유를 넣어서 톡 쏘면서도 부드러운 맛을 자아낸다. 에스프레소 잔 크기의 컵에는 음료와 함께 커다란 얼음을 띄워 주는데 이는 손님들이 조금씩 천천히 마시며 맛의 변화를 느끼도록 하기 위한 것이라고 한다.
은은한 커피향과 함께 난생 처음 즐기는 맛을 음미하며 잠시 휴식을 취했다.

다시 거리로 나와 각종 주전부리와 기념품을 파는 상점들이 다닥다닥 붙은 골목을 지나 에도 시대에는 막부의 대관소, 20세기 초까지는 방적 공장이었던 아이비

스퀘어Ivy Square에 들렀다. 오늘은 이곳에 자리한 호텔에서 하루 묵을 예정이었다. 체크인을 하고 짐을 푼 다음, 아이비 스퀘어 내의 여러 건물을 둘러보았다. 붉은 벽돌로 지어진 옛 공장 건물에 담쟁이가 뒤덮인 풍경은 레트로 감성이 넘쳤고, 복도에서는 피아노 선율이 흘러나왔다. 그렇게 중천에 떠 있던 해가 기울 때까지 피아노 연주를 감상하다 다시 거리로 나왔다.

여전히 거리는 인파로 북적이는 가운데 270년 넘은 역사를 자랑하는 쓰루가타 여관鶴形旅館과 밤이 되면 마을을 수놓는 석등과 가로등을 지나, 조각배에 올라 유유자적 행복한 시간을 즐기는 여행객과 마주쳤다. 1922년 제1합 은행 구라시키 지점으로 문을 연 근대풍의 건물 추고쿠 은행을 지나쳤다. 조금 더 걸어서 멀지 않은 곳에 자리한 잡화점 겸 찻집 미야케 상점三宅商店에 들어갔다.

에도 시대에 지어진 상가를 개조한 이곳에서는 간단한 식사와 파르페를 파는데, 그중 파르페가 유명하다. 다른 지역에 비해 일조량이 많은 덕에 '맑음의 고장'이라고도 불리는 오카야마현은 복숭아를 비롯해 당도 높은 과일로 유명하다. 그래서인지 미관 지구에는 신선한 과일 파르페를 파는 가게가 즐비한데, 미야케 상점은 그중에서도 세 손가락 안에 드는 맛집이다. 그 달달한 파르페를 즐기는 것으로 구라시키 여행에 정점을 찍었다.

구라시키

동영상 보기

Travel Tip

가는 방법
① 항공편으로 오사카 공항에 도착(한국 직항 있음). 신오사카역(新大阪駅)에서 신칸센 탑승하여 구라시키역(倉敷駅)에서 하차. 약 45분 소요, 간사이 와이드 패스 이용).
② 항공편으로 오카야마(岡山) 공항 도착. 3번 승강장에서 구라시키(倉敷)행 버스 탑승하여 구라시키역 북쪽 출구 2번 승강장에서 하차. (35분 소요)

※ 오카야마 시내 관광 후 구라시키로 갈 경우에는, 오카야마 공항 2번 버스 승강장에서 리무진 버스 탑승하여 오카야마역으로 이동. (30분 소요) 오카야마 관광 후 오카야마역에서 구라시키행(히로시마·후쿠야마 방면) JR 전차 탑승하여 구라시키역 하차. (약 16분 소요, 요금 330엔)

둘러보기
구라시키역 → 오하라 미술관 → 미관 지구 산책 → 나룻배 투어 → 구라시키역 (약 6시간 소요)

볼거리

나룻배
- 영업 시간 : 09:30~17:00, 30분 간격 / 3~11월 두 번째 월요일 휴무(공휴일 제외), 12~2월은 주말과 공휴일만 운행
- 요금 : 성인 500엔, 어린이 250엔 (구라시키관 관광 안내소에서 승선권 구입)

오하라 미술관
- 영업 시간 : 09:00~17:00 / 매주 월요일 휴관, 단 월요일이 공휴일일 경우 개관
- 요금 : 1,500엔

먹거리

구라시키 우동 붓카케 후루이치 (倉敷うどん ぶっかけふるいち)
현지인에게 가장 대중적인 우동 전문점으로, 시원한 국물맛이 매력적.
- 주소 : 오카야마현 구라시키시 아치 2-1-8 (岡山県倉敷市阿知2丁目1-8)
- 영업 시간 : 11:00~22:00 / 화요일 휴무

갓파 (かっぱ)
바삭한 식감과 진한 소스가 일품인 로컬 돈가스 맛집. 주력 메뉴는 나다이 돈테이(名代とんてい).
- 주소 : 오카야마현 구라시키시 아치 2-17-2 (岡山県倉敷市阿知2丁目17-2)
- 영업 시간 : 11:20~15:00, 17:00~19:30

유린안 (有鄰庵)
옛 민가를 개조한 카페. 먹으면 소원이 이루어진다는 시아와세 푸딩(400엔)이 인기다.
- 주소 : 오카야마현 구라시키시 혼마치 2-15 (岡山県倉敷市本町2-15)
- 영업 시간 : 11:00~16:00 또는 17:00 / 비정기 휴무

카페 엘그레코 (CAFÉ EL GRECO)
오하라 미술관 옆에 자리한, 고즈넉한 분위기를 자아내는 카페에서 즐기는 커피 한잔.
- 주소 : 오카야마현 구라시키시 주오 1-1-11 (岡山県倉敷市中央1-1-11)

구라시키 코히칸 (自家焙煎珈琲専門店 倉敷珈琲館)
은은한 커피 냄새 흐르는 커피 노포. 추천 메뉴는 고하쿠노 죠오(琥珀の女王·호박의 여왕 800엔)이다.
- 주소 : 오카야마현 구라시키시 혼마치 4-1 (岡山県倉敷市本町4-1)
- 영업 시간 : 10:00~17:00 / 연중무휴

미야케 쇼텐 (三宅商店)
에도 시대에 지어진 상가에서 즐기는 파르페(1,500엔 내외).
- 주소 : 오카야마현 구라시키시 혼마치 3-11 (岡山県倉敷市本町3-11)
- 영업 시간 : 11:30~17:00(토요일 18:30분까지) / 연중무휴

일본의 마추픽추라 불리는 빗추마쓰야마성은 열도에서 찾아보기 힘든 산성이다. 그리고 성 아래로는 무사들의 세간살이를 엿볼 수 있는 성하 마을이 이어진다. 으리으리한 저택은 없지만 옛사람들이 쓰던 도구와 무사들이 남긴 글귀, 의복 등이 고스란히 남은 이 소박한 동네를 사람들은 빗추타카하시라 부른다.

일본의 마추픽추

빗추타카하시
備中高梁

　어느 여름날, LP판 돌아가는 조그만 카페에 앉아 여행서 한 권을 펼쳤다. 여긴 유명한 곳, 저긴 뻔한 곳, 거긴 이미 다녀온 곳······. 적당히 무료한 감정으로 슈퍼마켓 전단지 읽듯 책장을 넘겼다.
　그러다 문득 '오랜 역사가 살아 숨 쉬는 일본의 마추픽추 빗추마쓰야마성備中松山城과 한적한 성하 마을, 빨간 벵갈라의 색을 입은 고장 빗추타카하시로 놀러 오세요!'라는 글귀에 눈길이 멈췄다. 낯선 지명과 소박한 홍보 글귀 아래로는 험준한 산성과 빨간 기와집이 옹기종기 모인 산골 마을, 그리고 앙증맞은 본네트 버스가 마을 한가운데를 가로지르는 풍경을 담은 사진이 있었다.
　'그래, 여길 가야겠다!'

그로부터 4개월이 흐른 11월의 마지막 주말, 전차를 타고 빗추타카하시역備中高
梁駅으로 향했다.

합승 택시를 타고 빗추마쓰야마성으로

2량짜리 작은 전차에서 내려 역을 빠져나오자 뿌연 안개와 흐린 하늘을 머금은 시
가지가 등장했다. 인구 3만의 작은 도시 다카하시高橋다. 주변을 둘러보지만 인적
이라고는 함께 내린 승객들과 역무원, 자전거를 타고 지나가는 마을 주민 한둘이
전부인 고요한 마을.

역 출구에서 50~60m 거리에 위치한 관광 안내소를 찾았다. 미리 예약해 둔 빗
추마쓰야마성備中松山城행 합승 택시를 타기 위해서다. 안이 들여다보이는 안내소에
는 어머니 또래로 보이는 아주머니께서 업무를 보고 계셨다.

"파꾸상데스요네?(미스터 박이지요?)"

렌터카를 이용하여 방문하는 한국인 여행객은 있어도 직접 합승 택시를 예약하
는 한국인은 드물다며 반가워하신다. 택시 이용에 대한 안내와 더불어 1,000엔짜
리 다카하시 명소 종합권에 관한 설명도 해 주셨다. 이 종합권을 사면 성은 물론이
고 시내 곳곳에 남은 무사 가옥과 전시관의 입장도 가능하다고 해서 구입했다.

잠시 후, 나를 포함해 4명의 여행객이 차례로 안내소 앞에 대기하고 있던 택시
에 탑승했다. 간단한 안내와 함께 '부룽' 하고 시동이 걸렸다. 이동 시간은 약 15
분. 앞자리에 앉은 덕에 친절한 기사 아저씨로부터 안내를 받는 특권을 얻었다. 십
수 년 전 시내 풍경은 어떠했고 성 아래의 성하 마을이 어떠하며 점심 식사는 어디
가 맛있고 등등, 입담 좋은 아저씨의 이야기를 경청하며 맞장구를 치는 사이, 멧돼
지가 나와도 전혀 이상할 것 같지 않은 가파른 산길을 몇 바퀴 타고 돈 후 성의 입
구인 후이고 도게ふいご峠 근처에 도착했다.

빗추마쓰야마성은 일본의 마추픽추라고 불린다.

일본의 마추픽추, 빗추마쓰야마성

"자, 도착했습니다. 구경 잘 하신 다음 2시 40분까지 여기로 돌아와 주세요. 그래야 택시를 타고 역까지 돌아갈 수 있습니다."

기사 아저씨의 당부를 새기며 숲길로 들어갔다. 성까지는 20~30분 걸어 올라가야 하는데, 산세가 그리 험하지도 않음에도 불구하고 5분쯤 지났을 무렵부터 숨이 차 올랐다. 거친 숨을 다듬은 후 소복히 쌓인 낙엽을 밟으며 발걸음을 재촉하자 산 아래로 내려다보이는 시내 풍경이 선명해지기 시작했다. 그리고 저 멀리 낡은 성벽 같은 것이 보였다. 일본에서는 찾아보기 힘든 산성 구조를 한 빗추마쓰야마성이다.

하늘에서 내려다보면 그 모습이 흡사 페루의 마추픽추를 닮았다 해서 '일본의 마추픽추'라는 별명을 얻은 빗추마쓰야마성은 험준함과 정교함을 두루 갖추고 있다. 에도 시대에 지어진 천수각이 고스란히 남은 12곳의 '현존 천수' 중 하나인 이곳은 몇 차례의 보수 작업을 거친 후 옛 모습을 되찾았다. 오늘날에는 지역의 자산이자 일본의 주요 문화재로 인정받고 있다.

하늘에 닿을 듯 말 듯 뿌연 안개 사이로 슬며시 고개를 들이민 성벽에는 이끼가 자라 있다. 그리고 물기가 남은 돌계단은 빨갛고 노란 낙엽이 연 가을 전야제로 한창이다. 발걸음을 옮길 때마다 '사각사각' 하는 소리가 두 귀를 자극한다. 이렇듯 높은 하늘과 험준한 산에 둘러싸인 성의 역사는 지금으로부터 800년 전으로 거슬러 올라간다.

산요山陽 지방(히로시마현 · 오카야마현 · 야마구치현)과 산인山陰 지방(돗토리현 · 시마네현)을 잇는 이 지역은 오래전부터 주요 세력들의 각축장이었다. 특히 전국 시대에는 이곳을 차지하기 위한 지역 맹주들의 다툼이 잦았다. 그런데 그때는 오늘날과는 달리, 천수각 없이 산세를 따라 지은 성벽이 고작이었다고 한다. 오늘날 남아 있는 천수각은 17세기경에 지어졌다 허물어진 것을 19세기에 이르러

오리이 저택에서는 무사 가정의 삶을 엿볼 수 있다.

복원한 것이다.

　흔히 일본의 성이라고 하면 영주의 생활 공간인 동시에 정무를 보던 공간으로 인식되지만, 이 성은 너무 높고 외진 산 위에 위치해 있기 때문에 이곳 영주는 산 아래 성하 마을에 자리한 고네고야御根小屋라는 저택에서 생활했다고 한다. 그래서인지 천수각치고는 실내에 전시품이 너무 없었다. 3층으로 된 천수각의 1층에는 성의 역사와 지역의 유명 인사를 소개하는 자료관과 갑옷 몇 개, 일본도 몇 자루가 고작이다. 다른 지역의 천수각에 비하면 초라한 수준이다.

　그러나 나는 오히려 이런 초라함이 나쁘지 않았다. 수많은 생명을 앗아갔을 일본도나 갑옷 대신 옛사람들의 이야기와 흔적을 구경하는 편이 마음 편했기 때문이다. 자료관을 지나 3층까지 올라가니 시골집 다락방 같은 느낌의 이곳에서는 성 아래가 내려다보였다. 저 멀리 떨어진 시내 풍경은 안 보이지만, 때묻지 않은 소박함이 남은 이 공간을 오래오래 기억하기 위해 카메라 셔터를 눌렀다.

무사들의 생활 터전이 남은 성하 마을

두 번째 목적지는 성에서 1.5km 떨어진 성하 마을 이시비야초石火矢町다. 영주가 실제로 생활하던 저택인 고네고야의 터가 남은 곳이기도 하다. 곧장 역으로 돌아가려는 택시 뒷자리의 승객들에게 양해를 구한 후 긴 돌담이 늘어선 마을 입구에서 택시를 멈춰 세웠다.

　"감사합니다. 조심해서 가세요."

　택시에서 내려 주변을 살폈다. 관광지 느낌이 전혀 없는 아기자기한 시골길 한쪽으로는 다카하시 고등학교가 보인다. 바로 이곳이 오래전 빗추마쓰야마성의 영주가 기거하던 고네고야御根小屋 터라고 한다. 그러나 이제는 주말을 맞아 클럽 활동에 빠진 학생들의 함성 소리만 가득하다. 한때 지역의 정치적 중심지였을 이곳에

여러 건축 양식이 혼합된 하이바라 저택

긴장감 따윈 사라진 지 오래다.

평화롭기 그지없는 고등학교 옆으로는 감나무 몇 그루가 서 있다. 가지에 주렁주렁 열린 감이 먹음직스러웠다. 그리고 가지가 가리키는 방향으로 걸어가자 무사 가옥이 자리한 골목길이 나왔다. 가장 먼저 눈에 띈 곳은 매년 160석의 녹봉을 받으며 영주의 정무를 돕던 오리이 저택旧折井家이다.

1830년부터 1844년까지, 약 14년에 걸쳐 지어진 이곳에는 깔끔히 정돈된 정원을 비롯해 무사 가정의 삶을 엿볼 수 있는 안방과 부엌이 보존되어 있다. 건물 입구를 지키는 안내인 아저씨께 앞서 구입한 종합권을 건넨 후 정원을 지나 실내로 들어갔다. 온돌 장치가 없는 탓에 방바닥이 얼음장같이 차갑다. 오래전 일본 사람들은 안방 한가운데에 네모난 구멍을 판 후 난방 도구를 놓아 실내 온도를 올렸는데 이 장치를 '이로리囲炉裏'라 부른다. 그러나 이곳에 설치된 것은 단지 '전시용'이기 때문에 실제로 방이 뜨끈뜨끈하진 않았다.

오리이 저택을 나와 대문 옆으로 이어진 돌담을 따라 걸으니, 또 다른 무사 가옥이 보인다. 하이바라 저택旧埴原家이다. 무사 가옥 양식을 바탕으로 사원 건축 양식과 다도를 위한 스키야 건축 양식이 결합된 이 건물은 앞서 방문한 오리이 저택보다 넓고 화려하다. 특히 입구를 겸하는 2층짜리 건물이 인상적이다. 안으로 들어가니 오리이 저택과 마찬가지로 살림 도구와 전시품이 전시되어 있다. 낡은 다다미에서 올라오는 냄새를 느끼며 실내를 돌아본 다음, 겨울맞이로 한창인 정원까지 확인하고 저택에서 빠져나왔다.

성하 마을에서 역으로 돌아가는 길, 다카하시 향토 자료관에 잠시 들렀다. 1904년, 고등학교의 본관으로 지어진 자료관에는 에도 시대부터 20세기 초중반에 이르기까지 민간에서 쓰던 생활용품과 가전제품, 가구 등이 전시되어 있다. 낡은 전화기를 시작으로 다리미, 타자기, 축음기 등 시대극에서 볼 만한 전시품 앞에서 관람객들은 하나같이 감탄사를 내질렀다. 내부 촬영이 금지된 탓에 이 모든 전

시품을 눈과 마음으로만 간직해야 하는 것이 아쉬울 정도다.

실내 전시품을 구경하는 데 심취한 사이 시곗바늘이 다섯 시를 가리켰다. 향토자료관이 문을 닫을 시간이었다. 아직 둘러볼 것이 많았지만 관리인 아주머니께 인사를 드린 후 역을 향해 걸었다. 늦가을이라 그런지 5시를 갓 넘겼을 뿐인데 저 먼 하늘에 뜬 태양이 빨갛게 타오르기 시작했다. 눈 깜짝할 사이에 지난 하루가 내심 아쉽지만, 오늘이 지나야 내일이 오기에 아쉬움을 묻고 하루를 정리했다.

800년의 세월을 견뎌 온 산성과 고풍스러운 무사 가옥이 조화를 이룬 소박한 마을, 이름 모를 꼬마들이 노래를 부르며 뛰어 놀았을 돌담길, 반세기 전까지만 해도 번영을 이뤘을 상점가. 이 모든 역사와 시간, 공간이 모인 타카하시에서의 하루도 끝났다.

Travel Tip

- **가는 방법**
  ① 항공편으로 오카야마 공항에 도착. 오카야마역(岡山驛)에서 하쿠비센(伯備線) 특급 전차를 타고 빗추타카하시역에서 하차. (특급 열차 약 35분 소요, 요금 1,620엔 / 일반 전차 1시간 소요, 요금 860엔, 1시간에 한 대꼴로 운행)
  ② 구라시키역(倉敷驛)에서 하쿠비센(伯備線) 특급 전차를 타고 빗추타카하시역에서 하차. (특급 열차 약 25분 소요, 요금 1,350엔 / 일반 전차 45분 소요, 요금 590엔)

- **둘러보기**
  빗추타카하시역 → 빗추마쓰야마성 → 성하 마을 산책(오리이 저택, 하이바라 저택 등) → 다카하시 향토 자료관 → 빗추타카하시역 (약 5시간 소요)
  ※ 빗추타카하시 관광 안내소는 빗추타카하시역 서쪽 출구에서 약 70m 떨어진 곳에 위치해 있다. 지도를 얻는 것은 물론 타카하시 명소 종합권도 구입 가능하다.

- **볼거리**
  빗추마쓰야마성(備中松山城)
  - 가는 방법 : 빗추타카하시역 동쪽 출구에 위치한 버스 센터(高梁バスセンタ-)와 시로미바시 공원(城見橋公園)을 오가는 순환 버스 이용. (요금 170엔) 또는 택시로 시로미바시 공원 주차장까지 이동 가능. (10분 소요, 약 1,500엔) / 시로미바시 공원 주차장에서 셔틀버스를 이용하여 후이고 도게(ふいご峠)로 이동. (약 5분 소요, 15분 간격, 요금 400엔) / 후이고 도게에서 빗추마쓰야마성까지 도보로 약 20분 소요.
  - 요금 : 다카하시 명소 종합권 1,000엔(빗추마쓰야마성+무사가옥+후루사토 자료관 포함)
  ※ 시로미바시 공원 주차장~후이고 도게 셔틀버스 운행 시간
     시로미바시 공원 주차장 → 후이고 도게 : 4~9월 08:45~16:30, 10~3월 08:45~15:30
     후이고 도게 → 시로미바시 공원 주차장 : 4~9월 09:00~17:45, 10~3월 09:00~16:45
     (11월에만 매일 운행하고 나머지 11개월은 주말과 휴일만 운행. 따라서 버스 운행을 안 하는 날에는 걸어서 올라가야 함. 도보로 45분 소요.)

- **먹거리**
  고만고쿠(五万石)
  이탈리안 토마토 야키소바 전문점으로, 1,000엔 이하로 즐길 수 있는 지역 맛집이다.
  - 주소 : 오카야마현 빗추다카하시시 가지마치 125(岡山県備中高梁市鍜冶町125)
  - 영업 시간 : 화~금 10:30~21:30, 주말 · 공휴일 10:30~20:30 / 월요일 휴무

오카야마현의 구라시키에서 완행열차로 50분 거리에 자리한 빗추타카하시. 거기서 다시 버스로 50분을 들어가야 하는 후키야 마을. 낡은 본네트 버스를 타고, 오래전 벵갈라 염료로 일본 전역에 이름 떨친 이 조그만 산골 마을을 만나러 간다.

벵갈라의 고장

후키야 吹屋

구라시키역倉敷駅에서 특급 열차를 타고 25분 만에 빗추타카하시역備中高梁駅에 도착했다. 예전과 마찬가지로 변함없이 한적함이 맴도는 역사의 동쪽 출구로 나가자 빨간 버스 한 대가 서 있었다. 일명 '토토로 버스'라 불리는 본네트 버스ボンネットバス였다. 빨간 벵갈라 염료의 고장 후키야吹屋로 가는 이 버스는 기간 한정 관광 프로그램으로 운영되는데 오늘은 이 프로그램에 참여하기로 했다. 제복을 입은 버스 운전사 이케다 씨와 인사를 나눈 후 버스에 탑승했다. 이 버스는 무려 1967년에 생산되었지만, 잘 관리해 온 덕분에 지금도 고도 550m의 산길을 무리 없이 오를 만큼 쌩쌩한 현역이다.

10분 후, 승객 10여 명을 태운 버스가 출발했다. 나이 지긋한 승객들은 상기된 표정으로 어린 시절 타고 다니던 본네트 버스의 추억을 나누고 계셨다. '먹고 사느라 정신없던 옛날에는 이런 버스가 관광 자원으로 활용될 줄 상상도 못 했다.'라는 한 어르신의 말과 함께 여기저기서 진한 웃음과 함께 셔터 세례가 터져 나왔다.

가이드 아저씨의 설명에 의하면, 이 빨간 버스는 벵갈라 광산과 벵갈라관에 들렀다가 후키야 마을로 향할 예정이다. 고도 550m의 산골짜기에 꼭꼭 숨은 후키야는 하루에 버스 3대만 다니는 작은 마을이지만, 에도 시대에 지어진 빨간 건물들 사이로 빨간 본네트 버스가 지나가는 풍경이 아름다워 일본에서도 손꼽는 특급 여행지라고 한다.

조용한 산골 마을에 기적을 선물한 후키야 광산

큰 굉음을 내며 도시를 빠져나온 버스는 아기자기한 마을 수십 곳과 굽이진 경사가 이어지는 산길을 지나 산 한가운데에 자리한 커다란 저택 아래에 멈춰 섰다. 에도 시대, 후키야 광산에서 채굴된 황화철로 큰 부를 쌓은 히로가네 가문의 저택이었다. 1813년에 지어진 건물은 집을 지탱하는 큼직한 돌벽 때문에 큰 성을 보는 것 같았다. 마치 성의 관문 같은 대문을 지나니 빨간 기와를 덮은 저택 본관이 나왔다. 본관 입구 매표소에서 히로가네 저택広兼邸과 가타야마 저택旧片山邸, 벵갈라관ベンガラ館, 후키야 광산吹屋鉱山 등 마을 내 명소를 둘러보는 데 필요한 종합권을 구입했다. 저택 내에는 여느 관광지와 마찬가지로 난방 도구인 이로리와 취사 도구 등 옛 물건들이 놓여 있었는데, 30분 가량 구석구석 살피며 지난 시간 히로가네 가문이 쌓은 막대한 부를 가늠해 볼 수 있었다.

이어서 멀지 않은 곳에 자리한 후키야 광산吹屋鉱山(사사우네 갱도)으로 향했다. 807년에 발견된 이 광산은 원래 흰 돌이 나오는 산이라 해서 '시라이시白石'라 불렸다고 한다. 무로마치 시대(1336~1573)와 전국 시대에는 이곳을 둘러싸고 아마고 가문과 모리 가문의 치열한 세력 다툼이 벌어지기도 했으며, 에도 시대에는 막부

후키야

산비탈에 자리한 히로가네 저택

소유의 광산으로 지정되었다. 하지만 채굴 초기에는 기술력도 부족하고 물 공급도 차질을 빚으며 제대로 개발되지 못하다가, 에도 시대 중엽에 본격적으로 개발에 착수하며 일본의 6대 구리 광산으로 손꼽히기도 했다.

이 과정에서 후키야 광산은 일본에서 내로라하는 재벌들의 손을 거쳤다. 최초로 광산 개발에 나선 것은 이즈미 가문(오늘날의 스미토모 그룹)이었다. 1690년부터 35년간 이곳에서 채굴을 맡은 이즈미 가문은 훗날 에히메현의 벳시 광산別子鉱山으로 본거지를 옮겼는데 그 덕에 오늘날 에히메현에는 스미토모 계열의 기업이 많다. 그리고 이즈미 가문이 떠난 자리에 들어온 오오즈카 가문은 107년간 채굴을 담당했고, 1873년부터 광산이 문을 닫던 1930년까지는 미쓰비시 그룹의 창업주인 이와사키 야타로岩崎弥太郎가 광물을 캤다. 격동의 19세기, 해운업으로 큰돈

후키야 광산 입구(왼쪽)과 갱도(오른쪽)

을 번 그는 후키야 광산에서 엄청난 부를 쌓았는데 일본 최초로 서양식 용광로를 도입해 이곳을 일본 3대 구리 광산으로 끌어올렸다. 이러한 발전에 힘입어 후키야 마을에는 미쓰비시 가문에서 후원하는 학교와 각종 오락 시설, 여러 근대 건축물이 들어섰다.

  이렇듯 마을 발전에 이바지했던 광산은 현재 견학 시설로 활용되고 있다. 한창 때는 광산 입구에서 1.5km 떨어진 곳까지 들어가 작업을 했다고 하는데, 오늘날 민간에 공개되는 건 300m가 고작이다. 갱도의 천장이 낮기 때문에, 안전을 위해 입구에 놓인 노란 헬멧을 착용했다. 그런데 머리가 부딪치는 건 그렇다치고 천장에서 물이 뚝뚝 떨어졌다. 한 방울 두 방울 옷깃에 흘러내리는 물의 양이 상당했다. 게다가 갱도 내 온도가 14도밖에 되지 않아 몸이 으스스해졌다. 한 가지 독특한 점은, TV에서 보던 다른 광산과 달리 이곳은 천장을 떠받치는 지지대의 수가 유난히 적었다. 이는 지층이 워낙 단단해서 일일이 지지대를 세울 필요가 없었기 때문이라고 한다.

  이와 같은 가이드의 설명을 귀담아들으며 어둠 속으로 더 들어가자 채굴 작업을 재현한 밀랍 인형이 등장했다. 당시 이곳에서는 구리를 캐는 남자와 이를 모으는

후키야

여자, 그리고 모인 구리를 바깥으로 옮기는 남자, 이렇게 세 명이 한 조가 되어 작업했다고 한다. 아침 일찍 남녀가 갱도에 들어가면 목표량을 달성할 때까지 안에 틀어박혀 있어야 했기 때문에, 서로 눈이 맞아 부부의 연을 맺는 경우가 비일비재했다는 후문이다.

전통 염료의 제조 과정을 볼 수 있는 벵갈라관

후키야 광산에서 차로 5분가량 달려서, 1707년 일본 최초로 세워진 벵갈라 공장을 재현한 전시관인 벵갈라관ベンガラ館 입구에 도착했다. 벵갈라는 황화철을 주성분으로 하는 붉은색의 염료로, 원료인 황화철이 인도 벵갈라 지역에서 많이 추출된다 해서 벵갈라라고 불렸다. 그런데 벵갈라와 후키야 마을은 무슨 연관이 있는 걸까?

일반적으로 구리 광산에는 구리 이외의 광물이 많이 매장되어 있는데 이들은 모두 바깥으로 내다버린다. 황화철이 그중 하나였는데, 어느 날 비가 내리자 밖에 내다버린 황화철에서 빨간 물이 흘러나왔다. 이를 본 주민들은 빨간 물을 도자기와

벵갈라 염료의 제조 과정을 볼 수 있는 벵갈라관

의류 등에 들어가는 염료로 활용하기 시작했다. 이를 계기로 마을에는 벵갈라 공장이 하나둘 들어섰고 후키야는 일본 제일의 벵갈라 고장으로 이름을 떨쳤다.

    이렇게 마을에 부를 안겨 준 벵갈라 염료의 제조 과정을 알아볼 수 있는 벵갈라 관은 총 4동의 건물로 구성되어 있으며 각 건물에는 옛날 방식의 기계가 놓여 있다. 가이드 아저씨의 안내에 따라 각 동을 돌며 벵갈라와 관련한 설명을 들었다. 참고로, 벵갈라의 원료인 황화철은 오늘날에는 염료에 그치지 않고 자동차나 선박의 도료, 텔레비전과 라디오 부품, 오디오 및 필름 등 산업 곳곳에 쓰일 정도로 활용도가 높다고 한다.

드디어 후키야 마을로!

약 30분에 걸친 벵갈라 제조 공정 견학을 마치고 버스에 올라탔다. 기다리던 후키야 마을과의 만남이 다가온 것이다. 마을은 벵갈라관에서 차로 2~3분 거리에 있는데, 내리막과 완만한 언덕을 지나자 눈앞으로 벵갈라 색깔을 입은 빨간 건물들이 보이기 시작했다.

    '아, 여기가 후키야구나!'

    반가운 마음에 차창 밖을 바라보는 순간, 밖에서 카메라 셔터 세례가 쏟아졌다. 나는 깜짝 놀라 고개를 숙였다. 반면 운전사와 가이드 아저씨는 대수롭지 않다는 얼굴이었다. 가이드 아저씨의 설명에 따르면, 후키야 마을에 방문한 관광객들이 본네트 버스 사진을 찍으러 몰려드는 건 흔한 일이라 아무렇지도 않다고 한다. 그렇게 작은 소란을 겪은 후 마을 북쪽에 위치한 주차장에 도착했다.

    차에서 내려 도로로 향하자 내리막길 사이로 크고 작은 전통 건축물이 옹기종기 모인 풍경이 펼쳐졌다. 앞서 언급한 대로 고도 550m에 자리한 후키야는 인구 150명이 사는 작은 산골 마을이다. 에도 시대에 광업과 벵갈라 산업으로 번영하

후키야

였고, 이때 마을에 몰려드는 상인들을 위한 여관과 식료품점, 상가 등이 생겨났다. 눈앞에 펼쳐진 풍경은 19세기에 완성된 것으로, 당시 모습을 변함없이 유지한 점을 인정받아 일본에서 8번째로 역사 전통 보존 지구로 지정되었다.

마을을 돌아보기에 앞서 마을 위쪽에 자리한 카페 아카리에 방문했다. 옛 민가를 개조한 가게는 친절한 주인 아주머니가 운영하시는데 실내에는 다락방을 잇는 계단을 비롯해 옛사람들의 흔적이 느껴지는 물건들로 가득했다. 주방과 마주 보는 카운터석에 앉은 나는 '오늘의 정식日替わりランチ'을 주문했다. 푸짐한 음식과 더불어 마을의 상징인 본네트 버스를 본따 디자인한 젓가락 받침이 시선을 사로잡았다. 젓가락 받침을 향해 카메라를 들이미는 나를 향해 아주머니께서는 오랜 시간 본네트 버스가 마을의 상징이 된 만큼 버스 디자인이 들어간 젓가락 받침과 컵, 그릇을 쓰고 있다고 설명했다.

사진 몇 장을 찍은 후 식사를 시작했다. 지역에서 난 채소를 사용한 채식 식단이었는데, 신선함은 물론이고 간이 세지 않아 담백했다. 그 덕에 지난 10여 년간, 단맛과 짠맛 일색인 일본 음식에 길들여진 내 몸이 위로를 받는 듯했다. 열심히 젓가락을 움직여 식사를 마친 후, 후식으로 나온 커피와 밀 크레이프를 먹었다. 커피도 커피지만 안에 떡을 넣은 듯 식감이 쫄깃쫄깃한 밀 크레이프가 예술이었다. 이렇게 감동적인 식사를 끝내고 밖으로 나와 일정을 재개했다.

가타야마 저택

향토관

후키야, 이토록 아름다운 마을

벵갈라 염료로 외벽을 칠한 건물들 사이로 난 언덕을 내려가다가 가타야마 저택 저택旧片山邸과 향토관郷土館에 입장했다. 우선 1759년에 지어진 가타야마 저택은 벵갈라 제조와 판매를 하던 상인의 집으로, 당시의 모습이 온전히 보존되어 있다. 대량의 현물 거래가 이루어지던 상인 가옥인 만큼, 바깥으로 이야기가 새어 나가지 않게 문틈을 작게 만들거나 계단 사이에 서랍을 만들어 수납 공간을 확보하는 등의 재치도 엿볼 수 있다.

가타야마 저택의 맞은편에는 가타야마 가문에서 분가한 가타야마 가키쓰片山嘉吉가 세키슈石州(시마네 지역)에서 사원을 짓던 목공을 불러서 지은 향토관이 있다. 일반 상가 건물과 다르게 사원 건축 양식이 묻어 있는 실내는 천장이 유난히 높고 각종 생활 시설이 남아 있었다. '숨은 계단隠し階段・카쿠시 계단' 뒤로 이어지는 2층에는 가족만 알고 있던 비밀의 방이 있었다. 그리고 거리와 맞닿은 2층 창문에서 바라보는 마을 전경도 놓쳐서는 안 될 볼거리였다.

짧은 관람을 끝내고 완만한 내리막길을 따라 걸었다. 옛날 우체통이 설치된 후키야 우체국을 지나 아래로 내려가던 도중 고소한 냄새를 맡았다. 그 냄새를 따라 발걸음을 옮기니 '쇼에이칸松米館'이라는 건물 앞에서 아주머니 세 분이 구운 돌 위에 당고(일본식 경단)를 굽고 계셨다. 그 냄새가 어찌나 좋던지, 배를 가득 채운 포만감을 애써 외면하며 가게에 들어가 커피 한 잔과 당고를 주문해 먹었다. 커피 한 모금으로 목을 축인 후 된장을 바른 당고를 베어 무는데, 생각보다 맛이 괜찮아 순식간에 먹어 치웠다.

다시 발걸음을 옮겨 건물 맞은편으로 이어지는 옆길로 들어갔다. 어디선가 들려오는 라디오 소리와 새소리를 벗삼아 150m가량 걷자 1900년에 개교한 후키야 소학교가 등장했다. 개교 이래로 112년간 많은 졸업생을 배출했지만 학생이 점점 줄어 2012년에 폐교되었다고 한다. 이곳은 현재 호텔과 '학교 자료관'으로 활용되는데 자료관에는 밤에 열릴 콘서트 준비로 분주해 보였다.

잠시 학교를 둘러본 후 마을 중심부로 돌아가서, 빨간 벵갈라 염료로 칠한 기념품이 가득한 상점에 들어가 엽서와 기념품을 구입했다. 그런 다음 마을 초입까지 내려가는데 어느 집 앞에 앉아 있는 아이들과 눈이 마주쳤다. 주말을 맞아 할머니 댁에 놀러온 아이들이었다. 아이들은 내 카메라에 큰 관심을 보였는데, 카메라를 건네주자 신기한 듯 이것저것 만지며 질문을 퍼부었다.

아기새마냥 해맑게 떠드는 아이들과 잠시 이야기를 나누다 시계를 확인하니 어느덧 떠날 시간이 임박했다. "마을 사이로 버스가 달리는 풍경을 사진으로 담고 싶으신 분은 마을 입구에서 기다리세요. 그럼 저희가 태워 가겠습니다."라고 하시던 가이드 아저씨의 말씀을 떠올리며 사진 찍기 좋은 곳으로 이동했다.

"왔다, 왔어!"

잠시 후 위쪽에서 사람들의 환호성이 들려오고, 곧 버스가 내려왔다. 이를 두고 '일본 제일의 풍경'이라 칭하던 가이드 아저씨의 자신감 가득한 말투가 납득이 갔다. 시간을 멈추고 싶을 만큼 아름다운 풍경. 멀리서 버스가 내려오는 1분의 시간이 소중한 추억의 한 장면이 되는 순간이었다.

이제 그 버스를 타고 돌아가야 하는데, 얼마나 아쉬웠던지 버스에 타기 싫을 정도였다. 이런 내 마음을 아는지 모르는지 버스는 사정없이 몸통을 흔들며 '이별의 장'이 될 빗추다카하시역을 향해 떠났다. 기회가 있다면 다시 만날 날이 오겠지. 그때까지 변함없는 모습으로 남아 주길. 안녕, 후키야! 잘 있어, 본네트 버스!

후키야

동영상
보기

Travel Tip

가는 방법 빗추타카하시역까지 이동하는 방법은 빗추타카하시 편과 동일.
① 빗추타카하시역 동쪽 출구로 나와 빗추타카하시역 버스 센터에서 후키야(吹屋)행 비호쿠 버스(備北バス) 탑승. (10:50, 13:50, 18:00, 요금 800엔)
② 빗추타카하시역에서 본네트 버스 이용.

둘러보기 빗추타카하시역에서 본네트 버스 탑승 → 후키야 광산과 벵갈라관 방문 → 후키야 마을 산책 → 빗추타카하시역 (약 4시간 소요)

볼거리 **본네트 버스**(2023년 현재, 코로나19로 인해 운행 중지)
- 운행 시기 : 매년 3월과 5월, 9월과 11월의 일요일에만 1차례씩 운행(예약제)
- 요금 : 3,750엔 (마을 내에서 사용 가능한 500엔 상당의 쿠폰 포함)
- 예약 : 비호쿠 버스 관광과(備北バス観光課) 0866-48-9111 (운행 3일 전 예약하기, 노쇼 금지)

먹거리 **카페 다이다이**(Café Daidai)
전통 민가를 개조한 카페에서 뜨뜻한 커피 한잔과 맛있는 런치를 즐길 수 있는 곳.
- 주소 : 오카야마현 다카하시시 후키야 나리와초 398(岡山県高梁市吹屋成羽町398)
- 영업 시간 : 10:00~16:00 / 화·목 휴무

카페 아카리(カフェ燈)
담백한 산채 정식.
- 주소 : 오카야마현 다카하시시 나리와초 후키야 398(岡山県高梁市成羽町吹屋398)
- 영업 시간 : 10:00~16:00 / 매주 화·수·목 휴무
- 예산 : 1인당 1,500엔 정도

카페 쇼에이칸(CAFÉ 松栄館)
쫀득쫀득한 당고와 커피 한 잔.
- 주소 : 오카야마현 다카하시시 나리와초 후키야 300(岡山県高梁市成羽町吹屋300)
- 영업 시간 : 10:00~16:00(여름철 주말에는 17시까지 영업하기도 함) / 매주 화요일 휴무(비정기 휴무 있음)

2 추고쿠 서부

재미난 역사 이야기가 한자리에

혼슈의 관문 역할을 하는 시모노세키는 우리 역사와 관련이 깊은 도시다. 조선통신사의 발자취가 남아 있는 곳이자, 1894년 청과 일본이 조선을 집어삼키기 위해 벌인 청일 전쟁의 마무리를 지은 '시모노세키 조약'의 현장이기 때문이다. 또한 바다 건너편으로는 고풍스러운 근대 건축물이 이어지는 모지코가 있다. 낭만과 세련됨이 공존하는 두 지역은 후쿠오카를 방문한 여행자라면 꼭 들러 볼 만한 여행지다.

일본의 이스탄불

모지코 · 시모노세키
門司港 · 下関

대학원 졸업 후 첫 근무지였던 기타큐슈에서 1년 6개월간 살았다. 이른 새벽에 출근해 별님도 꾸벅꾸벅 조는 심야에 퇴근하는 나날이 이어지던 가운데 이따금 근처 모지코와 시모노세키에 들렀다. 일과 관련된 사람을 만날 일도 없고, 우아하고 근사한 풍경이 펼쳐진 곳이라서 분주한 일상에 지친 마음을 달래기에는 이만한 곳이 없었다. 그리고 얼마 전, 영혼의 안식처 같던 두 곳을 오랜만에 다시 찾았다. 이직 후 3년 만의 일이었다.

여행객들은 일반적으로 모지코와 시모노세키를 하나로 묶어 여행한다. 규슈 북단에 자리한 모지코와 일본 본토인 혼슈 서남단에 위치한 시모노세키는 바다를 사이에 두고 떨어져 있지만, 연락선으로 쉽게 오갈 수 있기 때문이다. 두 도시는 서양의 중후함과 일본의 아기자기함이 혼재해 있다. 20세기 초에 세워진 근대 건축

모지코역

구 모지 미쓰이 클럽

구 오사카 상선

물이 즐비한 모지코가 낭만을 책임진다면, 세상의 온갖 해산물을 취급하는 가라토 시장이 자리한 시모노세키는 신선함과 활기를 담당하는데 바다를 두고 인접한 두 지역을 묶어 '일본의 이스탄불'이라 부른다.

로맨틱한 레트로의 고장, 모지코

고쿠라역에서 완행열차를 타고 20여 분 만에 종점인 모지코역에 도착했다. 이번 여행의 출발점이 될 모지코역은 1891년 4월에 개업한 이래, 물자와 인력이 오가는 거점 역할을 해 왔고 1988년에는 전국 역사駅舍 중 최초로 국가 중요 문화재로 지정되었다. 그리고 지난 2012년부터 7년에 걸친 대규모 공사에 돌입해 2019년 재개장했다. 새롭게 문을 연 역사 내부에는 개업 당시의 모습이 물씬 느껴지는 개집표기와 매표소, 맞이방과 더불어 고풍스러운 분위기를 자아내는 스타벅스가 입점했다. 모지코에 놀러 오는 날에는 으레 이곳에 들러 말차 라테 한 잔을 마시던 추억이 있어서 오늘도 음료 한 잔을 주문했다. 그런 다음 내부에 설치된 엘리베이

구 모지 세관

국제 우호 기념 도서관

터를 타고 2층 전시실에 올라가 둘러본 다음 밖으로 나왔다.

널찍한 역전 광장에 설치된 분수가 힘차게 물을 뿜어내는 가운데, 바로 건너편에는 1921년에 완공된 구 모지 미쓰이 클럽旧門司三井俱楽部이 보인다. 아인슈타인 박사가 머물다 간 곳으로 홍보하는 이 건물 2층에는 아인슈타인과 관련한 전시품이 남아 있다. 사실 그는 이곳이 아닌, 바로 뒤편에 있는 허름한 여관에 머물렀는데, 기타큐슈시의 관광 당국에서 이 건물을 아인슈타인과 연계해 적극 홍보한다는 것이 재미있는 점이다.

구 모지 미쓰이 클럽의 뒤편에는 옛 부두 창고를 개조해 만든 칸몬 플라자가 있다. 빨간 벽돌벽과 흰색 기둥이 조화를 이룬 건물 내부에는 오르골 상점과 특산물 가게, 잡화점, 카페 등이 입점해 여행객들을 끌어모은다. 이중 몇몇 잡화점에 들러 아기자기한 물건을 구경하다가 모지코의 명물인 야키카레焼きカレ一를 먹기 위해 '가리혼포伽哩本舗'라는 가게를 찾았다. 야키카레란 1950년대 중반 모지코에 있던 한 찻집에서 먹다 남은 카레에 치즈와 계란을 넣고 오븐에 구운 데서 비롯한 음식으로, 이후 시내 곳곳에서 이를 따라 하는 가게가 생기며 지역 명물로 거듭났다.

블루 윙 모지

구 모지 세관

현재는 모지코 내 20곳이 넘는 가게에서 판매하는데 그중에서도 가리혼포는 맛으로 보나 인기로 보나 최고로 손꼽힌다. 가게는 영업 개시와 함께 손님들로 분주했다. 직원의 안내에 따라 창가 자리에 앉은 나는 야키카레를 주문했다. 오븐에 구워서 기존 카레보다 진하고 걸쭉하고, 함께 넣은 치즈 덕에 고소하기까지 하다. 1년에 맥주 한 잔 마실까 말까 한 나조차도 술이 생각나게 하는 맛에 감탄사를 내지르며 남김없이 긁어 먹었다.

식사 후 밖으로 나오자 세찬 바람에 앞머리가 찰랑거렸다. 바람이 불어오는 쪽으로 고개를 돌리니 푸른 바다와 맞닿은 해안로가 나왔고 거친 파도가 넘실대는 바다 건너편으로는 시모노세키 시내 전경이 펼쳐졌다. 오른쪽으로 1분쯤 걸어가니 '블루 윙 모지'라는 작은 다리가 등장했다. 108m 길이를 자랑하는 이 보행자 전용 가동식 다리는 하루 여섯 차례 60도 각도로 올라가는데 다리가 내려올 때 연인이 손을 잡고 건너면 둘의 사랑이 평생 이어진다는 소문 덕에 커플들에게 인기를 끌고 있다. 지금도 몇몇 커플은 손을 맞잡고 다리를 건너고, 한쪽에서는 웨딩 촬영을 하는 것이 보였다. 이들 사이에 서서 다리 왼편으로 보이는, 규슈와 혼슈를 잇는 칸몬교關門橋를 잠시 바라보다가, 50m 거리에 있는 빨간 벽돌 건물인 구 모지 세관舊門司稅關으로 향했다.

19세기 후반, 규슈와 혼슈를 잇는 연락선이 기항하는 항구 도시로 눈부시게 성장한 모지코에는 물 건너온 수입품이 모였고 이를 통관하던 곳이 1912년에 완공된 구 모지 세관이었다. 일본 최초로 바나나를 수입한 곳으로도 잘 알려진 이곳은 현재 여행객을 위한 쉼터와 카페, 갤러리가 입점해 있으며 1층에 있는 카페 '후르츠 팩토리 문 드 레트로'에서는 신선한 과일 파르페를 파는 걸로 유명하다. 방금 먹은 야키카레 때문에 배가 고프지는 않았으나, 모처럼의 방문인 만큼 파르페를 먹어 보지 않을 수 없었다.

모지코 레트로 클럽을 비롯해 주변 근대 건축물을 둘러보며 산책을 이어 나갔다. 주말마다 거리 한쪽에 마련된 공터에서 열리는 플리 마켓에서는 주민들의 생생한 일상을 엿볼 수 있었다. 그때 멀지 않은 곳에서 흥겨운 음악이 들려 왔다. 선율을 따라가 보니 이 지역의 대표적인 포토 스폿인 바나나맨 동상 옆에서 페루 출신의 형제가 전통 악기를 연주하고 있었다. 소박하지만 어딘가 가슴을 울리는 연주에 발걸음을 멈추고 박수를 치며 감상했다. 이미 수십 번은 들렀던 동네인데, 이 날은 이들의 음악 덕분에 새로운 느낌이 더해진 것 같았다.

발걸음을 옮겨 팔각형 옥탑이 우뚝 솟은 구 오사카 상선舊大阪商船 건물로 향했다. 19세기 유럽의 근대 기차역을 연상케 하는 이곳은 해운 회사인 오사카 상선의 모지 지점이었으며, 현재는 와타세 세이조 미술관과 마티에르MATIERE라는 카페가 입점해 있다.

이어서 모지코역 뒤편에 있는 규슈 철도 기념관九州鐵道記念館으로 이동했다. 입장료 300엔을 내고 입구로 들어가니 야외에는 한때 규슈 전역을 달렸던 전차들이 전시되어 있었다. 그리고 전차 옆 완만한 언덕에 위치한 전시관에는 철도와 관련된 기록물과 전시품이 가득했다. 1층에는 관람객이 직접 전차를 운행해 보는 운전 시

모지코 레트로 전망대

뮬레이터가 있었는데, 재미있을 듯해서 예약을 한 후 100엔을 넣고 설명에 따라 기관사가 되어 보았다. 8분가량 각종 레버를 조작하며 운전해 보았는데 생각보다 어렵긴 했지만 꽤 재미있는 경험이었다.

　어느새 해가 서쪽으로 기울고 있었다. 일몰을 감상하기 위해 모지 세관 맞은편에 있는 31층짜리 모지코 레트로 전망대로 향했다. 사방을 통유리로 둘러친 전망대에서 빨갛게 물들어 가는 동네 전경과 푸른 바다, 건너편 시모노세키를 바라보고 있자니 마음속까지 아름다운 풍경 속으로 젖어드는 것 같았다. 그리하여 한참을 저녁노을과 함께하다 어둑해진 후에야 전망대를 떠났다.

　모지코역에서 기차를 타고 호텔이 있는 고쿠라역으로 돌아갔다. 정말 오랜만에 고쿠라역에서 20분 거리에 위치한 단골 돈가스집을 방문하기로 했다. 이곳은 한때 바쁜 일상에 지친 나를 달래 주던 피난처였다. 새 직장에서 여유가 생기면 다시 들르겠다 다짐했는데 코로나 뭐다 해서 재방문까지 3년 이상 걸렸다. 이렇게 많은 시간이 흘렀음에도 변함없이 친절한 주인 내외와 안락한 실내 분위기, 어딘가 퀴퀴하지만 마냥 싫지는 않은 냄새, 씹는 자체로 행복해지는 풍부한 맛 덕에 먹는 내내 감동이 끊이지 않았다. 이 감동을 계속 이어가고 싶은 마음에 근처의 지역 맥주 공방에 방문해 맥주 한잔으로 여행지에서의 하루를 마무리했다.

바다에서 바라본 가라토 시장

신선한 해산물이 한자리에, 가라토 시장

다음 날 아침 일찍 호텔을 나와 하루를 열었다. 〈은하철도 999〉를 그린 만화가 마츠모토 레이지가 유년 시절을 보낸 시내 중심부에는 〈은하철도 999〉 그림을 덮은 모노레일이 오가고 있었다.

아침 식사를 위해 고쿠라성 바로 앞에 있는 코메다 커피에 방문했다. 실내에서 바라보는 강변 풍경이 몹시 아름다워서 한 달에 한두 번 꼴로 들르던 이곳에서 모닝 세트를 시켜 먹은 후 멀지 않은 곳에 위치한 탄가 시장에 잠시 들렀다. 100여 년의 역사를 자랑하는 이 재래시장에는 100개가 넘는 가게가 입점해 있는데 과일과 채소, 생선과 같은 식재료에 그치지 않고 먹음직스러운 주전부리를 파는 덕에 '기타큐슈의 부엌'이라 불리기도 한다. 다만 2022년 두 차례에 걸쳐 발생한 큰 화재로 인해 시장 내 가게 상당수가 문을 닫으면서 예전만큼의 활력은 느껴지지 않았다. 그럼에도 많은 주민과 여행객으로 분주한 시장 골목을 누비다가 끝자락에

있는 한국 음식점에 들러 파전을 사 먹었다.

든든하게 배를 채운 나는 본격적으로 길을 나섰다. 이날은 시모노세키를 돌아볼 예정이었다. 고쿠라역으로 이동해 어제 방문한 모지코역으로 향했다. 그런 다음 모지코역 근처에 있는 선착장에 가서 시모노세키로 향하는 연락선에 올랐고, 출발을 알리는 안내 방송과 함께 5분 만에 시모노세키 선착장에 도착했다.

선착장 오른쪽으로는 가라토 시장唐戶市場이 있었다. 1890년대 가라토 항만 정비 사업의 결과로 탄생한 가라토 시장은 현재 일본에서 유통되는 복어의 8할을 책임지는 것으로 유명하며, 그 밖에도 규슈 연안 바닷가에서 잡아 올린 신선한 해산물이 몰려든다. 또한 주말과 공휴일이 되면 시장 한쪽에 커다란 스시 시장이 열리는데 이를 즐기기 위해 몰려든 여행객들로 각 노점 앞이 문전성시를 이룬다.

코로나 여파로 가판대를 투명 칸막이로 둘러친 가게들마다 복어를 비롯해 장어, 고래, 연어, 날치 등 여러 해산물로 만든 스시와 겉이 바삭하고 속은 부드러운 덴푸라天ぷら(튀김)를 판매했다. 개당 가격이 100~300엔 정도로 저렴한 편이라

구 아키타 상회(왼쪽)과 시모노세키 남부 우체국(오른쪽)

모두들 제 몫의 플라스틱 용기에 스시를 한가득 담았다. 평소 해산물을 즐기지는 않으나 오늘만큼은 주저없이 스시와 튀김을 담아 시장 옆 야외 데크에 자리를 잡았다. 야들야들한 속살과 바삭한 튀김옷이 어우러진 새우튀김, 감미로운 크림 고로케, 입안에 살살 녹는 장어 덮밥 등을 하나하나 맛보며 그 풍부한 식감과 활기찬 분위기를 마음껏 즐겼다.

그때 문득 근처의 한 동상이 시야에 들어왔다. 상인 두 명이 주머니에 손을 넣은 채 복어 경매를 진행하는 모습의 동상이었다. 가라토 시장의 도매상들은 시장이 생긴 이래로 100년 넘게 큰 주머니에 손을 넣어 가격을 흥정해 왔는데 새벽 일찍 시장에 들르면 그 모습을 볼 수 있다고 한다. 언젠가 두 눈으로 구경할 날이 오기를 기원하며 시장 근처에 있는 복합 공간인 가라토 워프와 소형 놀이공원인 하이 가라토 요코초를 둘러본 후 거리로 나섰다.

가라토 시장 주변의 근대 건축물

지금이야 인구 25만의 작은 소도시지만 20세기 초까지만 해도 근대화를 이끈 시

구 시모노세키 영국 영사관은 일본의 근대 건축물 중에서 가장 오랜 역사를 간직하고 있다.

모지코·시모노세키

모노세키에는 모지코 못지않게 많은 근대 건축물이 남아 있다. 가라토 시장 주변에도 몇 군데가 있는데, 나는 먼저 구 아키타 상회旧秋田商会에 방문했다.

1915년 아키타 상회 본사 겸 사장 사택으로 건설된 이곳은 서일본 최초의 철골 철근 콘크리트 건물로 유명하다. 건물 꼭대기에는 세련된 옥탑이 우뚝 서 있는데 이 옥탑은 한때 바다에 떠 있는 배들을 향해 신호를 보내던 등대 역할을 했다. 그리고 현재 관광 안내소로 쓰이는 건물 1층에는 나긋나긋한 직원분이 계셨다. 매번 들를 때마다 친절하게 건물 소개를 해 주던 그녀는 이번에도 건물의 역사를 비롯해 각 층의 특징, 실내에 남은 세탁기와 축음기 등 오래된 물건에 이르기까지 건물과 관련한 모든 이야기를 들려주었다. 5분 넘게 이어진 설명을 경청한 후 사장 일가가 살던 2층과 3층을 둘러보았다. 일본 전통 양식과 서양의 근대 건축 양식이 어우러진 방과 복도, 전시품 등 빠짐없이 살펴본 후, 구 아키타 상회 바로 옆에 있는 시모노세키 남부 우체국에 들러 사진을 찍었다. 5분 거리에 있는 구 미야자키 상관과 구 체신소 시모노세키 전신국 전화과 청사에도 발도장을 찍었다.

다음으로 빨간 벽돌 외벽이 인상적인 구 시모노세키 영국 영사관旧下関英国領事館을 찾았다. 1901년 시모노세키에 처음으로 설치된 재외 공관이기도 한 이곳은, 오

구 미야자키 상관

늘날 일본에 남은 근대 건축물 중 가장 오랜 역사를 간직하고 있다. 제2차 세계 대전으로 영일 관계가 파국으로 치달을 때까지 영사가 업무를 보던 실내에는 작은 잡화점과 영사 집무실이 있었다. 그윽한 분위기를 자아내는 가구와 문서가 남은 집무실 한쪽에는 2022년 세상을 떠난 엘리자베스 여왕의 초상화가 자리를 지켰다.

그리고 집무실 옆 계단을 따라 올라간 2층에는 영국식 찻집인 티룸 리즈Tearoom Liz가 있었다. 이 집이 시모노세키 시내에 소재한 찻집 중 평판으로 세 손가락안에 드는 곳이라 잠시 머물다 가기로 했다. 가게 전체를 살필 수 있는 자리에 앉아 애프터눈 차 세트를 주문했는데 혼자 먹기에는 조금 부담스러웠다. 하지만 오늘이 아니면 또 언제 들를까 싶어 우아하고 근사하게 티타임을 즐겼다.

한일 근대사를 기억하다, 시모노세키

티타임 후, 우리 역사와도 깊은 관련이 있는 시모노세키 청일 강화 기념관에 들렀다. 슌판로春帆樓 호텔 옆에 있는 기념관에는 고등학교 근현대사 교과서에서 보던 아픔의 역사가 남아 있다. 1894년, 조선에서의 영향력을 두고 발발한 청일 전쟁의 마무리를 짓는 시모노세키 조약이 바로 이곳에서 체결되었다. 이 조약 이후 한반도 내에서 일본의 영향력이 커진 만큼 우리에게는 아픔의 역사이지만 일본인들에게는 자랑스러운 승전이었기 때문에, 내부에는 일본인의 애국심과 자긍심을 고취시킬 만한 자료가 가득했다. 일제에 수탈당하고 유린당한 역사를 가슴에 새기고 사는 내게 이곳은 큰 아픔으로 다가왔다. 그렇기에 다소 떫은 표정으로 기념관을

아카마 신궁은 어린 나이에 세상을 떠난
안토쿠 일왕을 기리기 위해 지어졌다.

청일 강화 기념관

조선통신사 상륙 기념비

나와 근처에 있는 아카마 신궁赤間神宮으로 발걸음을 옮겼다.

빨강과 하양이 조화를 이룬 정문을 시작으로 신을 모시는 본궁에 이르기까지 화려함이 이어지는 이곳은 지금으로부터 800여 년 전, 어린 나이에 세상을 떠난 안토쿠 일왕을 기리기 위한 공간이다.

헤이안 시대(794~1185)의 마지막 왕이었던 그는 외조부인 다이라노 기요모기의 권력에 힘입어 8살의 어린 나이에 왕위에 올랐다. 그러나 외조부의 사망과 함께 반대파인 미나모토 세력에게 패배하며 도망자 신세로 전락했고, 더 이상 오갈 데가 없어진 상황에서 그의 외할머니 니이노아마는 죽음을 선택했다. "우리 이제 어디 가요?"라는 일왕의 말에 그녀는 "바다 안의 극락정토로 갑니다. 바닷속엔 우리가 살 세상이 있답니다."라는 대답으로 그를 안심시킨 후 일왕을 꼭 껴안은 채 바다로 뛰어들어 생을 마감했다. 그렇게 안토쿠 일왕의 죽음으로 화려했던 헤이안 시대가 막을 내리고 가마쿠라 막부가 일본 열도의 패권을 거머쥐며 새로운 역사를 열었다. 우리에게는 별 대수롭지 않은 이야기이지만 일본인들에게는 꽤 구슬픈 전설로 남아서, 지금까지도 많은 일본인 여행객이주지 신궁을 찾아 안토쿠 일왕의 명복을 빌고 있다.

이 밖에도 신궁에는 귀 없는 불상 '미미나시 호이치耳なし芳一'에 관한 전설이 남아 있다. 유명한 악사였던 호이치가 자꾸만 귀신에게 불려가 연주를 하게 되자 주지 스님이 그의 온몸에 불경을 적어 귀신에게 보이지 않도록 했는데, 실수로 귀에 불경 적는 걸 깜빡하는 바람에 귀신이 귀를 잘라 갔다고 한다.

신궁을 대충 둘러보고 맞은편 바닷가로 향했다. 이곳에는 조선 통신사 상륙 기념비가 설치되어 있다. 잠시 기념비를 살펴보며 대한해협을 오가며 한일 양국 우호에 힘쓴 조선 통신사 일행의 활약을 되새기는 것으로 시모노세키에서의 하루를 마무리했다.

Travel Tip

동영상 보기

가는 방법
① 항공편으로 후쿠오카 공항에 도착(한국 직항 있음). 하카타역에서 고쿠라(小倉)행 신칸센 탑승. 고쿠라에서 모지코행 열차로 환승하여 모지(門司港駅)에서 하차. (약 30분 소요, 요금 2,350엔)
② 후쿠오카의 니시테쓰 텐진 버스터미널(西鉄天神バスターミナル) 1번 탑승장에서 시모노세키 버스 탑승하여 시모노세키역에서 하차. (1시간 40분 소요, 요금 편도 1,570엔/왕복 2,830엔, 산큐패스가 있을 때 추천)
③ 모지코역 부근 선착장에서 시모노세키행 연락선 탑승. (1일 무제한 탑승권 900엔)

둘러보기 모지코역 → 시모노세키행 연락선 탑승 → 가라토 시장 → 구 아키타 상회, 영국 영사관, 시모노세키 청일 강화기념관, 아카마 신궁, 조선 통신사 기념비 등 관광 → 연락선을 타고 모지로 이동 → 야키카레 먹기 → 구 모지 세관 및 근대 건축물 구경(어린이를 동반한 가족 여행객은 규슈 철도 기념관 방문 추천) → 모지코역 (5~6시간 소요)

볼거리

가라토 시장(唐戸市場)
- 영업 시간 : 주말 08:00~14:00

모지코 레트로 전망대(門司港レトロ展望室)
- 영업 시간 : 10:00~21:30 / 비정기 휴무(1년에 4일만 쉼)
- 요금 : 성인 300엔, 어린이 150엔

규슈 철도 기념관(九州鉄道記念館)
- 영업 시간 : 09:00~17:00 / 두 번째 수요일 휴무(단, 7월은 두 번째 수·목요일 휴무, 8월은 무휴)
- 요금 : 성인 300엔, 어린이 150엔

먹거리

가리혼포(伽哩本舖)
비프, 포크, 치킨 등을 넣은 스페셜 야키카레(スペシャル焼きカレー)가 주력 메뉴.

- 주소 : 후쿠오카현 기타큐슈시 모지구 미나토마치 9-2 아와야 빌딩 2층(福岡県北九州市門司区港町9-2阿波屋ビル2F)
- 영업 시간 : 월~금 11:00~15:00, 17:00~20:00 / 주말, 공휴일 11:00~20:00
- 홈페이지 : www.curry-honpo.com/englishpage.html

후르츠 팩토리 문 드 레트로(Fruit Factory Mooon de Retro)
레트로 감성 충만한 구 모지 세관 건물에서 즐기는 신선한 과일 파르페.

- 주소 : 후쿠오카현 기타큐슈시 모지구 히가시미나토마치1-24 구 모지 세관 1층(福岡県北九州市門司区東港町1-24旧門司税関1F)
- 영업 시간 : 11:00~17:00 / 비정기 휴무

돈카츠 카츠야(とんかつ かつ屋)
겉은 바삭하고 속은 부드러운 핵꿀맛 돈까스 정식집.
- 주소 : 후쿠오카현 기타큐슈시 고쿠라 기타구 나카츠구치 1-10-23(福岡県北九州市小倉北区中津口1-10-23)
- 영업 시간 : 11:00~오14:30, 17:00~20:30 / 매주 일요일 휴무

티룸 리즈(Tea room Liz)
구 영국 영사관 건물에서 즐기는 황홀한 티타임.
- 주소 : 야마구치현 시모노세키시 가라토초 4-11 구 영국 영사관 건물 2층(山口県下関市唐戸町4-11)
- 영업 시간 : 10:00~18:00 / 매주 화요일 휴무

야나이는 한때 '이와쿠니 영주의 보물 창고'라 불리며 큰 번영을 이뤘다. 오늘날까지도 당시의 명성이 고스란히 남은 거리가 보존되어 있는데, 그중에는 서일본에 현존하는 최대 규모의 상가 건물을 비롯해 각종 수공예 체험장이 포함되어 있다. 야마구치현을 여행할 때 꼭 들러 볼 가치가 있는 마을로 꼽힌다.

품위 있는 도시

야나이 柳井

좀처럼 잦아들지 않는 코로나19도 모자라 지독한 폭염이 찾아왔다. 연일 최고 기온이 40도에 육박한 일상에 모두들 지쳐 갔다. 가만히 앉아 있기만 해도 땀이 주룩주룩 흐르던 어느 주말, 기분 전환 차 야마구치현 동부에 자리한 소도시 야나이로 향했다.

금붕어 초롱이 주렁주렁

히로시마를 출발해 두 시간 만에 도착한 야나이역은 금붕어 초롱 축제 준비로 분주했다. 허름한 역사 주변에는 빨간 금붕어 초롱이 주렁주렁 걸려 있고 여기저기서 흥겨운 음악이 들려왔다.

오늘 축제의 주인공인 금붕어 초롱은 19세기 중반 구마가이 린자부로熊谷林三郎라는 지역 상인에 의해 탄생했다. 그는 아이에게 줄 장난감을 생각하다가 아오모리현의 네부타 축제ねぶた祭り에 등장하는 네부타 인형을 떠올렸고, 얇은 나무대와 와지(일본 전통 종이)에 야나이지마柳井縞(격자 면직물)에 들어가는 염료를 더해 금붕어 초롱을 만들었다. 이 초롱은 아이들은 물론이고 어른들에게도 큰 인기를 얻었다. 그리고 패망 후, 초롱 장인인 나가와 사다시로부터 초롱 제조 기술을 배운 가미료 요시히로上領芳宏가 독자적인 기법을 더해 개량한 금붕어 초롱이 고장의 상징으로 자리매김하게 된다. 1991년부터는 이를 활용한 금붕어 초롱 축제가 열렸는데 축제 기간에는 역에서부터 전통 보존 지구에 이르기까지 모든 거리에 빨강과 하양이 조화를 이룬 초롱이 넘실거린다.

이와쿠니 영주의 보물 창고, 야나이

일찍이 바다와 인접한 야나이에는 크고 작은 상가와 거래소가 들어섰고 에도 시대에는 '이와쿠니 영주의 보물 창고'라 불릴 만큼 번영했다. 특히 지역에서 재배된 목화를 이용한 면직물과 목화 기름 산업은 지역 경제를 이끌었는데, 이때 지어진 상가와 창고가 남아 200m 규모의 역사 전통 보존 지구를 형성하고 있다.

역에서 보존 지구로 향하는 길목에 하야시HAYASHI라고 하는 커피 노포가 있었다. 짙은 커피향을 타고 감미롭게 흐르는 음악과 주민들의 이야기가 어우러진 가게에 들어간 나는 카푸치노 한 잔과 '하라주쿠 도그'라는 간식을 주문해 먹었다. 하라주쿠 도그는 1987년에 판매를 시작한 직후 일본 젊은이들 사이에서 선풍적인 인기를 이끌었던 간식으로, 와플과 델리만주를 반반 섞은 듯한 식감을 자랑한다. 하지만 지금은 몇몇 시골 찻집에서나 맛볼 수 있는 추억의 음식이 되었다.

부드러운 간식으로 배를 채운 후 거리에 나섰다. 서점을 비롯해 상점 몇 곳을 지

야나이

금붕어 초롱이 걸려 있는 보존 지구 풍경

야나이시 마치나미 자료관

나 작은 다리를 건너자 맞은편으로 길다란 창고 외벽과 함께 우아한 근대 건축물 하나가 보이기 시작했다. 1907년 스오 은행 본점으로 건축된 이 건물은 야나이시 마치나미 자료관柳井市町並み資料館이라는 곳으로 지역을 대표하는 건축물 중 하나이다. 커다란 출입문을 열고 들어간 실내에는 고급 가구와 장식이 가득했다. 입장 무료인 덕분에 부담 없이 내부를 살펴볼 수 있었다.

1층 끝에 자리한 나선형 계단형을 타고 올라가자 지역 출신의 엔카(일본식 트로트) 가수인 마쓰시마 우타코松島詩子의 자료관이 자리했다. 쇼와 시대(1926~1989)에 일본 엔카를 대표하는 가수로 이름을 날린 그녀가 살아생전 남긴 기록과 사진, 드레스, NHK 출연 계약서 등 진귀한 자료로 가득한 실내에는 낡은 축음기 선율이 물결쳤다. 〈마로니에 나무 그늘〉, 〈찻집 한쪽 구석에서〉 등 깊은 울림이 있는 노랫소리에 한 할머니는 지긋이 눈을 감았고 또 다른 할아버지는 옛 시절을 추억하는 듯한 표정으로 축음기를 응시했다. 나도 그녀의 목소리에 귀를 기울이며 감성에 젖어들었다.

이어서 자료관 바로 맞은편에 있는 대형 전통 상가 건물로 이동했다. 야마구치

무로야노엔은 야나이가 이룩했던 상업적 번영이 고스란히 드러나는 곳이다.

현 유형 민속 문화재로 지정된 이곳은 서일본에 현존하는 최대 규모의 전통 상가 '무로야노엔室屋の閫'이다. 1732년에 완공된 이 상가는 지난 시절, 야나이 마을이 이룩한 번영이 고스란히 남은 곳이다. 대지 면적 740평 위에 들어선 450평 규모의 건물은 조명에 쓰던 유채 기름 제조 및 판매로 큰 부를 거머쥔 오다 가문의 생활 터전으로 한때 기름 가게를 비롯해 간장 가게, 포목점, 삿갓 판매점으로도 운영되었다. 아울러 안채를 비롯해 내부에 남은 모든 전시품들은 실제로 집안 사람들이 쓰던 것이라고 한다.

입장료를 지불한 후 10분가량 관리인 아주머니의 설명을 들은 후 신발을 벗고 다다미가 깔린 안채에 올라갔다. 도코노마(벽감)를 비롯해 다양한 장치와 물건이 자리한 가운데 벽 한쪽에 마련된 카쿠시 계단隱し階段(숨은 계단)이 눈길을 사로잡았다. 집안 사람들만 아는 이 비밀 계단 위로는 상품을 보관하던 다락방과 하인의 방이 있었다. 그중 하인의 방은 1층 부엌이 내려다보이도록 지어졌는데 이는 화재에 취약한 목조 건물 특성상 수시로 불길을 살피기 위함이었다고 한다. 그리고 안채 뒤편으로는 큼직한 건물과 창고가 길게 이어졌는데 한창 때는 건물 가장 끝자

사가와 양조는 전통 방식으로 간장을 제조한다.

락에 있는 후문과 근처 야나이강을 오가는 짐수레가 끊이지 않았다고 한다. 아울러 후문 바로 옆에는 짐을 나르던 운송선도 전시되어 있었다. 이렇듯 다양한 볼거리가 존재하는 상가를 다 둘러보는 데는 두 시간 가까이 소요되었다.

장시간 견학하는 사이, 허기짐을 느끼고 바로 옆에 있는 일본 정식 전문점 '시키슌사이 쿠라야四季旬菜蔵や'에 들어갔다. 옛 상가 건물을 개조한 이 식당은 지역에서 난 농수산물로 만든 정식을 파는데 점심시간 한정 메뉴인 '쿠라야 런치蔵やランチ'가 유명하다. 신선한 스시와 돼지고기 생강구이, 계란찜, 밑반찬으로 구성된 정식은 간이 조금 센 편이긴 했으나 나쁘지는 않았다. 아울러 실내 분위기가 정말 괜찮아서 앉아 있는 것만으로 마음이 편해졌다.

야나이 마을 산책

식사를 끝내고 거리를 거닐었다. 흰 외벽과 검은 기와의 전통 상가에 입점한 커피숍, 문구점, 잡화점 사이로 금붕어 초롱이 길게 이어져 있고, 거리 중앙에서 경쾌한 음악 소리가 울려 퍼지고 있었다. 호기심 어린 눈으로 가까이 다가가자 오후에 열릴 '야나이 금붕어 초롱 축제'를 위해 악기 연습에 매진하는 학생들이 보였다. 다소 서툴기는 해도 즐겁게 연주하는 이들을 지나 마을 중앙 사거리에서 오른편으로 이어지는 완만한 언덕을 올랐다.

100미터쯤 걸어가니 지역을 대표하는 특산물 중 하나인 감로 간장을 파는 사가와 양조佐川醤油가 있었다. 1803년에 문을 연 이곳은 30개의 삼나무통으로 간장을

야나이 니시구라

시라카베 학유관

제조하는데 이를 방문자들에게 공개한다. 졸졸졸 맑은 물이 흐르는 우물 뒤편, 천장이 유난히 높은 창고 내부로 진한 간장 냄새가 흐르는 가운데 셀 수 없이 많은 간장이 진열되어 있었다. 그리고 가장자리에는 간장을 만드는 전통 도구들과 금붕어 초롱이 자리했다. 100년도 넘은 시설을 놓치지 않고 살폈다. 여기서 생산하는 간장 아이스크림도 사 먹었는데, 우유 맛 아이스크림에 간장을 살짝 넣은 게 색다르게 다가왔다.

양조장 살짝 뒤편에 있는 야나이 니시구라柳井西蔵에도 들렀다. 한때 간장 창고로 쓰이던 이곳은 1998년 건물 소유자가 야나이시에게 소유권을 기증하면서 갤러리 및 전통 산업 체험 공방으로 재탄생했다. 체험장에는 3~4명의 자원봉사자가 있어서 누구나 돈을 내고 신청만 하면 금붕어 초롱 만들기나 베틀을 이용한 야나이지마柳井縞 면직물 체험에 참가 가능하다. 내가 베틀을 돌리고 있는 체험 참가자들을 구경하고 있으니 봉사자 아주머니께서 체험을 권하셨다. 하지만 나는 손으로 뭔가를 만드는 데는 소질이 없는 타라 완곡히 거절하고 밖으로 나왔다.

그런 다음 전통 거리 끝자락에 자리한 시라카베 학유관白壁学遊館으로 향했다. 이 건물은 에도 말기에 기름, 포목, 섬유를 취급하는 상가로 지어졌으며, 지금은 시민들에게 기증받은 민속 자료와 근대 생활용품을 전시하고 있다. 실내에는 다리미, 전화기, 쌀통, 타자기, 시계 등 생활용품을 비롯해 옛 광고판과 같은 진귀한 물건이 가득했다. 또한 전통 놀이 기구와 장난감을 가지고 놀 수 있는 체험 공간도 마련되어 있어서, 나도 잠시 동심으로 돌아가 장난감을 만지며 놀았다.

신나는 금붕어 초롱 축제

오후 네 시경, 축제 시간이 가까워지니 한산하던 거리에 인파가 모이기 시작했다. 타코야키와 야키소바를 파는 노점들이 문을 열었고, 유카타를 입은 여고생과 머

리를 빡빡 깎은 중학생, 그리고 어린아이를 데려온 학부모 등 많은 주민들이 나와 골목을 가득 메우고 있었다. 그리고 1시간 후, 축제 시작을 알리는 안내 방송이 귓가를 울렸다. 안내에 따라 축제를 구경하기에 좋은 명당 자리를 잡기가 무섭게, 내 앞쪽으로 무대가 설치되더니 눈 깜짝할 사이에 축제가 시작되었다.

사회자의 인사와 함께 유치원 꼬마들이 등장해 함성을 지르며 북을 쳤고, 이에 주민들은 큰 목소리로 환호했다. 이어진 초등부의 북 공연 또한 사람들의 웃음을 자아냈다. 북 공연이 끝나자 귀빈 인사가 이어졌고 이어서 대형 금붕어 네부타 인형이 하나둘 등장했다. 시에 소재한 기업과 상인 연합, 병원 직원들로 구성된 단체 등 여러 팀들이 네부타 인형을 끌고와 빙빙 돌리기 시작했다. 구경하는 사람조차 어지로울 정도로 뱅뱅 돌아가는 인형과 구슬땀을 흘리며 인형을 돌리는 사람들을 향해 대중은 박수를 치며 호응했다.

다양한 네부타 인형의 행렬은 그 후로도 1시간 넘게 이어지며 광장을 수놓았다. 그렇게 참가자와 구경꾼들이 하나가 되어 서로의 행복을 기원하는 사이, 저 멀리 해도 저물어 갔다.

야나이

동영상 보기

Travel Tip

가는 방법
① 후쿠오카 하카타역에서 신칸센 탑승하여 도쿠야마역(徳山駅)에서 하차. 도쿠야마역에서 JR 산요혼센(山陽本線) 히로시마・이와쿠니행 전차 탑승 후 야나이역에서 하차. (약 1시간 30분 소요, 요금 6,600엔, 도쿠야마역에 정차하지 않는 신칸센 열차도 있으니 탑승 전에 정차 여부를 확인할 것)
② 히로시마역에서 시모노세키행(下関行き) JR 산요혼센 전차에 탑승하여 야나이역에서 하차. (1시간 30분 소요, 요금 1,340엔)

둘러보기
야나이역 → 사가와 양조 → 야나이 니시구라에서 초롱 만들기 및 야나이지마 만들기 체험 → 시라카베 학유관 견학 → 깃사레칸에서 점심 식사 → 야나이시 마치나미 자료관 → 마쓰시마 우타코 자료관 → 무로야노엔 → 금붕어 초롱 축제 → 야나이역 (약 6시간 소요)

볼거리

야나이 금붕어 초롱 축제
- 개최 시기 : 매년 양력 8월 15일 전후

야나이 니시구라(柳井西蔵)
- 영업 시간 : 체험 활동 09:00~16:00
- 요금 : 초롱 만들기 900엔(약 30분 소요) / 직물 만들기 400엔(30분 소요)

무로야노엔(室屋の園)
- 영업 시간 : 09:00~17:00 / 매주 수요일 및 연말연시 휴무
- 요금 : 성인 450엔, 중고생 350엔, 초등생 300엔

먹거리

깃사레칸(喫茶れーがん)
감로 간장에 검은 면발이 어우러진 라멘 한 그릇을 맛볼 수 있다. 감로 쇼유 라멘(甘露醤油ラーメン)이 대표 메뉴다.
- 주소 : 야마구치현 야나이시 추오 2-3-18(山口県柳井市中央2-3-18)
- 영업 시간 : 08:15~17:00 / 목요일 휴무

시키슌사이 쿠라야(四季旬菜 蔵や)
향토 정식 전문점.
- 주소 : 야마구치현 야나이시 야나이츠 437(山口県柳井市柳井津437)
- 영업 시간 : 11:30~14:00, 17:30~22:00 / 매주 수요일 휴무

햐야시(HAYASHI)
야나이역 근처에 자리한 노포 커피점.
- 주소 : 야마구치현 야나이시 야나이추오 2-10-5(山口県柳井市中央2-10-5)
- 영업 시간 : 10:00~18:00 / 비정기 휴무

야마구치현의 동쪽 관문 이와쿠니는 히로시마 시내에서 버스를 타고 한 시간가량 이동해야 하는 곳이다. 미군 부대가 주둔하는 덕분에 2016년 5월엔 오바마 대통령이 다녀가기도 했다. 이 동네에는 5개의 아치가 이어지는 일본 최고의 다리 긴타이교와 골라먹는 재미가 쏠쏠한 100가지 아이스크림, 그리고 산 정상에 우뚝 선 이와쿠니성이 있다.

아름다운 아치 다리가 놓인 마을

이와쿠니 岩国

11년 일본 생활 중 히로시마에서만 7년을 살았다. 대학원 진학을 위해 이 동네에 처음 발을 디딘 것이 엊그제 같은데, 어느덧 월화수목금 직장과 집을 오가는 월급쟁이가 되었다. 그러다 이따금 틀에 박힌 일상에 무료해지면 멀지 않은 곳으로 드라이브를 떠난다. 그중 하나가 야마구치현 동부에 자리한 이와쿠니岩国이다. 행정 구역상으로는 야마구치현에 속하지만, 거리로는 히로시마현에 가까운 이 동네에는 일본의 3대 다리로 손꼽히는 긴타이쿄錦帶橋와 고즈넉한 성하 마을이 남아 있다. 그리고 다리 주변으로는 300년 넘게 이어진 주민들의 소박한 일상과 그윽한 역사가 살아 숨 쉰다.

 세상이 붉고 노랗게 물들어 가던 10월 초, 마치 대학원 시절처럼 조금 불편하지만 차 대신 시외버스를 타고 이와쿠니로 향했다. 버스를 놓치면 한 시간 넘게 기다

려야 한다는 불안 요소가 있기에 가슴이 쫄깃해지는 시외버스를 타고 출발 1시간 만에 긴타이쿄 정류장에 하차했다. 정류장 근처, 다리 입구에는 이른 아침인데도 적지 않은 사람이 보였다.

뜨겁고 진한 원두 커피에 달다구리 쿠키

다리를 건너기에 앞서 다리 반대편, 이와쿠니 시내로 향하는 도로를 따라 1분쯤 걸어서 '임 커피 & 로스터리Imm Coffee & Roastery'라는 커피 전문점에 들렀다. 심플함과 아기자기함이 공존하는 실내에는 커피 원두를 가는 소리가 가득했고 부드러운 커피향이 흐르는 계산대 앞 공간에는 순서를 기다리는 손님 대여섯이 서 있었다. 먼저 온 사람들 틈에서 순서를 기다리다 나도 커피 한 잔과 쿠키를 주문했다.

20대까지만 해도 커피 한 모금도 못 마셨건만, 직장 생활을 시작하니 아침 점심으로 한 잔씩은 마셔야 속이 풀렸다. 여행에서도 마찬가지였다. 마을을 돌아보기 전, 가장 평판이 좋은 커피숍에 들러 뜨거운 원두 커피 한 잔을 음미하는 게 습관이 되었다. 오늘도 이곳의 커피 한 잔으로 아침 일찍 서둘러 길을 나서느라 살짝 피곤해진 몸과 마음을 풀었다.

본격적으로 구경을 하기 전에 식사부터 해야겠다 싶어서, 다리 근처에 위치한 향토 요리 전문점 히라세이平淸에 들렀다. 1858년에 문을 연 가게는 지역에서 난 농산물로 향토 음식을 만드는데 그중 하나가 지역 특산물로 잘 알려진 '이와쿠니 스시'다. 이로도리고젠彩御膳이라는 정식을 시키면 함께 나오는 이 음식은, 에도 초기에 이와쿠니의 영주였던 깃카와 히로이에吉川広家가 전투에 대비해 만든 보존식이다. 먼저 나무통에 밥과 식초를 넣어 간을 내고, 잘게 썬 생선 살과 채소, 연근, 버섯, 계란 지단을 올려 이를 몇 겹으로 쌓아 올린 다음 김칫돌(누름돌)로 누른다. 이후 겹겹이 눌린 밥을 시루떡마냥 1인분 크기로 잘라서 내온다. 마치 떡을 씹는 듯한 식감, 신선한 채소와 생선 살이 어우러진 맛을 지닌 이와쿠니 스시는 날생선 요리를 즐기지 않는 내게도 부담 없이 다가왔다. 아울러 함께 나온 덴푸라天ぷら도 아삭아삭한 튀김옷과 야들야들한 속살이 잘 어우러져서 씹는 맛이 좋았다.

긴타이쿄 이야기

식사 후 다리로 이동했다. 1673년에 건설된 긴타이쿄는 일본의 3대 다리 중에서도 으뜸으로 손꼽히며, 정교한 손길로 5개의 아치를 이은 모습이 장관을 이룬다. 그런데 이 다리가 이런 위용을 갖추기까지는 많은 우여곡절을 겪어야 했다.

예로부터 마을과 이와쿠니성 사이를 흐르는 니시키강錦川에는 여름철만 되면 홍수가 발생했다고 한다. 그리고 그때마다 마을과 성을 잇는 다리가 유실되었다. 이에 이와쿠니성의 3대 영주였던 깃카와 히로요시吉川広嘉는 홍수에도 견디는 튼튼한 다리를 건설하기로 결심하고 많은 사람을 만나 정보를 구하는 한편 나가사키현까지 목수를 파견하기도 했다.

그러던 어느 날, 그는 명나라에서 귀화한 도쿠류 슈에키라는 승려로부터 흥미로운 이야기를 듣게 된다. 중국의 항저우에는 섬을 따라 6개의 아치가 이어진 다리가 있는데 이 다리가 홍수에도 잘 버틴다는 것이다. 이에 히로요시는 부하를 시켜 5개의 아치를 이어 다리를 건설하고, 아치 사이의 기둥을 돌로 견고하게 쌓아 홍수에도 떠내려가지 않도록 대비했다. 이러한 노력 끝에 1673년에 긴타이쿄가 완공되었으나, 안타깝게도 1년 만에 홍수로 또 유실되고 말았다. 하지만 그는 좌절하지 않고 곧장 사람을 시켜 돌기둥을 더욱 견고하게 쌓았다. 그렇게 재건된 다리는 1950년 홍수가 발생하기 전까지 250년간 성과 마을을 잇는 교두보 역할을 톡톡히 해냈다. 참고로 1950년에 다리가 유실된 이유는 제2차 세계 대전 이후 다리를 보수할 예산이 부족해 그냥 방치하다가 교대가 약해졌기 때문이고, 50여 년이 지난 2005년에 4000만 엔의 예산을 들여 복원에 성공했다.

에도 시대에는 다리 건설과 유지를 위해 돈과 노동력을 제공한 백성들이 다리를 이용하지 못했다고 한다. 소수의 무사 계급과 무사 거주 지역에 물건을 대던 상인들만 다리를 건널 수 있었다. 이런 걸 보면 예나 지금이나 세상은 권력을 가진 자들을 위해 존재하는 게 맞지 싶다. 다행히 오늘날 복원된 다리는 주민들에게는 삶의 터전이자 여행객들에게는 즐거움과 추억을 주는 역할을 톡톡히 하고 있다.

한편 다리 끝자락, 성하 마을로 진입하는 출구 왼편의 아래쪽에는 등이 굽은 소나무가 있는데 '야리코가시마츠槍倒し松(창을 숙이게 하는 소나무)'라 부른다. 에도 시대, 막부는 다이묘(영주)들을 견제하기 위해 이들이 정기적으로 영지와 에도(오늘날의 도쿄)를 오가게 하도록 하는 참근교대제參勤交代制를 시행했기 때문에, 300여 년간 영주들은 행렬을 꾸려 에도와 영지를 오갔다. 이 행렬이 다른 세력의 영지를 지날 때면, 그 지역 영주에 대한 존중을 나타내기 위해 가문의 문양이 들어간 깃발을 숙이는 게 일반적이었다. 하지만 당시 이와쿠니를 다스렸던 깃카와

5개의 아치가 이어진 긴타이쿄는 일본의 3대 다리 중에서도 으뜸으로 손꼽힌다.

가문은 17세기 초에 벌어진 세키가하라 전투에서 주군인 모리 가문을 배신했다는 낙인이 찍히는 바람에 정식 다이묘로 인정받지 못했다. 이로 인해 규슈와 야마구치에 세력을 둔 다이묘들은 긴타이쿄를 건널 때 깃발을 숙이지 않았고, 그때마다 이와쿠니 주민들은 수치심을 느꼈다. 그래서 행렬이 다리를 건널 때 깃발을 내릴 수밖에 없도록 다리 진입로 바로 옆에 큰 소나무를 심는 묘수를 두었다고 한다. 1935년 강 유역 보수 공사로 인해 지금 위치로 이전되기까지 다리 옆에 바짝 붙어 있던 소나무는 지역 주민들의 자존심을 지켜 냈다.

100가지 맛의 아이스크림이 있는 성하 마을

굽이치는 5개의 아치를 지나자 검은 기와를 얹은 무사 가옥이 이어지는 성하 마을이 등장했다. 마을 입구에는 무려 100가지 아이스크림을 파는 가게가 성업 중이다. 바닐라, 녹차, 우유, 딸기, 초콜릿, 바닐라, 요구르트 등 기본적인 맛에 각종 시럽을 섞어 구색 맞추기 식으로 100종류를 판매하는 곳인데 나름대로 지역 명물로 인기를 끌고 있다. 나는 무난하게 늘 먹던 바닐라 아이스크림을 사 먹었다. 일본 어디서나 만날 법한 평범한 달달함을 음미하며 발걸음을 재촉했다.

    이와쿠니성 아래에 위치한 성하 마을에는 카가와 가문의 나가야문長屋門과 이와쿠니 영주의 장로였던 깃카와 씨의 저택 등 전통 가옥 몇 군데가 남아 있다. 그중 여행객의 발길을 허락하는 곳은 18세기 중순 중급 무사였던 메가타 가문이 살던 구 메가타 가문 주택旧目加田家住宅으로, 이와쿠니 영주의 저택이 있던 자리에 조성한 깃코 공원吉香公園 구석에 위치해 있다. 메가타 가문 사람들은 이와쿠니 영주로부터 연간 170석의 세출을 받았다는데 쌀 한 석을 144kg, 쌀 20kg를 4만 원이라 치면 오늘날 금액으로는 4896만 원쯤 된다. 말 그대로 중산층의 생활상이 남은 건물은 외관으로 보나 실내로 보나 화려함 대신 소박함이 깃들었다.

이와쿠니												123

　주택이 위치한 깃코 공원에는 4,000그루 넘는 나무가 형형색색으로 물들어 가을 정취를 흩뿌렸고, 근처에 위치한 분수는 시원한 물줄기를 뿜어냈다. 이토록 평화로운 분위기 속에서 사람들은 환한 미소로 여유를 만끽했다. 근처 산자락 아래에는 카시와바라 미술관과 산 정상에 자리한 이와쿠니 성으로 향하는 로프웨이 승강장이 있었다.

삼나무 숲 속의 이와쿠니성

　로프웨이를 타고 산 정상에 올랐다. 산 정상의 로프웨이 승강장 오른쪽으로는 커다란 삼나무가 우거진 숲길이 있었다.
　일본에는 삼나무가 몹시 많다. 한국에도 잘 알려진 영화 〈러브레터〉에서 여주인공인 나카야마 미호가 "오겡끼데스까?"를 외치던 곳 또한 삼나무가 우거진 눈밭이었다. 이렇듯 일본에 삼나무가 많은 이유는 제2차 세계 대전 이후 황폐화된

삼림을 조속히 복구하기 위해 성장이 빠른 삼나무를 심기 시작했다가 개체수가 확 불어나서란다. 그런데 문제는 삼나무가 늘면서 알레르기 질환을 겪는 사람도 증가했다는 것이다. 그래서 코로나 시국 이전부터 일본에서는 환절기만 되면 마스크를 쓰는 사람들을 심심찮게 발견할 수 있었다. 하지만 지금 이 순간만큼은 삼나무 사이로 난 오솔길이 자아낸 분위기가 몹시 상쾌하게 느껴졌고 그 덕에 발걸음도 무척 가벼워졌다.

곧게 뻗은 삼나무 숲을 따라 6분쯤 걸어 이와쿠니성 입구에 도착했다. 1608년에 완공된 이 성은 적의 침입을 막기 위해 산 정상에 지어졌고 요코야마산 정상에 있었던 성이라 해서 '요코야마 산성'이라 불렸다. 하지만 지어진 지 7년째 되던 해, 한 지역에 하나의 성만 남기고 모두 허물라는 막부의 명령에 따라 성의 천수각과 여러 건축물이 해체되었다.

지금의 이와쿠니성은 1962년에 복원한 것인데 특이하게도 원래 위치에 복원하지 않고, 이미 역사 유적으로 지정되어 많은 관광객을 끌어모으고 있던 긴타이

쿄 주변에 지었다. 이는 관광 수입 증대 차원에서 결정한 것으로, 그 덕에 천수각 가장 위층에 있는 전망대에서 긴타이쿄를 낀 아름다운 마을 전경을 한눈에 내려다볼 수 있다. 이미 몇 차례나 와 본 전망대이지만, 볼 때마다 색다르게 느껴지는 마을 풍경에 '우와' 하는 탄성이 절로 나왔다.

전망대 창문으로 들어오는 세찬 바람에 약간의 추위를 느낄 때쯤 성을 빠져나와 로프웨이를 타고 마을로 내려왔다. 성에 다녀오는 사이 마을은 꽤 한적해졌고 거리 여기저기에 짙은 그림자가 드리웠다. 이대로 여행을 마무리하는 게 아쉬워 깃코 공원과 주변 주택가를 조금 더 거닐다 로프웨이 승강장 근처에 있는 카페 와타보시わたぼうし에 들러 돈가스 샌드위치와 커피 한 잔을 음미했다.

시외버스를 타기 위해 정류장으로 돌아가는 길, 마지막으로 긴타이쿄를 지나가는데 다리 위에서 미군 커플이 뜨거운 키스를 나누며 웨딩 촬영을 하고 있었다. 행복한 신혼부부에게 초가을의 이와쿠니는 멋진 배경이 되어 주고 있었고, 집으로 돌아가는 내게도 좋은 기억으로 자리매김했다.

이와쿠니

동영상
보기

Travel Tip

가는 방법
① 히로시마 버스 센터 1번 탑승장에서 버스 탑승하여 긴타이쿄 입구(錦帶橋口)에서 하차. (1시간 소요, 왕복 요금 1,700엔, 1시간 간격 운행, 첫차 08:30)
② 히로시마역에서 이와쿠니행 JR 전차 탑승하여 이와쿠니역 하차. (50분 소요, 요금 770엔) 이와쿠니 역 앞에서 긴타이쿄행 버스로 환승. (15분 소요, 요금 300엔)

둘러보기
긴타이쿄 입구 버스 정류장 → 긴타이쿄 → 100가지 맛 아이스크림 맛보기 → 성하 마을 관광 → 로프웨이를 타고 이와쿠니성 구경 → 긴타이쿄 입구 버스 정류장 (약 3시간 소요)

볼거리
긴타이쿄 & 로프웨이 & 이와쿠니성
• 요금 : 긴타이쿄 입구 매표소에서 판매하는 종합권 970엔(긴타이쿄+로프웨이+이와쿠니성 천수각)

먹거리
100가지 맛 아이스크림
긴타이쿄를 건너 만나는 마을 초입에 자리한 아이스크림 가게는 골라 먹는 재미가 있다. 가장 인기가 많은 것은 바로 북해도 소프트 크림(北海道ソフトクリーム)이다.

연근 튀김
입이 심심할 틈 없는 주전부리로 마을 내 각 상점에서 판매한다.

이와쿠니 스시 전문점 히라세이(平清)
먹음직스러운 사각형 스시 한 점으로 든든한 식사를 할 수 있는 스시 전문점. 추천 메뉴는 이로도리고젠(彩御膳, 1,800엔).
• 주소 : 야마구치현 이와쿠니시 이와쿠니 1-2-3 (山口県岩国市岩国1丁目2-3)
• 영업 시간 : 11:30~14:00, 17:00~20:00 / 화요일 휴무

임 커피 & 로스터리(Imm Coffee & Roastery)
로스터 커피 전문점.
• 주소 : 야마구치현 이와쿠니시 이와쿠니 1-20-46 (山口県岩国市岩国1丁目20-46)
• 영업 시간 : 09:00~17:00 / 매주 수요일 휴무

긴타이쿄 카페 와타보시(錦帯橋カフェわたぼうし)
돈가스 샌드위치 맛집. 카츠샌드와 음료를 포함한 예산은 1,200엔 정도.
• 주소 : 야마구치현 이와쿠니시 요코야마 2-6-335 (山口県岩国市横山2丁目6-335)
• 영업 시간 : 평일 10:00~15:00, 주말 10:00~16:00 / 연중무휴

잔잔한 파도가 굽이치는 부둣가, 그 옆으로 이어지는 시간이 멈춘 듯한 상점가, 유유자적 낭만 고양이가 사는 철길 뒤편의 골목길이 있는 마을. 그곳은 바로 오랜 역사와 아름다운 풍취가 매력적인 히로시마현 오노미치다.

아기자기한 고양이 마을

오노미치 尾道

이따금 친구들이 히로시마에 놀러 온다고 하면 반가운 마음만큼이나 '어디에 데려 가야 하나?' 하는 고민이 앞선다. 일본 10대 도시인 만큼 나름대로 매력이 있는 곳이지만, 도쿄나 오사카, 교토에 비하면 볼거리나 먹거리, 즐길 거리 등 모든 게 부족한 편이라서 도시 남쪽에 위치한 신비의 섬 미야지마宮島와 함께 근처 소도시를 하나 더 넣어 일정을 짜곤 한다. 그리고 이때 가장 먼저 떠올리는 곳이 바로 히로시마현 동부에 위치한 작은 항구 도시 오노미치이다.

지난해 연말, 평소 많이 의지하는 친구가 히로시마에 놀러 왔다. 그 친구도 5년 가까이 히로시마에 살았으나 공부하랴 일하랴 정작 어디 놀러 다닐 여유가 없었기 때문에, 모처럼 놀러 오는 김에 한 번도 못 가 봤다던 오노미치에 가기로 했다. 이에 우리는 1시간 30분쯤 차를 달려 오노미치역에 도착했다.

오노미치, 평화로움이 남은 항구 마을

긴 이동 끝에 도착한 오노미치역 앞으로는 몇 해 전 새롭게 정비된 산책로가 자리 했고, 산책로와 맞닿은 바다 위에는 갈매기 울음과 힘찬 파도 소리가 울려 퍼졌다. 맞은편에 위치한 섬인 무카이시마向島로 향하는 연락선이 우렁찬 뱃고동 소리를 내며 앞으로 나아갔다. 반가운 마음에 갑판 위에 선 여행객 몇 명과 우체부 아저씨를 향해 손을 흔들자 그들도 번쩍 손을 들어 화답해 주었다. 배의 뒷모습이 사라질 때까지 산책로 난간에 기대어 서서 바다를 응시했다.

잠시 후, 몇 해 전부터 한국 여행객들에게도 화제를 모으고 있는 복합 시설 U2로 향했다. 오노미치역에서 도보 6분 거리에 위치한 이곳은 일본의 유명 건축가인 타니지리 마코토谷尻誠가 설계했다. 오랜 시간 물류와 교통의 요지로 번영한 오노미치는 20세기 후반에 이르러 쇠락의 길에 접어들었다. 여느 지역과 마찬가지로 산업 기반이 축소하면서 젊은 인력이 외부로 유출되었고 빈집과 셔터를 내린 상가, 방치된 항만 창고가 늘며 생기를 잃었다. 이에 히로시마현에서는 지역 부흥을 위한 건축 설계 공모전을 열었고 이때 모인 많은 아이디어 중 히로시마현 출신인 타니지리 마코토가 내놓은 제안이 채택되었다.

오노미치

오노미치 호텔 사이클 U2

그는 오노미치 항구에 절반쯤 방치된 해운 창고를 '자전거'를 테마로 한 복합 시설로 만들고자 했다. 세토 내해(瀬戸内海)와 접한 오노미치 주변은 자전거 도로가 잘 정비되어 있어 자전거 라이더들이 즐겨 찾는 코스였다. 이러한 지역적 특성을 활용해 라이더들이 이용할 만한 식당과 카페, 잡화점과 자전거 가게, 호텔, 샤워 시설 등을 포함한 복합 상업 시설을 만든 것이다.

바닷가에 방치되어 있던 80년 된 창고가 세련된 손길로 재탄생하자 자전거 동호인뿐만 아니라 일반 여행객들도 오노미치를 찾기 시작했다. 그러자 시내 중심에 위치한 상점가에도 변화의 물결이 일었다. 절반 넘게 셔터를 내린 상태였던 거리 곳곳에 감성적인 카페와 잡화점, 레스토랑, 공방이 생겼다. 그 결과 지금은 국내외로 주목받는 감성 소도시로 매년 많은 여행객을 유치하고 있다.

회사 업무 때문에 타니지리 마코토에 관해 알고 있었던 친구는 그의 손길이 깃든 U2가 꽤나 감명 깊게 느껴지는 모양이었다. 내부에 자리한 자전거 가게와 잡화점을 관심 가득한 눈길로 살피거나 대뜸 직원과 이야기를 나누는 등 기쁨을 만끽했다. 바쁜 일상에서 벗어나 모처럼 여유를 즐기는 친구를 따라서 함께 구경하다가 실내에 자리한 카페에서 차를 마시며 이야기꽃을 피웠다.

한 시간 후 밖으로 나와서 오노미치역 주변으로 돌아갔다. 역 맞은편에서 왼쪽 골목을 따라 걷자 오야쯔또 야마네코おやつとやまねこ라는 푸딩 전문점이 나왔다. 신선하고 달달하기로 유명한 이 집 푸딩을 하나 사 먹고, 60미터쯤 더 걸으니 100여 년의 역사를 자랑하는 오노미치 혼도오리 상점가本通り商店街가 등장했다.

2km가량 길다랗게 이어진 상점가에는 100년 넘은 노포와 더불어 다양한 맛집, 주민들의 일상이 드러나는 낡은 시장, 젊고 세련된 감성을 입힌 가게들이 옹기종기 모여 있다. 이들 사이로 크고 작은 근대 건축물도 남아 있는데, 1923년에 완공된 오노미치 상업회의소 기념관이 그중 하나다. 지난 시간 지역의 역사와 발전을 담은 기록과 자료가 전시된 이곳은 여행자들의 쉼터로도 활용된다. 바로 맞은편에 위치한 예술 스튜디오 '프리미티브 모아레'의 관장님은 주말마다 스튜디오 앞 칠판에 그림을 그린다. 또한 멀지 않은 곳에는 오래전 공중 목욕탕으로 쓰이던 '야마토유大和湯'를 개조한 중국 음식점 얌토우YAM TOU가 있다. 이 밖에도 입구에서

오노미치

오노미치 라멘 미야치

부터 건물 끝까지 긴 복도를 낀 낡은 상가를 활용해 게스트 하우스, 식당, 카페 등으로 활용 중인 아나고노 네고토あなごのねごと, 오노미치 역사 박물관 등 20세기 초에 지어진 근사하면서도 운치 있는 건물이 곳곳에 숨어 있어 타박타박 거니는 즐거움이 상당했다.

  한참을 걷다 보니 점심 식사를 할 때가 되어서, 이 동네에 올 때마다 들르는 맛집에 들렀다. 흔히 오노미치의 명물이라고 하면 앞서 언급한 푸딩과 와플, 오노미치 라멘을 꼽는다. 그중 오노미치 라멘의 경우, 상점가 중앙에 자리한 오노미치 라멘 미야치尾道ラーメンみやち라는 가게가 가장 유명하다. 오노미치 라멘은 멸치 다시로 우린 국물에 간장을 넣고 그 위에 돼지비계를 띄운 게 특징인데, 기름지고 짠 음식을 싫어하는 사람에게는 맞지 않을 수 있으나 이곳 라멘은 달랐다. 라멘이 담백하고 깔끔하다는 걸 보여 주는 좋은 예시가 바로 이곳이었다.

  1945년에 문을 연 가게는 다닥다닥 붙어 앉으면 11명을 수용할 수 있는 작은 가게로, 내부 벽에는 주인장 내외의 캐리커처 그림과 차림표가 붙어 있었다. 그리고 그 옆에 설치된 낡은 브라운관 텔레비전에서 방송인들의 웃음이 흘러나왔다. 가게 구석에 앉은 친구와 나는 각각 우동과 텐푸라 추카天ぷら中華 라멘을 주문했다. 친구가 기름진 음식을 좋아하지 않아서 내심 걱정했는데 국물이 깔끔하고 자극적인 맛이 없다며 만족해했다. 일 년에 한 번꼴로 이곳에 들르는 나 또한 여느 때처럼 맛있게 국물까지 다 먹었다.

　식사 후 다시 거리로 나섰다. 로스터 커피 전문점 클라시코Classico에서 진한 원두커피를 사서 입가심을 한 후 상점가 뒤편으로 빠져나갔다. 건너편에는 완행열차와 화물 열차가 오가는 철길이 있었다. 때마침 '땡땡땡' 하고 대기 신호를 보내는 건널목 신호기 옆에는 고교생 둘이 활짝 웃으며 서 있었다. 잠시 후 노란색 완행열차가 덜컹덜컹 소리를 내며 지나갔다. 잔잔한 일본 영화에서나 볼 법한 풍경에 친구는 감탄사를 내뱉었다. 이렇듯 꾸밈없이 소박한 모습을 가진 덕에 오노미치는 국내외 많은 드라마와 영화의 촬영지로 등장한다. 2011년에 큰 인기를 끈 한국 드라마 〈싸인〉도 이곳에서 촬영했다고 한다.

푸른 바다와 가파른 언덕길에 걸친 사원 골목

전차 소리가 멀어지자 건널목을 가로막고 있던 길다란 막대 차단기가 올라갔다. 그러자 어린 학생들과 노인, 장바구니를 든 아주머니들이 여기저기 골목 속으로 흩어졌다. 우리도 사원 골목이 이어지는 가파른 언덕으로 발걸음을 재촉했다.

　항구를 낀 일본 내 여느 도시와 마찬가지로 천혜의 항구를 가진 오노미치는 1168년 히로시마 일대를 거점으로 하던 고대 국가 빈고국備後国의 공물을 실어 나르기 위한 항만으로 주목받기 시작했고, 이후 오랜 시간 지역의 거점 항구로서 물류 수송과 교역을 담당했다. 특히 에도 시대에는 홋카이도와 오사카를 오가던 대형 선박 기타마 에부네北前船의 경유지로 큰 번영을 이루었다.

　이러한 배경에 힘입어 항구 주변으로는 크고 작은 상점과 창고, 숙박업소, 선박 수리소와 같은 부대시설이 들어섰고 금융업과 무역으로 큰 돈을 거머쥔 부호도 줄지어 등장했다. 이들은 선박의 무사 항해를 기원하기 위해 바닷가 뒤편 산자락에 자리한 사원들에 큰돈을 기부했다. 그 덕분에 지금도 언덕 곳곳에 남아 있는 사원

건물들은 교토의 사원 건축물에서나 느껴질 법한 웅장함과 화려함을 자랑한다.

이들 사원 사이로 이어진 가파른 계단을 따라 올라가자 주민들의 발자취가 묻은 생활 터전과 유서 깊은 사원, 아기자기한 맛집과 찻집이 어우러진 골목 풍경이 펼쳐졌다. 그 사이로 유유자적 일광욕을 즐기는 고양이들이 시선을 사로잡았다.

오노미치 언덕 마실에서 흥미로운 점은 언덕 위에 세워진 모든 절이 비좁은 골목을 따라 하나로 이어진다는 것이다. 834년경에 지어진 지코지持光寺를 지나면 고묘지光明寺, 고묘지 옆에는 호도지宝土寺, 호도지를 지나 산자락 타고 센코지千光寺, 이런 식으로 발걸음 옮길 때마다 등장하는 모습에 언덕 오르는 재미가 쏠쏠하다.

특히 언덕길에 뿌리 내린 사원 중 규모로 보나 외관으로 보나 정점을 찍은 센코지는 교토의 기요미즈데라淸水寺와 견주어도 꿀릴 게 없는 전망을 자랑한다. 806년에 창건된 이 절은 1,200여 년간 오노미치 불교 문화를 꽃피운 역사의 산증인으로 절 주변으로는 1만 그루의 벚나무와 4천 그루의 철쭉이 심어져 있다. 그 덕에 3월

말에서 4월 초 사이에는 절 주변으로 부드러운 분홍 물결이 출렁거린다.

  센코지 위로는 알록달록한 로프웨이 두 대가 산 정상과 마을 아래를 오갔다. 승객을 가득 실은 로프웨이가 향하는 산 정상에는 센코지 전망대가 자리했다. 센코지 뒤편으로 난 오솔길을 따라 7분가량 분주히 발걸음을 옮기자 하늘로 향하는 미로처럼 길게 이어진 전망대가 등장했다. 몇 해 전까지 있던 낡은 전망대 건물을 해체하고 2022년에 새롭게 공개된 전망대에는 기념사진을 찍으려는 여행객들로 발 디딜 틈이 없었다. 우리도 겨우 비집고 들어가서 드높은 하늘에 맞닿으려는 듯 툭 튀어나온 전망대 끄트머리 난간에 다가서서 기념사진을 찍었다. 산 위아래에서 불어오는 상쾌한 바람과 시야를 탁 트이게 하는 전경에 '와' 하는 감탄사가 절로 튀어나왔다. 센코지와 그 아래로 펼쳐지는 오노미치의 풍경에 마치 신선이 되어 세상을 내려다보는 듯한 기분이 들었다.

  '좋다!'

아기자기한 고양이 마을

산 아래서 불어오는 바닷바람과 산자락을 오가는 산바람이 교대로 불어오는 전망대를 뒤로 하고 센코지 앞에 놓인 계단을 따라 내려갔다. 2분쯤 내려가니 미하라시테이(みはらし停)라 해서 100년 넘은 별장 건물을 게스트 하우스 겸 카페로 개조한 공간이 있었다. 실내 여기저기에 놓인 골동품과 예쁜 잡화, 창밖으로 보이는 전경 덕분에 영업 시간 내내 손님의 발걸음이 끊이지 않는 가게였다. 좀 더 내려가자 1367년에 창건된 텐네지(天寧寺)와 경내에 우뚝 선 커다란 삼층 목탑이 등장했다.

절 근처로 이어진 내리막길에는 예쁜 고양이들이 이리 뒹굴 저리 뒹굴 하고 있었다. 사원과 주택가를 잇는 골목길 곳곳에 자리를 잡고 유유자적하는 녀석들 덕에 오노미치는 히로시마를 대표하는 고양이 마을로 큰 사랑을 받고 있다. 무관심한 얼굴로 손발을 핥는 아이, "귀여워!" 하는 함성에도 아랑곳없이 낮잠을 청하는 아이, 뉘집 고양이인지는 몰라도 목에 방울을 찬 채 사람들에게 몸을 비비는 적극적인 녀석 등 저마다 다른 반응이다. 이곳에서 만난 고양이들이 하나같이 사람을 겁내지 않는 것을 보면 사랑과 관심을 듬뿍 받고 있는 듯했다.

골목길 곳곳에 고양이들이 뒹굴거리는 고양이 마을

    고양이들이 사는 골목길에는 낡은 민가를 개조한 카페와 바, 잡화점이 있었고 각각의 점포 지붕과 벽 주변에는 복을 부르는 고양이 돌 '후쿠이시네코福石猫'가 보였다. 골목 여기저기, 지붕 곳곳에 놓인 고양이 돌을 볼 때마다 어릴 적 학교 뒷산에 소풍 가서 보물찾기를 하던 기억이 떠올랐다. 줄지어 등장하는 아기자기한 모습에 저도 모르게 입꼬리가 귀에 걸렸다.
    조금 더 내려가니 센코지 뒤편 전망대로 가는 로프웨이 승강장이 등장했다. 바로 옆에는 '사보 고몬茶房こもん'이라고 하는 찻집이 있다. 오노미치에 소재한 카페 중 인지도로 세 손가락 안에 들어가는 이곳은 와플 전문점으로, 친구들과 올 때마다 데려가는 맛집이기도 하다. 앞서 언급한 드라마 〈싸인〉에도 등장했으며 드라마 촬영 내내 배우와 스태프들이 즐겨 찾았다고 한다. 사실 와플 맛 자체는 여느 와플 전문점에서 파는 것과 크게 다를 바 없는데, 겉이 바삭하고 속이 야들야들한 식감과 고풍스러운 내부 장식, 감미로운 음악 덕에 더욱 맛있게 느껴졌다. 부드럽고 달달함이 배어 있는 와플은 입안에 넣자마자 사르르 녹았다. 이렇게 맛과 분위

  기 뭐 하나 뺄 거 없이 매력적인 곳에서 커피 한 잔, 내 몫의 와플을 다 먹은 후 상점가로 돌아갔다.
  달콤한 포만감을 안은 채 상점가를 거닐었다. 어디선가 그윽한 보사노바 음악이 울려 퍼졌다. 거리에 지나가는 사람들은 환하게 웃고 있었다. 바로 근처에 있는 '오노미치 로망 커피점'에서는 턱시도를 빼입은 직원들이 커피를 내리고 있었다. 낭만과 아기자기함이 혼재한 거리는 감동 그 자체였다.
  도쿄의 오모테산도表参道 거리나 후쿠오카의 다이묘大名만큼 화려하진 않아도 커피향처럼 쉽게 잊혀지지 않는 그윽함이 있는 오노미치. 소중한 친구와 함께해서 그런지 평소보다 더 즐거운 더 즐거운 지금 이 순간, 이 행복함을 오래오래 간직하고 싶어서 가슴을 활짝 열어 깊게 숨을 들이쉬었다.

오노미치

동영상 보기

Travel Tip

가는 방법
① 히로시마 버스 센터(広島バスセンター)에서 오노미치행 버스 탑승. (약 1시간 40분 소요, 왕복 요금 3,400엔)
② 히로시마역(広島駅)에서 오카야마(岡山)행 보통 전차 탑승하여 오노미치역에서 하차. (약 1시간 40분 소요, 보통 열차 요금 1,520엔)

둘러보기
오노미치역 → 오노미치 호텔 U2 → 오노미치 라멘 맛보기 → 사원 거리 → 센코지 전망대 → 고양이 마을 산책 → 사보 고몬의 와플 맛보기 → 오노미치역 (약 5시간 소요)

볼거리
센코지(千光寺) 전망대 로프웨이
여름철에 오노미치를 방문한다면 꼭 로프웨이를 타자.
- 가는 방법 : 오노미치역에서 약 1km 떨어진 곳에 위치. 도보로도 이동 가능하지만 JR 오노미치역(尾道駅)에서 히가시행(東行き) 버스 탑승하여 나가에 구치 버스 정류장(長江口バス停)에서 하차. 굴다리로 들어가면 로프웨이 타는 곳이 나옴. (5분 소요)
- 요금 : 편도 320엔, 왕복 500엔

먹거리
사보 고몬(茶房こもん)

로프웨이 승강장 바로 옆에 위치한 와플 가게로, 추천 메뉴는 멜론 와플이다.
- 주소 : 히로시마현 오노미치시 나가에 1-2-2(広島県尾道市長江1-2-2)
- 영업 시간 : 09:00~19:00 / 매주 화요일 휴무

오노미치 라멘 미야치(尾道ラーメンみやち)
지역 주민들에게 가장 평판이 좋은 오노미치 라멘 전문점. 담백한 국물이 매력인 곳.
- 주소 : 히로시마현 오노미치시 쓰치도 1-6-22(広島県尾道市土堂1丁目6-22)
- 영업 시간 : 11:00~18:00

이터너티(Eternity)
오노미치가 자랑하는 크레페 전문점. 11월에서 3월 사이에 파는 딸기 크레페가 인기다. (실내 취식 불가)
- 주소 : 히로시마현 오노미치시 츠치도 2-2-14(広島県尾道市土堂2-2-14)
- 영업 시간 : 11:00~17:00(주말에는 1시간 이상 기다려야 하니 4시 전에 대기하는 것을 추천) / 매주 수·목 휴무

미타라시테이(みはらし停)
100년 된 민가를 개조한 카페 겸 게스트 하우스로 센코지 바로 아래에 위치. 차 한잔 하며 시내 전경을 내려다볼 수 있다. 고즈넉한 실내가 일품인 게스트 하우스도 큰 인기를 얻고 있다.
- 주소 : 히로시마현 오노미치시 츠치도 15-7(広島県尾道市土堂15-7)
- 영업 시간 : 주말·공휴일 11:00~22:00, 월·금 13:00~22:00, 화·수·목 15:00~22:00
- 홈페이지 : miharashi.onomichisaisei.com/en/rooms-page/

히로시마현 동부에 자리한 인구 3만의 다케하라는 일찍이 죽제품의 생산지로 명성을 떨쳐 왔다. 그 덕분에 마을 곳곳에는 유서 깊은 전통 가옥이 즐비하다. 그러나 이 마을이 전국적인 관심을 받게 된 데는 역사 전통 보존 지구로의 지정도, 지역의 주력 상품인 죽제품의 인기도 아닌 〈다마유라〉라고 하는 한 편의 애니메이션과 〈맛상〉이라고 하는 NHK TV소설의 힘이 컸다.

대나무 공주의 전설

다케하라
竹原

    아버지의 유품인 롤라이 카메라로 일상 담기를 즐기는 고1 소녀가 다케하라로 이사 온 이후 주변 친구들과 겪는 소박한 일상을 다룬 애니메이션 〈다마유라たまゆら〉는 잔잔한 이야기와 따스한 색감으로 큰 사랑을 받았다. 또한 제작 당시, 다케하라 시와의 협력을 통해 지역의 생생한 모습을 담아내면서 시청자들의 '성지 순례'를 이끌어 내기도 했다.

    이렇듯 애니메이션 하나로 전국적인 주목을 받은 마을 다케하라를 찾은 건, 무더위가 가시지 않은 초가을이었다. 히로시마에서 노란색 완행열차를 타고 빨간 벽돌로 지어진 다케하라역에 도착했다. 허름한 맞이방을 둔 역사 앞 바닥에는 "다녀오셨어요? お帰りなさい。"라는 글귀가 새겨져 있어 고향에 돌아온 듯한 기분을 느끼게 했다. 한껏 따스해진 마음과 함께 옥상에 〈다마유라〉 캐릭터 그림 간판이 있는

관광 안내소에 들러 지도를 얻은 후 1km 거리에 위치한 다케하라 역사 전통 보존 지구로 이동했다.

대나무 공주의 전설이 깃든 고장

히로시마현 동부, 인구 2만 5천이 사는 이 고장은 세토 내해瀨戸内海와 인접한 덕에 항구 도시로 이름을 떨쳐 왔다. 특히 에도 시대에는 제염업으로 큰 부를 얻은 상인들이 대거 등장했고 이들이 세운 상가와 사원이 오늘까지 남아 위용을 자랑한다. 그리고 전통 건축물이 즐비한 거리 초입에는 '미치노에키 다케하라道の駅竹原'라는 특산물 판매처가 있다. 특산물 판매장과 레스토랑이 있는 1층을 통과해 2층에 올라가자 이 지역 특산물인 죽제품과 더불어 작은 여자아이의 모습을 한 인형들이 눈에 띄었고 그 위로 '다케토리 모노가타리竹取物語의 본고장 다케하라'라는 문구가 붙어 있었다.

 일본에는 다케토리 모노가타리*라고 해서 헤이안 시대로부터 전해 내려온 전설이 있는데 글로 전해지는 일본 고대 소설 중 가장 오랜 역사를 자랑하는 작품이다. 그런데 작품 배경이 어디인지를 알리는 자료가 없다 보니, 지명에 대나무 죽竹 자가 들어가거나 대나무와 관련 있는 도시들은 너도나도 '우리 지역이 다케토리 모노가타리 전설의 고장입니다.' 하고 주장한다. 다케하라도 그런 곳 중 하나라서

다케하라 시내의 기념품 판매장에 소설 주인공인 카구야 공주 인형을 비롯해 대나무 장식이 가득한 건 아주 당연한 일이었다.

미치노에키 다케하라에서 200m가량 걸어 〈다마유라〉에도 등장하는 히노마루 사진관 앞에 도착했다. 사진관 옆 골목길을 따라 몇 걸음 내딛자 언제부터 영업을 했는지 알 길 없는 사카다 시계점이 나오고, 건물 옆으로 난 비좁은 골목 중간쯤에는 전통 가옥을 개조한 니포니아 호텔이 있었다. 마을 내의 전통 가옥 몇 채를 객실로 쓰는 이 호텔은 하루 숙박료가 3만 엔을 넘지만 옛 민가에서 근사한 식사

* 다케토리 모노가타리

옛날 옛적 한 마을에 대나무를 캐며 생활하던 노인이 있었다. 여느 때와 같이 대나무 숲을 찾은 그는 한 대나무 밑동에서 환한 빛이 새어 나오는 걸 목격했다. 이에 대나무 밑동을 살펴보니 그 속에는 아주 조그마한 여자아이가 빛을 내며 앉아 있었다. 이를 본 노인은 '이 소중한 아이를 모시고 살아야겠다.'라고 생각하고 집으로 데려왔고 그날 이후로 아이를 발견한 곳에서 금은보화가 쏟아져 나오며 노인은 부자가 되었다. 노인 부부의 따스한 사랑 아래 여자아이는 빠른 속도로 성장하여 어여쁜 숙녀가 되었고, 그런 그녀를 사람들은 카구야 공주라고 불렀다. 한편 카구야 공주의 미모는 일본 전역을 들썩이게 했고 수많은 이들이 그녀에게 구혼하기 위해 몰려들었다. 카구야 공주가 훌륭한 이와 결혼을 하는 것이야말로 그녀의 삶을 행복하게 하는 것이라 생각한 노인 부부는 가장 출중한 후보 5명을 뽑아 경쟁을 시킨다. 그러나 결혼에 대한 생각이 없던 그녀는 그들에게 '절대 풀 수 없는 문제'를 낸다. 이 소문은 일왕에게 전해졌는데 공주의 미모에 반한 그는 강제로 그녀를 잡아챈다. 하지만 공주는 냉정히 뿌리치며 '사실 저는 달나라에서 온 사람이옵니다. 지구에서의 제 삶이 불행해진 걸 안 달나라 사람들이 곧 서를 데리러 올 것입니다.'라고 말한 후 자신을 데리러 온 달나라 사람들과 함께 사라졌다.

가사이 저택에서 바라본 거리 풍경

를 즐기며 여유를 만끽할 수 있어 손님들의 발길이 끊이지 않는다고 한다. 그리고 골목 끝에는 몇 해 전 NHK에서 인기리에 방영된 드라마 〈맛상まっさん〉에 등장한 다케쓰루 주조가 자리하고 있다. 일본 위스키 역사에 한 획을 그은 다케쓰루 마사타카의 생가이기도 한 이곳을 중심으로 다케하라 역사 전통 보존 지구 거리가 길게 이어진다.

   먼저 다케쓰루 주조 건물의 왼쪽 골목으로 들어갔다. 그림자가 드리운 골목 끝자락에는 1872년에 지어진 2층짜리 전통 가옥, 가사이 저택笠井邸이 있었다. 제염업으로 큰돈을 번 상인이 살았던 건물로, 현재는 누구나 드나들 수 있는 무료 역사 유적으로 변모했다. 다다미 수십 장이 깔린 1층 거실과 그 옆에 붙은 작은 쪽방에는 옛 사람들의 세간살이를 가늠할 만한 전시품이 놓여 있었고, 쪽방 뒤로 난 가파른 계단을 밟고 2층으로 올라가니 병풍과 그림이 놓인 널찍한 방이 나왔다. 굵은 대들보와 기둥이 지탱하는 2층 방의 맞은편 창문으로는 잔잔한 마을 풍경이 한눈에 들어온다. 잘 다듬어진 돌바닥 양옆으로 흰 벽에 검은 기와가 조화를 이룬 전통 가옥이 길게 이어진 모습이 정갈하면서도 아름다워 한참 동안 창가에 기대어 내려다보았다.

호리카와에서만 맛볼 수 있는 호로보야키

호로보야키 맛보기

한참 만에야 다시 거리로 나와서 걷다가 큼직한 전통 창고 건물 앞에 멈춰 섰다. 호리카와ほり川라는 이 가게는 지역을 대표하는 오코노미야키 전문점으로 〈다마유라〉에도 주인공들의 단골 가게로 이름만 바꿔 등장하는데 오코노미야키의 일종인 '호로보야키ホロボ焼'가 인기 메뉴이다.

'다케하라에 방문하려는 그대, 호로보야키를 먹어 보라.'라는 말이 있을 정도로 유명한 이 음식을 맛보기 위해 들어간 내부는 크고 널찍했다. 옛 양조장 건물을 개조한 덕에 천장이 유난히 높았고, 실내 여기저기에는 조명등과 함께 고풍스럽게 치장된 장식품이 걸려 있었다. 주방 앞 불판에 선 직원들은 분주히 쇠주걱을 움직여 오코노미야키를 만들고 있었다. 직원의 안내를 받아 앉은 자리에서 차림표를 열어 호로보야키와 음료 한 잔을 시킨 후 분주히 눈을 굴려 내부를 구경했다. 오래전 간장과 술을 보관하던 건물이라 그런지 석빙고에 앉은 듯 시원함이 느껴졌고 이에 마음도 차분해졌다.

잠시 후 술지게미와 감자, 쇠고기(닭고기가 나올 때도 있음)가 어우러진 호보로야키가 나왔다. 히로시마풍 오코노미야키와 크게 다르지 않은 맛은 누가 먹어도 무난할 듯한 느낌이었다. '우와!' 하고 감탄사를 내지를 만큼 특별하지 않으나 나름대로 괜찮은 맛에 음식을 남김없이 먹은 후 〈다마유라〉 캐릭터 그림이 꽂힌 크림소다 한 잔으로 복을 축였다.

잔잔함이 있는 다케하라 보존 지구 산책

식사 후에는 마쓰자카 가문 주택에 방문했다. 앞서 언급했듯 에도 시대에 마을에는 제염업으로 큰 부를 쌓은 상인들이 줄줄이 등장했는데, 이들은 본인 소유의 상가와 저택을 화려하고 웅장하게 짓는 것으로 부를 과시했다. 그 예가 마쓰자카 저택으로 곡선형 기와지붕과 격자무늬 창틀, 높은 담벼락을 갖춘 이 저택은 마을에 남은 전통 건축물 중 가장 독특한 외관을 자랑한다. 최초에 지어진 것은 1820년이고 1879년에 이루어진 보수 공사를 거쳐 오늘에 이르렀다고 한다.

매표소를 겸한 현관에 들어가자 집안 사람이 타던 가마가 천장에 걸려 있었다. 현관 뒤편에는 집안 사람들의 생활 터전 역할을 한 안채가 자리하고 있다. 에도 시대부터 20세기 초에 이르기까지 사용했던 각종 생활용품과 가구, 기모노, 귀중품이 전시된 안채는 생각보다 규모가 커서 건물 가장 깊숙한 화장실까지 전부 둘러보는 데 꽤 많은 시간이 걸렸다.

다음으로는 마을 중앙 언덕에 위치한 사원, 사이호우지西方寺로 향했다. 호리카와 맞은편, 옛 우체국 건물 옆으로 난 돌계단 뒤편에 위치한 이곳은 일본 사원 특유의 고즈넉함을 간직한 공간이다. 특히 붉은 옻칠을 한 기둥으로 이루어진 본당인 후메이카쿠普明閣에서 내려다 보는 마을 정취가 예술이었다. 〈다마유라〉에서도 주인공들의 마음의 안식처로 등장하는 본당에 오르자 시원한 바람이 불어왔고, 이에 숨을 들이쉬며 가슴을 펴자 눈앞으로 아름다운 마을 전경과 저 멀리 푸른 바다가 시야에 들어왔다. 오전에 방문한 가사이 저택에서 바라보던 풍경과는 또 다른 절경에 가슴이 뻥 뚫리는 것 같았다.

아예 누각 바닥에 엉덩이를 깔고 두 다리를 쭉 편 채 사방에서 들려오는 매미 울음을 벗 삼아 휴식을 즐겼다. 아름다운 마을 풍경을 내려다보는 것도 좋았지만, 온몸으로 짙은 여름 냄새와 자연의 소리를 받아들이고 있자니 그야말로 신선놀음이 따로 없었다.

마쓰자카 가문 주택(위)와 사이호우지(아래)

맛상의 흔적이 가득한 다케쓰루 주조(왼쪽)와 다케하라 민속 자료관(오른쪽)

마음 같아서는 해 질 녘까지 누각에서 세월아 네월아 하고 여유를 만끽하고 싶었으나 갈 길이 멀었다. 다시 거리로 돌아가서 대나무 장식으로 멋을 부린 공중전화와 몇 차례 들른 적 있는 찻집을 통과해 나아가자 파란색 근대 건축물이 등장했다. 1930년 다케하라 서원 도서관으로 지어진 이곳은 현재 다케하라 역사 민속 박물관 역할을 한다. 실내에는 마을의 역사와 주요 인물의 발자취를 알리는 전시품이 가득한데 그 중심에는 일본 위스키의 아버지, 다케쓰루 마쓰타카가 있었다.

일본 위스키의 아버지, 다케쓰루 마사타카

1962년, 일본을 방문한 영국의 리처드 버틀러 부총리는 "오래전 일본의 한 청년이 만년필과 노트를 들고 우리 영국의 위스키 제조 기술을 모두 빼내 갔습니다."라는 말을 남긴 적이 있다. 그가 말한 청년은 NHK TV 소설 〈맛상〉의 실제 모델인

다케쓰루 마사타카竹鶴政孝(일명 맛상)다. 양조장을 운영하는 집안에서 태어난 그는 오사카 대학교의 전신인 오사카 공업고등학교를 졸업한 후 셋쯔 주조攝津酒造에 입사했다. 당시 셋쯔 주조는 알코올에 착색료와 향료를 섞어 만든 모조 위스키를 팔았는데 이를 지켜본 그는 '진품 위스키를 만들어야겠다.'라는 포부를 품었고, 아베 기헤에阿部喜兵衛 사장의 지원하에 영국 유학길에 올랐다.

스코틀랜드 글래스고 대학에서 청강생 자격으로 화학을 배운 그는 위스키 제조법을 배우기 위해 고군분투했으나 좀처럼 기회가 주어지지 않았다. 그러나 좌절하지 않고 계속 허가를 구했고 끝내 캠벨타운의 헤이즐번 위스키 증류소에서 실습할 기회를 얻었다. 그는 증류장 직원들이 꺼려하는 단식 증류기 청소까지 자처하며 적극적으로 실습에 임했고, 항상 만년필과 노트를 들고 다니며 위스키 제조법과 보관 방법을 빠짐없이 기록했다.

그런 가운데 그는 당시 글래스고 대학 의학부의 유일한 여학생이었던 이자벨라 리리안 코안을 만나 그녀의 막냇동생에게 유도를 가르치게 되었다. 이 과정에서 이자벨라의 언니인 제시 로베르타 코안(일명 리타)와 만나 사랑에 빠졌고, 두 사람은 주변의 반대에도 불구하고 결혼에 골인했다.

그 후 일본에 돌아온 그는 본격적으로 위스키 제조에 나서고자 했다. 하지만 때마침 일본 전역을 휩쓴 경제 불황으로 인해 셋쯔 주조는 위스키 사업을 접었고, 이에 다케쓰루는 셋쯔 주조를 나와 산토리의 창업저인 도리이 신지로와 손을 잡았다. 하지만 일본 최초의 위스키 제조 사업은 순탄치 못했다. 일본인의 입맛에 맞는 위스키를 원한 도리이 사장과 본고장의 맛 그대로를 재현하려 한 맛상 사이에서 갈등이 빚어진 것이다. 여기에 여러 사정까지 겹치며 입사 6년째 되던 1929년이

라이타다스가 주택

되어서야 가까스로 일본 최초의 위스키인 '산토리 시로후다サントリー白札'를 만드는 데 성공한다.

그러나 5년의 시간을 공들여 만든 이 위스키는 시중에서 판매되던 가짜 위스키에 밀려 고전을 면치 못했고 그 결과 맛상과 도리이 사장과의 갈등은 한층 깊어졌다. 결국 그는 회사를 나와 홋카이도로 건너갔고, 그곳에서 주스 공사를 인수해 위스키 공장을 세웠다. 그리고 오랜 노력 끝에 그의 이상을 담은 '닛카 위스키' 제조에 성공하기에 이른다. 이렇듯 위스키 제조에 진심이었던 그와 아내 리타의 생애를 다룬 드라마 〈맛상〉은 큰 사랑을 받으며 현재까지도 회자되고 있다.

맛상과 리타, 그 외 여러 인물의 이야기가 있는 민속 자료관을 구경한 후, 근처에 있는 다케하라 마치나미 대나무 공방과 1775년에 지어진 라이타다스가 주택頼惟清旧宅, 마을 끝자락에 자리한 사당인 에비스도恵比寿堂를 돌아보았다. 그런 다음에 마쓰자카 주택 맞은편에 위치한 호텔 겸 찻집 샤료 이치에茶寮一会에 들러 먹음직스러운 파르페를 맛보는 것으로 여행의 대미를 장식했다. 하지만 그 후로도 돌아가기 아쉬운 마음에, 거리에 인적이 사라질 때까지 이름 없는 전통 가옥들 사이로 죽제품이 주렁주렁 걸린 골목을 누볐다.

크지도 화려하지도 않지만 잔잔하고 따듯한 매력이 살아 숨 쉬는 다케하라. 일본 위스키의 아버지 '맛상'의 열정과 조상의 발자취를 지키며 살아가는 주민들이 이룬 특별한 빛깔을 지닌 이 도시를 오래오래 좋은 추억으로 기억할 것 같다.

다케하라   153

동영상
보기

Travel Tip

__가는 방법__   ① 히로시마역(広島駅)에서 JR 산요혼센(山陽本線)에 탑승해 미하라역(三原)역에서 하차. JR구레센(呉線)으로 갈아타고 다케하라역(竹原駅)에서 하차. (약 1시간 30분 소요, 요금 1,170엔)
② 히로시마역에서 JR 구레센(일반 열차) 탑승하여 다케하라역에서 하차. (약 1시간 30분 소요, 요금 1,170엔)
③ 히로시마역 남쪽 출구 13번 버스 정류장에서 가구야히메호(かぐや姫号)에 탑승하여 다케하라역에서 하차. (1시간 20분 소요, 1시간 간격 운행, 요금 1,300엔)

__둘러보기__   다케하라역 → 다케하라 역사 전통 보존 지구로 이동 → 호리카와에서 점심 식사 → 다케하라 역사 민속 자료관 → 가사이 저택 → 다케하라역 (약 3시간 소요)
※ 다케하라역 입구에서 오른쪽에 관광 안내소가 있다. 꼭 들러서 지도와 안내 자료를 받을 것. 한국어와 영어 자료가 준비되어 있다. (운영 시간 09:00~17:00)

__볼거리__   __다케하라 대나무 등 축제__(町並み竹灯り~たけはら憧憬の路~)
매년 10월의 마지막 주말(토·일 17:00~21:00), 전통 가옥이 즐비한 다케하라 역사 전통 보존 지구의 거리 곳곳에는 대나무 등이 설치된다. 그리고 밤이 되면 대나무 등의 불빛이 온 세상을 환히 밝혀 준다. 히로시마의 가을을 느끼기 위해 미야지마(宮島)를 방문할 계획이 있다면 잠시 시간을 내서 다케하라를 들르는 것을 추천한다.

__먹거리__   __호리카와__(堀川)
애니메이션 〈다마유라〉에 등장하는 오코노미야키 전문점으로, 오코노미야키에 술지게미를 넣는 것이 특징이다. 또한 다마유라 크림소다(たまゆらクリームソーダ)도 추천 메뉴다.

• 주소 : 히로시마현 다케하라시 혼마치 3-8-21(広島県竹原市本町3-8-21)
• 영업 시간 : 11:00~15:00, 17:00~19:30 / 매주 수요일 휴무

__이치에__(茶寮一会, ICHIE)
고민가에서 즐기는 달달한 파르페.

• 주소 : 히로시마현 다케하라시 혼마치 3-10-34(広島県竹原市本町三丁目10-34)
• 영업 시간 : 11:00~17:00(주말과 공휴일에만 영업)

뜨뜻한 김이 모락모락 피어오르는 온천에 몸을 담근 후 료칸 방에 돌아가 정갈한 가이세키 요리에 일본주 한 잔을 기울이는 하루. 일본을 여행하려는 사람들이 꼽는 가장 이상적인 일정일지도 모르겠다. 그래서 오늘은 이 바람직한 하루의 필수 요소인 일본주를 만드는 마을, 히로시마현 사이조로 간다.

일본주의 본고장

사이조 西条

지나가는 일본 사람을 붙잡고 "히가시히로시마東広島가 어딘지 아시나요?" 하고 물으면 열에 여덟은 "히로시마시의 동쪽 아닌가요?"라고 답할 것이다. 그러나 히가시히로시마는 사실 히로시마와 전혀 다른 도시다. 히로시마현 중남부에 자리한 이 도시는 낮과 밤, 여름과 겨울의 기온 차가 뚜렷한 사이조 분지로 둘러싸여 있는데, 이러한 지형적 특성은 기온과 수질에 민감한 양조업의 번영을 낳았다. 실제로 오늘날 히가시히로시마의 시내 한복판에 위치한 사이조 지역은 효고의 나다灘, 교토의 후시미伏見와 함께 3대 일본주의 본고장으로 손꼽힌다. 이러한 명성에 힘입어 매년 10월에 열리는 사이조 사케 축제西条酒祭り 기간에는 10만 명 이상의 인파가 몰려든다.

일본주의 본고장 사이조에서는
매년 10월 성대한 사케 축제가 열린다.

일본주의 본고장 사이조

히로시마역에서 완행열차를 타고 40분가량 달려 사이조역에 도착했다. 단정한 유니폼에 모자를 쓴 역무원이 인사를 건네는 역을 빠져나오자 맞은편으로 빨간색 양조장 굴뚝 몇 개가 시선을 사로잡았다. 굴뚝이 고개를 내민 거리를 향해 걸어가 으리으리한 흰색 양조장 건물이 옹기종기 모인 사이조 사카구라 거리(사이조 술 창고 거리)에 진입했다.

오래전, 요카이치주쿠四日市宿라 불리던 사이조에는 참근교대를 위해 에도와 영지를 오가는 다이묘(영주)들과 막부의 관리가 묵던 숙박 시설인 오차야 혼진御茶屋本陣과 와키야 혼진脇本陣이 있었다. 그 때문에 에도 시대 말기까지 이곳은 '역참 마을'이라는 인상이 강했고, '일본주의 고장'이라는 명성을 얻은 건 불과 100여 년밖에 되지 않았다. 물론 17세기부터 양조장이 들어섰다는 기록은 있으나 유서 깊은 일본주의 고장 후시미와 나다에 비할 수는 없었다. 이는 사이조를 둘러싼 자연환경과 밀접한 관련이 있다. 예로부터 일본주를 만들 때 가장 중요한 것은 물이다. 기본적으로 술에 들어가는 물은 색과 맛이 투명해야 하는데 사이조를 둘러싼 류오산竜王山에서 샘솟는 물은 단맛을 띠기 때문에 일본주 원료로는 부적합했다.

그런데 메이지 시대 중반, 아키쓰安芸津 지역에서 양조장을 운영하던 미우라 센자부로가 '긴조즈쿠리吟醸造り'라는 독특한 주조법을 개발하면서 상황이 변했다. 이 주조법으로 만든 달짝지근하면서도 매끈한 끝맛을 가진 일본주가 인기를 끌기 시작한 것이다. 여기에 사타케サタケ 제작소가 긴조즈쿠리 주조법에 빼놓을 수 없는 수형정미기(쌀알에서 겨를 벗겨 낸 후 겨와 쌀을 분리하는 기계)를 개발한 데 이어 1894년 6월에는 사이조역이 개통하며 지역에서 생산된 술이 전국 각지로 판매되게 되었다. 이에 힘입어 마을 곳곳에는 기업형 양조장이 등장했고 오늘날에도 시내 곳곳에 자리한 양조장들이 술을 빚고 있다. 그중 8곳은 사이조역을 중심으로 1km 내에 몰려 있는데 이 골목을 사카구라 거리酒蔵通り라 부른다.

빨간 굴뚝을 따라 도는 양조장 탐방

사카구라 거리 초입에는 3층 높이의 커다란 술 창고가 있었다. 이곳은 1675년에 문을 연 하쿠보탄 주조白牡丹酒造가 소유한 창고로 바로 옆으로 난 길을 따라 걷자 빨간 기와 지붕과 흰 외벽, 양조장 간판 역할을 하는 '사카바야시酒林(삼나무 잎으로 만든 공)'가 조화를 이룬 하쿠보탄 주조 본사 건물이 나왔다. 마침 실내에 들어가는 사람들 틈에 끼여 안으로 입장하자 차분하면서도 고즈넉한 분위기가 침전한 전시실 겸 판매장이 등장했고 한쪽에 전시된 시대별 술병에 시선을 빼앗겼다.

이어서 건물 맞은편에 자리한 사이조 혼마치 역사 광장西条本町歴史広場에 들렀다. 19세기 중엽까지 수하물을 싣고 나르던 중계지인 츠기바繼場였던 것으로 추측되는 광장터에는 몇 해 전만 해도 술 창고가 있었다. 그랬던 것이 정비 사업을 통해 지난 역사를 알리는 광장으로 탈바꿈했다. 이를 반영하듯 광장 내에는 사이조의 지난날을 알리는 안내판과 우물터, 양조장 그림이 들어간 우체통이 자리 잡고 있다.

광장 옆에는 1904년에 창업한 사이조쓰루 주조西条鶴酒造가 있다. 국가 등록 유형 문화재로 지정된 양조장 건물 내에는 술 판매장이 있고, 양조장의 역사를 가늠할 수 있는 전시품도 볼 수 있었다. 원래는 농번기에는 농업이나 다른 일에 종사하고 농한기에만 양조장에 나오는 토우지杜氏(양조장의 총괄 책임자)가 직접 술을 빚어 왔으나, 2006년 기존의 토우지가 은퇴하면서 일반 직원들이 사시사철 술을 생산하는 체제로 바뀌면서 술 생산에 박차를 가했다고 한다.

이어서 70m 거리에 있는 기레이 주조亀齢酒造에도 발도장을 찍고 돌아다니다 어느 골목으로 들어갔다. 그때 어디선가 고소한 냄새가 흘러나왔다. 지역의 명물 음식인 비슈나베美酒鍋를 파는 가게에서 나오는 냄새였다. 패망 이후 양조장 직원들이 만들어 먹기 시작한 비슈나베는 사케와 소금, 후추로 국물 간을 낸 다음, 각종 야채와 닭고기를 넣어 조리한다. 양조장 직원들은 매년 10월부터 반년간 양조장에 살다시피 하며 작업에 몰두했는데 힘든 일과를 끝내고 숙소로 돌아와 오손도손

하쿠보탄 주조

사이조쓰루 주조

기레이 주조

한자리에 모여 비슈나베를 끓여 먹는 것으로 피로를 달랬다고 한다. 오늘날에는 사이조에 들르면 꼭 먹어야 하는 명물이 된 비슈나베이지만, 닭 알레르기가 있는 나는 입맛만 다셔야 했다.

조금 더 걸으니 에도 시대의 숙박 시설인 오차야 혼진お茶屋本陣 터가 등장했다. 1633년에 지어진 이후 200여 년간 에도에서 파견된 관리와 참근교대를 위해 수도와 영지를 오가던 다이묘들이 머물렀던 이곳엔 더 이상 권위도 화려함도 남아 있지 않았다.

오히려 눈길을 끄는 건 옆에 있는 카모쓰루 주조茂鶴酒造의 서양식 본관이었다. 1927년에 지어진 이 건물에는 앞서 방문한 양조장들과 마찬가지로 간판 역할을 하는 사카바야시가 걸려 있었다. 바로 옆으로 난 길을 따라 걷자 커다란 창고와 양조 건물이 나타났다. 사이조에 소재한 양조장 중 최대 규모를 자랑하는 이곳은 높은 도수를 자랑하는 긴조슈吟醸酒(청주)를 주력으로 생산한다. 그중 '골든 가모쓰루'라는 술은 2014년 오바마 전 대통령이 일본에 방문했을 때 아베가 건배주로 내놓으면서 세계적으로 주목을 받기도 했다. 이렇듯 세계적으로 이름난 술을 생산하는 덕에 몇 해 전에는 본사 바로 근처에 커다란 전시관도 열었다.

전시관으로 다가갔을 때 입구에는 물통을 든 주민들이 서 있었다. 마을 내에 소재한 양조장들은 주민들을 위해 입구에 우물을 설치했고, 이에 주민들은 물이 필요할 때마다 양조장에 들러 물을 떠 간다. 나도 집에서 챙겨 온 텀블러에 양조장 물을 채워서 마셔 보았다. 물맛이야 거기서 거기지만, 지하에서 곧바로 솟아오른 물이라 그런지 냉장고에 넣어둔 것처럼 시원했고 끝맛도 달달했다.

딱 봐도 새것 티가 나는 전시관 내부에는 양조장의 역사를 알리는 자료와 양조 도구가 가득했고, 한쪽에는 직원 몇몇이 상주하는 판매장이 있었다. 한때는 판매장에서 시음도 할 수 있었는데 코로나19가 장기화되면서 잠정 중단되었다. 이는 비단 이곳만이 아니라 마을 내에 소재한 모든 양조장에 해당되는 사항이었다. 술

사카구라 거리에서 가장 큰 규모를 자랑하는 가모쓰루 주조

일본주 기술자 양성소로 이름을 떨친 후쿠비진 주조

을 즐기지 않는 나야 상관없었지만, 가지각색의 일본주를 시음하고자 사이조에 들르는 애주가들에게는 몹시 아쉬울 일이었다.

15분쯤 전시실을 둘러보고 밖으로 나오자 배에서 꼬르륵 소리가 났다. 점심 먹을 때가 된 모양이었다. 마을 초입의 하쿠보탄 주조 근처에 있는 노포 쿠론보야くろんぼ屋로 향했다. 70년 넘는 역사를 자랑하는 이 가게는 지역 주민들이 가장 사랑하는 정식집으로 영업 시간 내내 손님이 끊이지 않는다. 오후 1시 40분, 비교적 늦은 시간에 방문했음에도 15분 넘게 대기하고서야 가게에 들어갈 수 있었다. 이곳의 대표 메뉴인 비후가스를 먹었는데, 고기가 다소 얇긴 하나 양이 많은 덕에 그릇을 다 비울 무렵에는 포만감이 목 끝까지 차올랐다.

일본주의 고장 사이조를 알리는 논타

배를 꺼뜨릴 겸, 조금 걷기로 했다. 앞서 지나온 거리를 되짚어 이 골목 저 골목 누비다가 일본주 사관 학교라 불리던 후쿠비진 주조福美人酒造 앞에 멈춰 섰다. 1917년에 문을 연 이래로 많은 일본주 제조 장인을 양성하며 일본주의 계승과 발전에 이바지한 건물 내에는 지난날의 영광과 지위를 확인할 수 있는 표창과 빛바랜 사진이 가득했다.

가볍게 실내를 둘러본 후 요리조리 비좁은 골목을 따라 3분가량 걸어 구구리몬くぐり門에 도착했다. 건물 중앙에 차와 사람이 오가는 구멍이 뚫린 이 문은 한때 마을 내에 있던 극장으로 향하던 문이었다고 한다. 잠시나마 삶의 무게를 내려놓고 극장으로 향하던 옛 사람들의 그림자 위로 지금은 관광 안내소와 카페

구구리몬

가 입점했다.

한편 관광 안내소를 비롯해 거리 곳곳에서 너구리 캐릭터 하나가 눈에 띄었다. 논타*라 부르는 이 캐릭터는 사이조를 알리는 지역 캐릭터로 오늘날 사이조 관광 안내도와 지역 홍보 책자에 단골로 등장한다. 지난 20여 년간, 일본의 지방 자치 단체들은 관광업의 진흥과 지역의 이미지 향상을 위해 제각기 홍보 캐릭터를 만들어 왔다. 느슨하다는 뜻의 유루이ゆるい와 캐릭터를 의미하는 캬라쿠타キャラクター를 결합해 '유루캬라ゆるキャラ'라고 불리는 홍보 캐릭터에는 각 지역을 대표할 만한 향토적 이름을 붙이는 것이 일반적이다.

구마모토의 구마몬くまモン과 같이 전국적인 인기를 얻지는 못했지만, 술의 고장 사이조를 대표하며 지역 홍보에 여념이 없는 논타는 오래전부터 입에서 입으로 전해져 내려오던 '뜸 놓는 너구리 이야기'를 바탕으로 만들어졌다고 한다. 너구리 특유의 능글맞은 인상에 천진난만한 미소로 관광객을 반기는 녀석을 보고 있자니, 한국에서도 이런 지역 캐릭터가 활성화되면 좋겠다는 생각이 들었다.

그리하여 관광 안내소에서 논타 그림이 들어간 엽서 두 장을 구입한 다음 가모

* 논타 이야기
오래전 사이조의 당카지冨迦寺라는 절에 영리한 너구리 한 마리가 살았다. 이 너구리는 한번씩 승려로 변장해 마을을 방문했는데, 이때마다 주민들에게 뜸을 놓아 주고 그 대가로 받은 돈으로 술을 사 마셨다. 그러던 어느 날, 여느 때와 같이 뜸을 놓아 준 후 술을 마시며 절로 돌아오는데 갑자기 큰비가 내려 마을과 절을 잇는 다리가 유실되었다. 해는 저물어 가는데 집으로 돌아갈 방법이 없어져 난처해진 너구리는 발만 동동 굴렀다. 그리하여 근처를 지나가던 젊은이에게 다가가 "나를 업어 다리를 건너가면 돈을 주겠소."라고 제안했다. 하지만 젊은이는 이를 거절했다. 다급해진 너구리는 "그럼 뜸 놓는 기술을 알려 줄 테니 제발 나를 업어 주시오."라고 재차 부탁했고 그제서야 청을 받아들인 청년은 너구리를 업고 강을 건넌 다음 기술을 전수받았다. 그 후 젊은이는 뜸 기술을 활용해 큰 부자가 된 반면, 너구리가 놓는 뜸의 효험은 사라졌다. 그 결과 아무도 너구리를 찾지 않게 되었고 술을 마실 수도 없는 상황에 이르렀다. 결국 너구리는 효험을 되찾고자 노파로 변신해 젊은이에게 뜸을 맞았다. 그러나 뜨거움을 못 이겨 팔짝팔짝 뛰다가 이내 도망쳐 버렸다. 그리고 그날 이후로 더 이상 너구리는 마을에 나타나지 않았고 당카지의 소나무 아래서 화상을 입은 채 깊이 잠든 너구리 한 마리만 발견되었다고 한다.

일본주 카페 슈칸센

이즈미 주조賀茂泉酒造로 향했다. 1911년에 문을 연 이곳은 쌀과 쌀 누룩으로만 술을 빚는 순미양조純米釀造 방식을 주력으로 내세우는데 그 덕에 술맛이 깔끔한 걸로 유명하다.

가모이즈미 주조 옆에 위치한 서양식 건물 슈센칸酒泉館에서는 양조장을 대표하는 술 4~5가지를 유료로 마실 수 있는 일본주 카페가 영업하고 있어 애주가들의 발길이 끊이지 않는다. 술을 잘 마시지는 못하지만 모처럼이니 카페에 들러 다이긴조大吟醸(정미 비율이 50% 이하의 백미를 원료로 한 청주)를 7년간 숙성한 다이코슈大古酒를 비롯해 준마이다이긴조純米大吟醸(쌀과 누룩, 물로만 만든 술)인 코우쥬皇寿와 하쿠쥬白寿, 나마슈生酒까지 총 4가지 술을 맛봤다. 개인적으로는 저온에 장시간 발효해 만들어 맛이 깔끔하고 향이 좋은 코우쥬가 가장 마음에 들었고, 비교적 맛이 센 다이코슈는 입에 맞지 않았다.

다 합쳐도 100ml밖에 안 되는 술이었지만 내게는 그것도 벅찼는지 취기가 올라왔다. 결국 옛 민가를 개조한 카페 트레카사Trecasa로 자리를 옮겨 시폰 케이크와 부드러운 커피 한 잔으로 취기를 달래야 했다. 그래도 술의 고장 사이조 여행이니 약간의 취기는 제법 어울리는 마무리가 아니었을까?

동영상 보기

Travel Tip

가는 방법 히로시마역(広島駅)에서 산요혼센 자이라이센(山陽本線 在来線)에 탑승하여 사이조역(西条駅)에서 하차. (약 35~40분 소요, 요금 590엔)
※ 오후 4~5시 정도에 마을 내 양조장들이 문을 닫기 때문에 늦어도 2시 전까지 사이조역에 도착하는 것을 추천한다.

둘러보기 사이조역 → 사카구라 거리로 도보 이동 → 비슈나베로 점심 식사 → 양조장 탐방 및 거리 산책 → 사이조역 (식사 시간 포함하여 약 4시간 소요)
※ 사이조역 내의 관광 안내소에 한국어 안내 팜플렛이 비치되어 있다.

볼거리

사카구라 거리(酒蔵街)
사이조역 출구에서 1km 이내에 양조장들이 몰려 있다. 그리고 각 양조장 사이로 옛 느낌 물씬 느껴지는 거리가 조성되어 여행자들은 차분한 마음으로 산책을 즐길 수 있다.

사이조 사케 축제(西条酒祭り)
매년 10월의 첫째 주 주말, 사이조에서는 10만의 인파가 몰리는 술 축제가 열린다. 일본 전역의 양조장에서 생산된 일본주를 맛볼 수 있고, 다양한 축제와 공연을 만나볼 수도 있다.(단, 술에 취해 공격적인 행동을 하는 사람이 있으므로 주의할 것!)

먹거리

비슈나베 전문점 후랑스야(佛蘭西屋) (2층)
비슈나베 코스(美酒鍋コース)를 맛볼 수 있다. 비슈나베는 일본주와 소금, 후추로 국물 간을 낸 후 각종 채소와 닭고기 등을 넣어 먹는 향토 요리다. 양조장 직원들이 작업 중에 먹더라도 '시음'에 악영향을 끼치지 않도록 설탕과 간장을 넣지 않는 것 또한 특징이다.
- 주소 : 히로시마현 히가시히로시마시 사이조 혼마치 9-11(広島県東広島市西条本町9-11)
- 영업 시간 : 런치 11:30~14:30, 디너 17:00~22:00 / 매주 수요일과 1, 2번째 월요일 휴무

쿠론보야(くろんぼ屋)
70년 넘게 지역 주민의 사랑을 받은 노포 음식점. 추천 메뉴는 비후가스(ビーフカツ)이다.
- 주소 : 히로시마현 히가시히로시마시 사이조 혼마치 15-34(広島県東広島市西条本町15-34)
- 영업 시간 : 11:20~14:30, 17:00~20:00 (월요일은 점심시간만 영업) / 매주 화요일 휴무

슈센칸(酒泉館)
일본주 카페이다. 100년 된 근대 건축물에서 일본주를 시음해 보자.
- 주소 : 히로시마현 히가시히로시마시 사이조 카미이치초 2(広島県東広島市西条上市町2)
- 영업 시간 : 10:00~17:00(토·일·공휴일에만 영업)

카페 트레카사(Cafe Trecasa)
옛 민가를 개조해 만든 낭만 100점짜리 카페.
- 주소 : 히로시마현 히가시히로시마시 사이조 혼마치 16-24(広島県東広島市西条本町16-24)
- 영업 시간 : 11:00~18:00/ 매주 수요일 휴무

17세기 일본에서는 여자아이들의 건강과 행운을 기원하고자 집 안에 인형을 전시하는 행사가 열리기 시작했는데 이를 히나 마쓰리라 불렀다. 이 풍속은 오늘날까지 이어져 2월 말부터 3월 중순 사이에는 전국 각지에서 히나 마쓰리 인형을 전시한다. 특히 옛 전통 가옥과 유적이 남은 전국의 역사 전통 보존 지구에서는 큰 규모의 축제를 여는데 히로시마현 내에서는 후추시 조게마치의 히나 마쓰리가 유명하다.

히나 마쓰리를 만나러

조게 上下

　남쪽으로는 푸른 세토 내해瀬戸内海와 맞닿고 북쪽으로는 험준한 산지가 펼쳐지는 히로시마현. 바로 이 산자락 한가운데에 후추시府中市 조게마치上下町가 있다. 높고 낮은 산세가 굽이치는 덕에 접근성이 나쁘고 여행 자원도 많지 않아 여행지로서는 10점 만점에 2점밖에 안 될 동네지만, 히나 마쓰리가 열리는 기간만큼은 어마어마한 매력을 뽐낸다.
　차가운 겨울바람이 옷깃을 파고들던 2월의 마지막 주말, 히로시마 버스 센터 6번 승강장에서 조게행 버스에 올라탔다. 비좁은 국도를 따라 흙냄새 나는 시골 마을과 수많은 산등성이를 지난 버스는 출발 2시간 만에 조게역 버스 정류장에 나를 떨군 후 모습을 감췄다. 언제 지어졌는지 모를 역사와 셔터를 내린 상점 몇 군데, 편의점 하나가 고작인 거리는 을씨년스럽기 그지없어 '여기서 축제가 열리는 게 맞나?' 하는 의구심이 생길 정도였다. 일단 20세기 초반의 분위기가 고스란히 남아 있는 역 맞이방에 들러 지도 한 장을 얻은 후 역전 골목으로 들어갔다. 그러자 서서히 인적이 느껴지기 시작했고 우뚝 선 근대 건축물과 우아한 분위기를 자아내는 전통 상가가 눈에 들어왔다.

조게의 옛 영화를 보여 주는 건물들

조게는 인근 시마네현의 이와미 은광石見銀山과 세토 내해를 잇는 중계 무역으로 크게 번영했다. 특히 17세기 중엽에 막부의 직할령인 텐료 지역天領地域으로 지정되자 막부와 거래를 트려는 상인들이 몰려들었고 이들을 상대로 한 금융업과 숙박업이 발전했다. 이후 은광이 문을 닫은 1920년대까지 큰 번영을 이루었던 이 동네에는 유서 깊은 건축물이 즐비하다.

먼저 마을 초입에 자리한 아르데코 양식의 상공회관上下町商工会은 1930년 7월 조게 경찰 청사 용도로 지어진 것이다. 순사 월급이 50엔도 안 되던 시절, 이 건물을 짓는 데 들어간 돈이 무려 3만 엔이었는데 그중 절반이 지역 주민들의 기부금이었다고 하니, 당시 조게의 풍요로움을 가늠해 볼 수 있다.

상공회관을 시작으로 길게 이어지는 거리 양옆에는 오래된 상가 건물과 전국 각지에서 몰려든 물자를 보관하던 창고가 다닥다닥 붙어 있다. 그중 가장 주목할 것은 조게 크리스트 교회上下キリスト教会로, 원래는 메이지 시대에 한 부호가 창고 용도로 세웠던 건물이 제2차 세계 대전 이후 교회로 탈바꿈했다. 건물 위로 화려한 첨탑이 우뚝 솟은 이곳은 오늘날 마을의 상징으로 자리 잡아 히로시마현을 홍보하는 각종 팸플릿에도 등장한다.

교회 맞은편에는 조게 역사 문화 자료관上下歷史文化資料館이 있다. 자료관이 들어선 건물은 19세기 후반에 지어진 구 오카다 저택旧岡田邸으로, 20세기 초중반에 활약

조개마치의 심벌이 된 조개 크리스트 교회당

아르데코 양식의 상공회관

조개 역사 문화 자료관에서는 수많은 히나 인형을 만날 수 있다.

한 문인 오카다 미치요岡田美智代의 생가이기도 하다. 그녀는 메이지 시대 일본의 대문호 다야마 가타이田山花袋가 쓴 자전적 소설 〈이불〉에 등장하는 여주인공의 모티프로도 잘 알려져 있다. 스승과 제자 간의 은밀한 사랑과 인간의 추악한 본능을 노골적인 표현으로 드러낸 이 소설은 당시 큰 호평을 받았다. 그러나 나중에 오카다 미치요가 '사실과 다른 이야기를 적었다.'라며 거세게 항의하는 바람에 일본 문단을 둘러싼 대형 스캔들이 탄생하기도 했다. 남성 문인이 주류를 이루던 시기, 숱한 차별과 곱지 않은 시선에도 문인 활동을 이어 간 여성이 살았던 건물은 현재 마을의 역사를 알리는 자료관이 되었고, 매년 2월과 3월에는 히나 마쓰리 인형들을 전시하여 관광객을 불러모은다.

여자아이들의 건강과 행복을 기원하는 히나 마쓰리

여자아이들의 건강과 행운을 기원하기 위해 시작된 히나 마쓰리는 몸에 붙어 있던 나쁜 액운을 인형에 옮긴 다음, 인형에 붙을 붙여 강과 바다에 띄워 보내던 중국의 풍습에서 비롯했다. 매년 2월 말에서 3월 초까지 열리는 행사 기간에는 각 가정에서 히나 인형을 꺼내 단상 위에 진열해 놓는다. 히나 인형은 헤이안 시대(794~1185)에 상류층 집안 아이들이 즐기던 '히나 아소비'라는 소꿉놀이에서 비롯되었기 때문에 헤이안 시대의 복장을 하고 있다.

히나 인형을 올려놓는 단상은 5~7단으로 구성된다. 맨 위층에는 왕과 왕비 인형인 다이비리나內裏雛를 놓고, 다음 층에는 세 명의 궁녀, 세 번째 층에는 다섯 명의 악사, 네 번째 층에는 좌의정과 우의정, 마지막 층에는 시종 인형들을 놓는 게 일반적이다. 다만, 형편이 어려웠던 서민 가정에서는 1~3단만 만들었고, 부유한 상인 집안이나 귀족 가문에서는 8단까지 올리기도 했다. 이렇게 전시된 인형은 단순히 아이의 건강과 행복을 기원하는 데 그치지 않고 집안의 부유함을 드러내는 사치품 역할을 했다. 인형 하나하나의 가격이 상당했기 때문이다. 본래의 취지와 다르게 부유층들이 인형으로 부를 과시하는 현상이 과열되자 사회 혼란을 우려한 에도 막부가 인형 크기를 제한하기도 했다.

한편, 행사가 절정에 달하는 3월 3일에는 온 가족이 한자리에 모여 삼색 무지개떡이나 대합을 먹고 부정을 쫓는 단술(시로자케白酒)을 마셨다. 그리고 3월 3일 이후에는 단상에 있던 인형들을 치운다. 이는 행사 이후에도 인형이 놓여 있을 경우 그 집안의 여자아이가 부정을 탄다는 믿음에서 비롯한 행동이라고 한다.

의료 기술의 발달하지 못해 유아 사망률이 높았던 시절, 이러한 풍습을 통해 아이들을 지키고자 한 부모의 마음이 이어져 내려오며 일본의 주요 전통이 되었다. 오늘날 축제 기간에는 전국 각지에서 히나 마쓰리(축제)가 열린다. 그리고 조게는 마을 내의 상점들이 대부분 히나 인형을 전시할 정도로 축제에 진심이다.

그렇다 해도 구매 의사도 없는 사람이 남의 영업장에 들어가 마음 편히 구경하는 건 쉽지 않은데 역사 문화 자료관에서는 점원의 시선을 느낄 필요 없이 느긋하게 구경할 수 있을 뿐만 아니라, 상점들과는 비교할 수 없을 정도로 많은 인형들을 전시하고 있어 여행자들의 발길이 끊이지 않는다. 2층 규모의 자료관은 히나 인형뿐만 아니라 마을의 역사를 알 수 있는 자료들과 진귀한 전시품들이 진열되어 있어 긴 시간을 들여 구경한 다음 밖으로 나왔다.

옛 흔적이 고스란히 남은 거리 속으로

2시간 가까이 서서 구경한 탓에 허기가 졌다. 그리하여 500m 거리에 있는 양식점 마르셰Marche・マルシェ에 방문했다. 조게 우체국 근처에 있는 이 가게는 지역 주민들이 즐겨 찾는 맛집으로 오므라이스와 함바그 정식이 유명하다. 노란 조명 아래로 아기자기한 잡화가 놓인 실내에는 단골 손님 몇몇이 주방장 아저씨와 수다를 떨며

조계 화랑

구 다나베 저택

구 카타노 제빵소

화기애애한 분위기를 자아냈다. 나는 끄트머리 자리에 앉아서 함바그 정식을 시켜 먹었는데 맛이 꽤 괜찮았다.

    배를 채우고 다시 마을을 둘러보기 시작했다. 역사 문화 자료관 바로 옆에는 19세기에 제작된 간판을 내건 다이조곤 약국이 있고, 대각선 맞은편에는 에도 말기에 지어진 상가인 시게모리 본점 술 창고 자료관이 있었다. 거기서 50~60걸음 더 걷자 검은 기와와 굴뚝, 벽돌이 조화를 이룬 조계 화랑上下画廊이 등장했다. 방금 지나친 술 창고 자료관을 운영하는 시게모리 아주머니가 1992년에 취미 생활을 위해 문을 연 이곳은 찻집 겸 갤러리, 행사장으로 쓰인다. 실내에는 램프 250개와 히나 인형 2,500개가 전시되어 있었다. 히나 인형으로 빼곡한 전시장을 구경한 후 이야기 소리가 들리는 구석으로 들어가자 시게모리 아주머니와 동네 할머니들이 즐겁게 이야기를 나누고 계셨다. 뜻하지 않게 그들 틈에 앉게 된 나는 커피와 화과자를 먹으며 30분이나 이야기를 나눈 후에야 자리에서 일어났다.

    다시 발걸음을 옮겨 에도 시대에 시어진 상가, 구 다나베 저택旧田辺邸 앞에 당도했다. 에도 막부의 공금을 다루던 관청인 '가케야掛屋'로 지어진 건물은 한때 지역 경제를 지탱하는 역할을 했고, 메이지 시대에는 양조장으로 변신했다. 지금은 비정기적으로 열리는 갤러리가 되었는데 예약 입장만 가능해서 다음을 기약해야 했다. 아쉬움을 뒤로하고 메이지 시대에 세워진 경찰서 건물과 국가 등록 유형 문화재로 지정된 근대 건축물 구 카타노 제빵소旧片野制パン所를 지나 조계 산책의 피날레

라 할 수 있는 가부키 극장 오키나자^{翁座}로 향했다.

1925년, 지역 부호들의 출자로 세워진 이곳은 추고쿠^{中国} 지역에 남아 있는 가부키 극장 중 유일한 목조 건물이다. 개관 초기에는 가부키 공연이 주가 되었으나 제2차 세계 대전 중 다나카 가문에 인수되면서 '영화와 연극'이라는 간판을 달고 많은 영화를 상영했다. 그러다 1960년대 텔레비전의 보급으로 영화 산업이 쇠퇴하는 과정에서 오키나자도 큰 타격을 입었고, 상영관 뒤편 공간에 세를 놓아 월세로 유지비를 충당하는 등의 노력을 했으나 결국 역사의 뒤안길로 사라졌다. 1994년 소유자가 건물을 조계에 기증한 후, 내부 보수 작업을 통해 가부키 극장의 모습을 되찾았다. 배우들이 통로로 쓰던 '하나미치^{花道}'를 비롯해 요괴나 괴물이 튀어나오던 '슷폰^{すっぽん}', 주인공들의 등장과 퇴장 때 활용한 '나라쿠^{奈落}' 등 각종 장치가 남은 이곳에서는 현재 비정기적으로 가부키 공연과 콘서트가 개최된다.

오키나자를 끝으로 마을에 있는 볼거리는 다 둘러봤다. 그런데 히로시마로 돌아가는 버스 시간이 2시간이나 남았다. 오후 4시 전후로 가게들이 하나둘 셔터를 내리는 상황에 나를 구제해 준 건 근처에 있는 케이크와 피자 전문점 비토리오 Vittorio였다. 구 카나토 제빵소의 3대 후계자인 카타노 씨가 운영하는 가게는 매력 만점의 케이크와 빵, 그리고 12가지 피자를 판다. 가업을 잇기에 앞서 오사카에서 제빵과 요리 기술을 익힌 그는 시카고 피자를 토대로 수년간의 노력과 시행착오 끝에 자신만의 피자를 완성했다고 한다. 쫀득쫀득한 반죽에 군침이 도는 소스로 무장한 피자는 감동적이었고, 케이크 역시 말할 것도 없었다. 이걸 안 먹고 히로시마에 돌아갔으면 정말 억울할 뻔했다. 그렇기에 내년 히나 마쓰리 축제 때도 꼭 조게 마을과 비토리오에 들러야겠다고 다짐하며 여행에 마침표를 찍었다.

조게   175

동영상
보기

Travel Tip

가는 방법   히로시마 버스 센터(広島バスセンター) 6번 승강장에서 고잔·고누(黄山, 甲奴)행 버스 탑승하여 조게역(上下駅) 앞에서 하차. (약 2시간 소요, 08:00, 10:30 출발, 편도 요금 2,600엔, 왕복 요금 4,600엔)

                 ※ 돌아가는 길에는 15:07 또는 18:17 조게역 앞에서 출발하는 히로시마 버스 센터행 버스에 탑승. (약 2시간 소요) / 또는 조게역에서 17:38 출발하는 (2021년 기준) 후추(府中)행 전차 탑승하여, 후추에서 후쿠야마(福山)행 JR 후쿠엔선(福塩線)으로 환승하여 후쿠야마 도착. (약 1시간 50분 소요)

둘러보기   조게역 → 상공회관 → 조게 크리스트 교회당 → 조게 역사 문화 자료관 → 구 다나베 저택 → 오키나자 → 조게역 (약 3~4시간 소요)

                 ※ 조게역 대합실에서 관광 지도 한 장을 얻을 것! 오후 4시가 지나면 마을 내 상점들이 대부분 문을 닫는다. 히나마쓰리(ひな祭り)가 열리는 2월 말에서 3월 초의 주말에 방문하는 것을 추천한다.

볼거리   **오키나자(翁座)**
화려함이 남은 옛 가부키 극장이다.
- 요금 : 200엔

먹거리   **쓰치다(土田)**
향토 요리 전문점으로, 대표 메뉴는 조게 소고기 소바(上下ぎゅ~そば)이다.
- 주소 : 히로시마현 후추시 조게마치 조게 2071-1 (広島県府中市上下町上下 2071-1)
- 영업 시간 : 11:00~14:00, 17:00~21:00 / 매주 화요일 휴무

유루리(ゆる利)
마을 중앙에 위치한 잡화점 겸 카페. 잡화 구경은 물론이고 점심시간에는 간단한 식사도 가능하다.
- 주소 : 히로시마현 후추시 조게마치 조게 837-1 (広島県府中市上下町上下 837-1)
- 영업 시간 : 10:00~17:00 / 화·수 휴무

※ 마을 내 상점이 대부분 4~5시에 문을 닫는데, 히로시마로 돌아가는 버스는 오후 6시 17분에 있다. 이로 인해 추운 겨울에 바깥에서 1~2시간 가량 기다려야 하는 일이 생긴다. 이럴 때는 카페 유루리에서 차 한잔 마신 다음, 쓰치다에 들러 식사를 하고 6시 5분쯤 버스 정류장으로 이동하는 것을 추천한다.

마르셰(Marche, マルシェ)
양식 전문점. 추천 메뉴는 오므라이스, 함바그 정식이다.
- 주소 : 히로시마현 후추시 조게초 조게 2038-1, 2층 (広島県府中市上下町上下 2038-1, 2F)
- 영업 시간 : 11:30~14:00, 17:00~21:00 / 매주 일요일 휴무

비토리오(Vittorio, ビットリオ)
케이크와 피자 맛집.
- 주소 : 히로시마현 후추시 조게초 조게 1095 (広島県府中市上下町上下 1095)
- 영업 시간 : 09:00~19:30 / 매주 월요일 휴무

히로시마현에서 두 번째로 큰 도시 후쿠야마에는 조선통신사의 발자취가 남은 작은 어촌 마을이 있다. 조선통신사 경무관 자격으로 일본을 방문했던 이방언이 '일본 제일의 경치'라 칭송했던 마을, 바로 도모노우라다.

조선통신사가 극찬한 일본 제1의 경치

도모노우라 鞆の浦

오전 8시 45분, 후쿠야마역 앞 버스 정류장 사무실에 도착해 도모노우라로 가는 본네트 버스 티켓을 구입했다. 잠시 후 멀리서 힘찬 엔진 소리가 들려왔다. '토토로 버스'라고도 불리는 이 버스는 매년 3월부터 11월까지 주말과 공휴일에만 후쿠야마역과 도모노우라 사이를 오간다. 1958년 이스지 자동차에서 생산된 이 차는 최대 49명까지 탑승 가능하나 현재는 안전상의 이유로 25명까지만 태우고 있다. 이날은 운전 기사 아저씨와 가이드 할아버지를 포함해 고작 6명을 태운 버스는 역을 시작으로 후쿠야마 자동차 시계 박물관福山自動車時計博物館에 들른 후 일본 최초의 국립 공원으로 지정된 세토 내해瀬戸内海와 맞닿은 해안도로를 달려 목적지 도모노우라에 도착했다.

조선 통신사가 극찬한 후쿠젠지

예로부터 세토 내해는 수심이 얕고 조류가 거친 탓에 해상 사고가 잦았다. 그래서 이 지역에서 어업과 무역에 종사하는 이들에게 조류를 파악하는 일만큼 중요한 게 없었다. 그리고 이러한 역할을 한 곳이 바로 도모노우라였다. 특히 오사카를 출발해 세토 내해를 거쳐 규슈, 한반도, 중국까지 오가는 배가 끊이지 않던 나라 시대(710~794)에는 '조류를 읽는 항구'로 크게 번성했다.

에도 시대, 도노모우라는 조선 통신사와도 깊은 인연을 맺었다. 임진왜란 이후 일본의 정세를 파악하는 한편 일본에 끌려간 조선인 포로를 구출하기 위해 파견된 '회답 겸 쇄환사'를 시작으로, 조선 통신사는 200여 년간 총 11차례 파견되었다. 통신사 일행은 일본 각지를 지나 에도까지 이동했는데 그중 가장 주목받은 곳이 도모노우라였다. 500여 명의 통신사 일행은 한양을 출발해 부산포에서 배를 타고 대마도를 거쳐 일본 본토로 이동했는데, 여기에 대마도주의 수행단 500명까지 더해져 무려 1,000명이나 되는 행렬이 장관을 이루었다. 이때 통신사가 지나는 길목을 다스리던 영주들은 막부의 명에 따라 통신사 일행을 극진히 대접했다. 히로시마의 몇몇 지역에는 통신사가 상륙할 때 쓴 돌계단과 이들이 머물다 간 숙소 건물이 남아 있다. 그중에서도 도모노우라의 후쿠젠지福善寺는 1711년 경무관 자격으로 일본에 방문한 이방언이 남긴 '일본 제일의 경치'라는 기록 덕분에 그 후 열도에 방문한 통신사 일행에게 인기 있는 방문지가 되었다고 한다.

이렇듯 우리 조상님들에게 화제를 모은 곳인 만큼 가장 먼저 후쿠젠지를 구경하기로 했다. '절에서 바라보는 경관은 일본 제일의 경치'라는 이방언의 극찬만큼이나 자연 경관은 아름답지만 건물은 생각보다 소박했다. 실제로 입구가 좁고 건물이 협소한 데다 우물이 없어 화재에 취약하며 파도 소리가 시끄러워 탓에 통신사 일행이 불편을 겪을 것이라 우려한 일본 측은 '후쿠젠지는 화재로 불탔으니 다른 곳으로 모시겠다.'라 거짓말을 한 적이 있다. 하지만 얼마 못 가 거짓말이 탄로나

후쿠젠지에서 바라본 센스이지마

후쿠젠지 본관

는 바람에 통신사 일행이 크게 화를 냈다는 이야기가 전해 내려온다.

오늘날 이 절에는 조선 통신사와 관련된 자료와 물건들이 전시되어 있다. 그중 가장 주목할 만한 것은 8번째 조선 통신사 일행이 써 주었다는 '일본 제일의 경치 日東第一形勝'라는 편액이다. 다만 현재 걸려 있는 것은 모조품이고 진품은 다른 곳에 보관 중이다. 이는 보안상 문제라기보다는 모조품의 글씨가 더 잘 보이기 때문이라고 한다.

편액 아래로는 푸른 바다와 신선이 취할 정도로 아름답다는 뜻을 가진 섬 센스이지마仙醉島가 어우러진 전경이 펼쳐졌다. 일본 제일의 경치라는 명성이 아깝지 않은 광경을 눈에 담고자 다다미 바닥에 앉아 한참을 바라보았다. 우리 조상님들은 이 경치를 바라보면서 무슨 생각을 하셨을까? 온갖 상상의 나래를 펼치며 옛사람들의 발자취를 더듬어 보았다.

사카모토 료마와 이로하마루호 침몰 사건

절 아래에 위치한 센스이지마 선착장으로 이동했다. 이곳 2층에는 시온SHION이라는 카페가 있는데 가게에서 바라보는 풍경이 후쿠젠지 못지 않게 아름다워서 여행객들이 즐겨 찾는다. 나는 통유리를 통해 바다가 한눈에 들어오는 실내에 앉아 '우미노 버블 플로트'라는 음료와 치즈 케이크를 주문해 먹었다. 잔에 빨대를 꽂아 쭈욱 들이키려는데 눈앞에 정박해 있던 검은 여객선이 움직이기 시작했다. 센스이지마섬을 오가는 이 배의 이름은 '이로하마루호'로, 160여 년 전에 발생한 이로하마루호 사건에 등장하는 배를 복원한 것이다. 이 사건에는 일본인이 가장 존경하는 인물 1위로 손꼽히는 사카모토 료마가 관련되어 있다.

에도 말기, 시코쿠 고치현의 하급 무사 집안에서 태어난 그는 근대적 개혁이야

구 사카나야 만조우타쿠에는 일본의 영웅 료마의 흔적이 남아 있다.

말로 일본이 발전할 수 있는 길이라 생각하고 동료를 모아 카이엔타이海援隊를 결성했다. 무역 회사와 사설 해군의 성격을 띤 이 조직은 사쓰마번(가고시마 지역을 다스리던 영주)의 지원하에 빠르게 세를 불리며 일본 최초의 주식회사로 발돋움했다. 그런데 1867년 이 조직이 소유한 160톤짜리 증기선 이로하마루호가 도모노우라 인근 바다에 침몰하는 사건이 발생했다. 10명의 손님과 화물을 싣고 나가 사키항을 출발한 배가 출항 4일 만에 세토 내해의 사누키곶에서 기슈번(와카야마 지역을 다스리던 영주)이 소유한 887톤급 메이마루코호와 충돌한 것이다. 다행히 배에 타고 있던 승객과 선원들은 무사히 구조되었지만 배가 침몰하면서 약 4만 3천 냥 상당의 물자를 잃었다.

이 문제를 해결하기 위해 료마는 기슈번과 몇 차례 회담을 가졌다. 그러나 당시 55만 석의 막대한 소출량을 바탕으로 막부에 큰 영향력을 끼치던 기슈번은 만만한 상대가 아니었다. 기슈번은 조정에 힘을 써 사건을 무마하려 했는데, 료마 측은 헨리 호웬든이 쓴 국제법 서적 〈만국 공법〉을 갖고 나와 국제법대로 처리할 것을 요구하는 한편, 당시 영국 공사였던 헨리 켓페르를 중재자로 대동했다. 그 결과 료마는 회담에서 승리하며 손실액의 두 배나 되는 8만 3천 냥의 배상금을 받았다. 그리고 현재 도모노우라에서는 이 사건을 기리며 이로하마루호를 복원해 관광 자원으로 활용하고 있는 것이다.

고즈넉한 건축물과 상야등이 어우러진 마을 산책

푸른 바다를 품은 항구와 예쁜 주택들이 다닥다닥 붙은 이 동네는 아름다운 경치 덕에 영화와 애니메이션에도 자주 등장했다. 특히 오래전 한국에도 소개된 가족 드라마 〈유성왜건〉이 이곳에서 촬영되었다. 마을 내에는 주인공의 고향집으로 쓰이던 건물과 주인공이 아들에게 장난감을 사 주기 위해 들른 상점 등 드라마 팬들

도모노우라

상야등이 서 있는 바닷가(왼쪽)와 오후나야도 이로하의 도미 요리(오른쪽)

의 추억을 자극하는 공간이 남아 있다.

이를 지나 오래된 전통 건축물 사이로 길게 이어진 골목을 따라 걷자 보명주를 판매하는 양조점이 있었고 가게 앞에 서 계신 주인 아주머니께서 시음을 권하셨다. 그래서 한 잔 받아 마셨는데 미간이 찌푸려질 만큼 썼다. 그래도 목 넘김은 좋아서 딱 반주 즐기는 어르신들이 좋아하실 맛이었다. 그리고 양조점 바로 옆에는 1655년에 지어진 오오타가 저택이 나왔다. 오사카에서 이주해 온 나카무라 요시베라는 인물이 지은 건물은 현재 역사 자료관으로 활용되는데 나중에 둘러보기로 하고 좀 더 걸어 골목을 통과하니 눈앞으로 커다란 상야등이 나타났다.

1859년에 건설된 상야등은 바다에 나간 사람들의 무사 귀환을 위해 만들어진 것이다. 바로 옆으로는 언제 지어졌는지 가늠할 수 없는 나카간기(돌계단)가 이어져 있고 그 근처에는 이로하마루 전시관이 있는데, 료마와 관련한 전시품과 배 침몰 당시 상황과 회담 전개를 소개하는 자료로 가득한 전시관은 이미 한 차례 들른 적이 있어 생략했다.

여기도 차와 음식을 파는 가게가 많았지만 일부러 5분쯤 떨어진 '온후나야도 이로하御舟宿 いろは'라는 식당 겸 료칸을 찾아갔다. 이 식당은 지어진 지 220여 년 된 '구 사카나야 만조우타쿠'라는 건물에 임점해 있는데, 이로하마루 사건 당시에 료마가 회담을 벌인 곳으로 잘 알려져 있다. 한때는 빈집이 되어 철거 위기에 처하기

도 했으나, 2010년 뜻있는 사람들이 모여 식당과 료칸으로 재개장하면서 현재는 지역을 대표하는 맛집 겸 숙소가 되었다.

220년 전의 분위기가 고스란히 남은 실내에 앉아 차림표를 열자 대표 메뉴인 도미 정식을 비롯해 추천 음식 몇 가지가 눈에 띄었다. 지금으로부터 400여 년 전, 매년 초여름마다 산란을 위해 수심이 얕은 세토 내해를 찾은 도미를 잡는 타이아미鯛網(도미잡이)는 주민들의 주 수입원이었다고 한다. 그래서 현재도 전통을 기리며 풍어제를 여는 한편, 마을 내의 많은 가게에서 도미 요리를 판다. 나도 도미와 절임음식, 계란찜, 흰쌀밥으로 구성된 이로하 도미 정식을 시켜서 먹어 보았다. 도미를 먹는 건 이번이 처음이라 조금 걱정했는데 비린내도 안 나고 식감도 좋아서 맛있게 먹었다. 식사 후 계산대 근처에 마련된 기념품 판매장에서 엽서 몇 장을 구입한 후 가게를 나섰다.

포뇨의 고향

사실 도모노우라는 미야자키 하야오 감독이 몇 개월간 생활하면서 작품 구상을 한 곳이기도 하다. 그렇게 탄생한 작품이 〈벼랑 위의 포뇨〉로, 마을 뒤편 언덕에는 포뇨가 살던 소스케의 집이 남아 있다. 15분 정도 걸어서 도착한 빨간 지붕의 집은 거의 폐허가 되었으나, 집 아래로 푸른 바다와 아기자기한 동네가 내려다보이는 경치만큼은 애니메이션과 싱크로율 100%를 자랑했다.

다시 마을로 내려와 보명주를 팔던 가게 근처에 있는 찻집 후카츠야深津屋에 들렀다. 150년 넘은 전통 가옥을 개조한 가게는 미야자키 하야오가 도모노우라에 머무는 동안 틈틈이 방문한 곳으로 유명한데 실내 구석 자리에 앉은 그는 숯불 커피를 즐겨 마셨다고 한다. 그를 따라해 보고 싶었으나 37도가 넘는 무더위에 숯불 커피를 마실 엄두가 나지 않아 차가운 크림 젠자이(일본식 단팥죽)로 대체했다.

포뇨의 집

오오타가 저택

비록 같은 커피를 마시지는 못했지만, 어릴 적 감명 깊게 본 만화를 그린 작가의 숨결이 남은 공간에서 유유자적하는 것만으로도 충분히 만족스러웠다.

오래된 자전거를 비롯해 진귀한 물건이 가득한 찻집에서 적당히 시간을 보낸 후 다시 거리를 거닐다가 '도모노우라 상가'라 불리는 건물을 만났다. 에도 시대에 상가 용도로 지어진 이곳은 주말에만 문을 여는 전시관으로 쓰이는데 에도 시대에는 이곳을 비롯해 여관과 요정, 배 수리 공장이 즐비해 문전성시를 이뤘다고 한다.

도노모우라 여행의 마무리는 해안로 산책과 이로하마루호 유람으로 하기로 했다. 바닷바람이 불어오는 해안로를 따라 잠시 거닐다가 센스이지마섬을 오가는 이로하마루호에 몸을 실었다. 배 위에 서서 넘실대는 파도와 진한 바다 향기, 시원한 바람을 만끽하며 도모노우라에 작별 인사를 건넸다.

도모노우라

동영상
보기

Travel Tip

가는 방법
① 항공편으로 오사카 공항에 도착(한국 직항 있음), 신오사카역(新大阪駅)에서 기차로 구라시키(倉敷)까지 이동. (간사이 와이드 패스 이용) 구라시키에서 시모노세키(下関)행 보통 열차 탑승하여 JR 후쿠야마역 하차. (약 40분 소요, 요금 760엔) 후쿠야마역 출구 5번 버스 정류장에서 도모노우라행 버스 탑승. (약 30분 소요, 요금 510엔)
② 히로시마역(広島駅)에서 오카야마·구라시키(岡山·倉敷)행 보통 열차 탑승하여 JR 후쿠야마역(福山駅)에서 하차. (1시간 50분 소요, 요금 1,980엔 / 단, 신칸센 탑승 시 24분 소요, 요금 4,510엔)
③ 후쿠야마역 버스 정류장 사무실에서 본네트 버스 티켓을 구입한 후 5번 승강장에서 승차.
※ 2021년 후쿠야마 본네트 버스 운행이 리뉴얼되었다. A투어와 B투어가 있으나 A투어를 추천한다.(B투어는 도모노우라 사적 탐방 후 곧장 후쿠야마역으로 복귀하는 코스.)
• 운행 시간: 매년 4월 첫째 주부터 12월 둘째 주까지 / 주말, 공휴일 09:00~11:25
• A투어(성인 2,250엔, 초등학생 1,430엔) : 09:00(후쿠야마역 5번 승강장에서 출발) – 09:25(후쿠야마 자동차 시계 박물관) – 09:50(묘오인 明王院) – 10:35(도모노우라 사적 탐방, 80분간 가이드 투어) – 11:25(해산)

둘러보기
후쿠야마역에서 본네트 버스 탑승(혹은 일반 버스 탑승) → 도모노우라 마을 입구 도착 → 소금 아이스크림 사 먹기 → 후쿠젠지 → 도모노우라 상가(주말에만 오픈) → 상야등을 비롯한 마을 산책 → 온후나야도 이로하에서 저녁 식사 (식사 시간 포함해 5시간 소요)

볼거리

후쿠야마 자동차 시계 박물관
지역 사업가이자 자동차 수집광이었던 노소 타카시 씨가 1966년부터 하나둘 모은 수집품들이 전시되어 있다. 보는 것뿐만 아니라 직접 만져 볼 수도 있고 자동차 탑승도 가능하다.
• 가는 방법: JR 후쿠야마역(福山駅) 북쪽 출구에서 도보로 약 15분 거리. 매년 4월 말부터 5월 초 사이의 연휴 기간에는 후쿠야마역과 후쿠야마 자동차 시계 박물관을 오가는 본네트 버스를 무료로 이용 가능.
• 주소: 히로시마 현 후쿠야마시 기타요시즈마치 3-1-22(広島県福山市北吉津町3-1-22)
• 영업 시간: 09:00~18:00 / 연중무휴
• 요금: 900엔(www.facm.net/ticket.html 사이트에서 할인권을 출력해 제출하면 200엔 할인)

후쿠야마 여름 대축제(福山夏祭り)
매년 8월 13~15일, 후쿠야마시에서는 여름 대축제가 열린다. 이 시기에 후쿠야마를 방문한다면 8월 14일 요사코이 춤 축제, 15일 저녁 아시다강(あしだ川) 유역의 불꽃놀이를 구경하자.

먹거리

시온(SHION)
조선 통신사가 극찬한 경치가 보이는 카페.
• 주소: 히로시마현 후쿠야마시 토모초 토모 623-5(広島県福山市鞆町鞆623-5)
• 영업 시간: 11:00~17:00 / 매주 목요일 휴무

온후나야도 이로하(御舟宿 いろは)
'구 사카나야 만조우타쿠'에 입점한 식당. 추천 메뉴는 도미 요리를 주로 한 이로하고젠(いろは御膳, 1,980엔)이다. 료칸으로도 운영한다(1인당 1박 최소 2만엔 이상).
• 주소: 히로시마현 후쿠야마시 토모초 토모 670(広島県福山市鞆町鞆670)
• 영업 시간: 11:00~16:00(주문 마감 15:00) / 매주 화요일 휴무

후카츠야(民芸 茶処 深津屋)
미야자키 하야오가 자주 들른 찻집. 추천 메뉴는 숯불 커피(500엔), 밀크 젠자이(600엔)이다.
• 주소: 히로시마현 후쿠야마시 토모초 토모 852(広島県福山市鞆町鞆852)
• 영업 시간: 10:00~17:00 / 매주 화요일 휴무

3 시코쿠

섬나라 속 아름다운 섬 동네

일본의 대문호 나쓰메 소세키는 살아생전 많은 이야기를 남겼다. 그중에서도 소설 〈도련님〉은 치밀한 내면 묘사와 거침없는 표현으로 국내외로 많은 사랑을 받았다. 그리고 소설의 배경이 되는 시코쿠의 마쓰야마에서는 소세키의 발자취와 더불어 아름답고 화려한 문화를 만날 수 있다.

나쓰메 소세키의 발자취가 남은 온천 마을

마쓰야마 松山

오오테마치역大手町駅을 빠져나오자 평온한 일상이 펼쳐졌다. 소도시라고 하기에는 다소 분주한 거리에 크고 높은 건물이 빽빽이 들어찼고, 그 사이를 주황색 노면 전차가 가로질렀다. 전차가 향하는 방향에는 고풍스러운 근대 건축물과 험준한 고성古城이 자리를 지키고 있었다. 풍류가 흐르는 도고 온천, 행복을 실은 노면 전차, 일본의 대문호 나쓰메 소세키의 발자취가 남은 낭만의 고장 마쓰야마에 왔다.

멋 좀 부릴 줄 아는 사교쟁이들이 드나들던 반스이소

눈앞에 보이는 해발 132m의 가쓰야마산 정상에는 웅장한 마쓰야마성松山城이 걸터앉아 있고, 그 아래로는 에히메 현청愛媛県庁이 우뚝 섰다. 1929년, 당시로는 엄청난 액수인 100만 엔을 들여 지은 현청 건물은 오늘날에도 지역 주민들에게 행정 서비스를 제공한다.

현청에서 멀지 않은 곳에는 히사마쓰 사다고토久松定謨 백작이 지은 프랑스 르네상스풍의 건물 반스이소萬翠莊가 있다. 육군 주재 무관 자격으로 프랑스에 장기 체류하며 현지 문화를 익힌 그의 취향이 반영된 이 건물은 1922년 쇼와 일왕의 시코쿠 방문에 맞춰 완공되었다. 일왕이 3일간 이곳에 머무른 이후에는 지역에서 멋 좀 부릴 줄 안다는 이들이 모이는 사교의 장으로 활용되었다. 제2차 세계 대전의 화마도 피해 간 이곳은 에히메현에서 가장 오래된 철근 콘크리트 건물로도 알려져 있다. 또한 크리스탈 샹들리에와 고풍스러운 가구, 대리석 등 고급 장식으로 치장한 내부는 근대 일본 사회의 화려한 일상을 드러낸다.

근사한 출입문을 열고 반스이소 안으로 들어가자 우아한 피아노 선율이 넘실거렸다. 마침 1층 응접실에서 열리고 있는 피아노 콩쿨 대회 참가자들의 솜씨였다. 예쁜 드레스를 입은 연주자들이 그랜드 피아노 앞에 앉아 연주하는 모습을 보고 있자니 100여 년 전 상류층의 일상으로 들어간 느낌이었다. 박제처럼 얌전히 모셔져 있는 다른 근대 건축물과 달리 예술의 장으로 활용되는 모습이 신선해서, 응접실 한쪽에 마련된 좌석에 앉아 잠시 연주를 감상했다. 2층에는 일왕 방문 당시의 모습을 재현한 방이 있는데 지난번 돗토리 여행 때 만난 진푸카쿠仁風閣와 마찬가지로, 일왕의 체격과 취향에 맞춘 가구가 진열되어 있었다. 고풍스러운 가구에서 묻어 나오는 그윽한 향과 반듯하게 놓인 실내 장식이 자아내는 근사한 분위기에서, 오래전 일본인들이 일왕을 어떤 시선으로 바라봤는지를 가늠할 수 있었다.

한편, 반스이소 근처에는 나쓰메 소세키가 마쓰야마 중학교에 부임했을 무렵 하숙하던 건물을 복원한 구다부쓰안愚陀仏庵이라는 곳도 있었다는데, 몇 해 전에 발생한 자연재해로 폭삭 무너져 내려 더 이상 그 흔적을 찾을 수 없었다. 소세키 특유의 앙칼진 예민함을 좋아하는 독자 입장에서는 아쉬울 따름이었다.

반스이소는 근대 상류 사회의 화려한 생활상을 고스란히 보여 주고 있다.

마쓰야마성에 벚꽃 피었네

반스이소를 나와 오카이도 거리大街道 한쪽에 있는 리프트 탑승장에 이동해, 가쓰야마산 정상에 자리한 마쓰야마성으로 올라가는 리프트에 탑승했다. 리프트가 높이 올라갈수록 아득히 멀어지는 시내를 내려다보기를 10여 분, 드디어 정상에 도착했다. 리프트에서 내리자마자 천수각이 있는 혼마루(내성)으로 향했다.

오래전, 세키가하라 전투에서의 활약으로 20만 석의 녹봉을 받은 가토 요시아키加藤嘉明가 지은 마쓰야마성은 2대 영주인 가모 타다토모 때 완공되었다. 마쓰야마성은 주변을 둘러싼 성벽이 기울어져 있는 '경사 석벽'으로 유명한데, 이는 일본 전역에 남은 수많은 성 중에서도 유례를 찾기 힘든 독특한 구조라고 한다. 성벽 뒤로는 천수각을 포함해 총 21동의 건물이 남아 있는데 문이 없는 문이라 해서 '도나시몬戶無門'이라 불리는 정문을 시작으로 큼직한 성벽과 문이 여행객을 맞이한다. 그리고 그 사이로는 하나둘 몽우리를 트기 시작한 벚꽃이 고개를 내밀었다.

도나시몬 옆으로는 축성 당시 마쓰마에성에서 옮겨 온 쓰쓰이몬筒井門이 있었다. 마쓰야마성에서 가장 큰 규모를 자랑하는 이 문은 외성인 산노마루三の丸와 니노마루二之丸에서 내성인 혼마루로 향하는 정면을 방어하는 요충지 역할을 했는데 이 덕에 문 옆으로는 견고한 성벽이 이어졌다. 또한 쓰쓰이몬의 안쪽 성벽에는 독특한 구조를 한 문도 보였다. 평소엔 잘 보이지 않을 만큼 안쪽으로 들어앉았으나 적의 침략 시 배후를 찌르는 이 문을 가쿠레몬隱門, 바로 옆에 위치한 망루를 가쿠레몬 쓰즈키 야구라隱門續櫓라 부른다. 이 밖에도 적의 침략을 막기 위해 세워진 견고한 건축물들이 적재적소에 배치되어 위용을 드러냈다.

겹겹의 문을 통과해 혼마루에 이르자 먼발치로 큼직한 천수각이 등장했다. 일반적으로 천수각이 하나뿐인 다른 성과 달리 이곳에는 대천수각과 소천수각이 있었다. 대천수각은 지상 3층, 지하 1층의 층탑형 구조로 에도 시대 이후로 일본에 현존하는 12개 천수 중 유일하게 기와 부분에 가문의 문양이 남아 있다. 그리고

두 개의 천수각이 있는 마쓰야마성 풍경

소천수각은 이중 망루라고도 불리며 성 아래 지역인 니노마루와 산노마루를 감시하는 역할을 맡았다. 또 하나 주목할 것은 두 천수각이 스미야구라隅櫓(적의 동태를 살피고 침략을 막는 망루)를 복도로 삼아 하나로 이어져 있다는 점으로, 하늘에서 바라보면 스미야구라와 소천수각이 대천수각을 감싸고 있음을 알 수 있다.

이렇듯 온갖 치밀한 방어 시설이 남은 성이지만 더 이상 당시의 긴장감은 느껴지지 않는다. 이따금 불어오는 바람에 벚꽃 향기가 휘날렸고, 그 위로 방문객의 웃음꽃이 피어 평온함을 자아냈다.

덜컹덜컹, 노면 전차로 시내 둘러보기

여행 둘째 날, 나는 마쓰야마 노면 전차 1일 자유 이용권을 구입해 노면 전차에 올라 탔다. 매일같이 만나는 히로시마 노면 전차보다 훨씬 낡은 전차 내부에는 옛 시

대극에서나 볼 법한 부저와 지금 당장 왁스를 발라 줘야 할 것 같은 판자 바닥이 깔려 있었다. 이러한 이색적인 풍경에 차에 탄 승객들은 사진 찍기에 바빴다.

전차는 열심히 달려 목적지인 에히메 현청 입구 앞에 도착했다. 전차에서 하차해 현청 뒤쪽의 산길을 올랐다. 현청에서 산 정상의 마쓰야마성으로 이어지는 산길 중간쯤에 위치한 니노마루 정원에 가기 위해서였다. 이 정원은 원래 마쓰야마성의 혼마루를 방어하기 위해 구축된 진지로, 내부에는 인공 호수를 조성하고 외곽에는 높은 돌담과 견고한 성루를 쌓아 적의 침략에 대비했다. 그러나 300년 가까이 평화가 이어지던 에도 시대에는 방어적인 기능보다는 영주의 집무실이자 후계자의 거처로 활용되었다. 또한 메이지 시대에는 잠시 에히메 현청으로 활용되는 등, 300여 년간 역사의 중심에 서 있었다. 그러나 1872년에 발생한 대화재로 성벽을 포함해 상당수의 시설이 소실되는 바람에 현재는 동서로 18m, 남북으로 17m, 깊이 9m 규모의 우물과 정원만 남아 황량함을 자아냈다.

이렇듯 역사의 뒤안길에 선 니노마루 정원을 돌아본 후, 시내 중심가인 오카이도 거리大街道通り로 내려가 1948년 창업 이래로 70년 넘게 지역 주민의 사랑을 받는 스시 전문점 스시마루すし丸에 방문했다. 각양각색의 해산물 요리를 제공하는 이곳에서 가장 유명한 요리는 '마쓰야마즈시松山鮓'라 해서 에히메 주민들이 축제 때나 귀한 손님이 집에 왔을 때만 대접하는 명물이다. 매퉁이, 토라하제トラハゼ(망

성벽과 우물만 남아 있는 니노마루 정원(왼쪽)과 스시마루의 마쓰야마즈시(오른쪽)

둑어의 일종) 등 세토 내해에서 잡히는 작은 생선으로 우린 육수와 달짝지근한 식초를 써서 초밥을 만든 다음 추고쿠(히로시마, 오카야마, 야마구치 지역)산 붕장어와 계절 야채 등을 섞은 후 그 위로 달걀 지단과 어패류, 새우, 성게 등을 쌓아 먹는 마쓰야마즈시는 해산물을 즐기지 않는 나 같은 사람도 부담없이 즐길 수 있는 식감을 자랑했다.

식사 후에는 시내 전경을 한눈에 바라볼 수 있는 다카시마야高島屋 백화점의 옥상 관람차를 타러 갔다. 밝은 색 관람차에 몸을 싣자 '덜컹' 하는 흔들림과 함께 관람차가 하늘로 향했고 잠시 후 눈앞으로 시내 전경이 펼쳐졌다. 드넓은 대지 위로 촘촘히 들어선 빌딩 숲과 뒤편에 우뚝 솟은 마쓰야마성은 압도적인 위용을 뽐냈다. 그리고 얼마 후 지상 85m, 관람차가 올라갈 수 있는 최정점에 이르자 저 멀리 세토 내해의 푸른 물결이 잔잔한 감동을 불러일으켰다.

나쓰메 소세키의 '봇짱'

관람차에서 내려 지상으로 내려오자 백화점 맞은편으로 봇짱 열차가 보였다. 1888년부터 1954년까지 67년간 마쓰야마 시내를 달리던 증기 기관차 모델을 복원한 이 열차에는 나쓰메 소세키의 흔적이 남아 있다. 1895년, 마쓰야마 중학교

에 부임한 그는 교사 시절의 기억을 더듬어 〈도련님坊ちゃん・봇짱〉이라는 소설을 내놓는데, 소설에서 이 열차를 '성냥갑 같은 기차'라고 표현했다. 오늘날에는 성냥갑을 닮은 봇짱 열차 두 대가 시내 전역을 누빈다. 지금 내 눈앞에 선 열차는 1888년 모델이며 시내 어딘가를 달리고 있을 다른 열차는 1908년에 생산된 차량을 복원한 것이라고 한다. 예스러우면서도 앙증맞은 디자인을 입은 열차는 등장한 지 얼마 안 되어 도고 온천과 더불어 시의 상징이 되었다.

잠시 후 열차에 탑승하기가 무섭게, 커다란 경적을 내지른 열차가 움직이기 시작했다. 마쓰야마 시청역松山市役所駅을 출발해 시내 중심가인 오카이도 거리大街道通り를 지나 종점인 도고 온천道後温泉에 이르기까지 20여 분간 신나게 달리는 동안, 거리의 사람들은 손을 흔들어 인사를 보냈고 이에 힘을 얻은 듯한 열차는 더 큰 경적 소리를 내며 달려 종점에 도착했다.

열차가 멈춘 도고 온천역은 1911년에 완공된 근대 건축물로 역사 2층에는 스타벅스가 입점해 있었다. 2010년대부터 스타벅스는 일본 각지에 소재한 근대 건축물에 매장을 내기 시작했는데 그중 하나인 이곳은 앙증맞은 외관과 고풍스러운 실내 덕에 큰 호평을 받고 있다. 평소 스타벅스를 즐겨 찾는 나는 매장에 들러 뜨거운 말차 라테를 주문해 마셨다.

소설 속에도 등장하는 봇짱 열차

오랜 역사를 지닌 도고 온천역

소설 속 인물들이 나와
춤을 추는 가라쿠리 시계

차 한 잔과 함께 휴식을 즐긴 후 역사 맞은편에 있는 가라쿠리 시계를 만나러 갔다. 도고 온천 본관 개관 100주년을 기념해 제작된 이 시계는 매시 정각에 〈도련님〉의 등장인물이 나와 음악에 맞춰 춤을 추는 것으로 유명하다.

〈도련님〉은 나쓰메 소세키의 실제 행적을 바탕으로 쓰여진 자전적 소설이다. '부모에게 물려받은 앞뒤 가리지 않는 성질머리 때문에 어릴 적부터 손해를 본 나(도련님)는 직접 보고 느낀 것에 대해 정의롭게 표현할 줄 아는 자아지만 사람들은 그런 나를 이상하게 바라본다.'라는 푸념으로 시작하는 이야기 속에는 앙칼진 예민함으로 표현한 현실 풍자가 드러난다. 소설에서 그는 부조리한 세상과 위선적인 인간들을 직접적인 묘사와 통렬한 묘사로 비판하는 한편, 대쪽 같은 정의로움이 우스꽝스럽거나 괴짜 정도로 취급 받던, 밥 한 끼 먹으려면 불의 앞에서 고개를 조아리고 부정 앞에서도 입을 닫아야 하는 세태를 적나라하게 표현하며 많은 이들로부터 공감을 얻었다.

나쓰메 소세키는 〈도련님〉 외에도 여러 소설에서 뛰어난 내면 묘사를 펼쳤는데, 개인적으로는 그가 영국 생활을 바탕으로 쓴 소설 〈런던 소식〉의 한 문장이 뚜렷한 기억으로 남아 있다.

"그 당시는 방향도 잘 몰랐고 지리 등은 원래부터 잘 몰랐다. 마치 시골 토끼가 갑자기 니혼바시의 한가운데로 내버려진 듯한 기분이었다. 밖으로 나가면 사람들의 물결에 휩쓸리지 않을까 하는 생각이 들고, 집으로 돌아오면 기차가 나의 방에 충돌하지 않을까 의심을 하니 아침저녁으로 마음이 편치 못했다. 이런 진동과 군집 속에 2년이나 살게 되면, 나의 신경 섬유도 결국에는 냄비 속의 해초처럼 끈적끈적하게 되어 버릴 것 같았다."

주민 200명 남짓한 마을에서 평생을 보내다 대학 입학을 계기로 서울에 올라갔을 무렵, 피상적인 인간관계와 차가운 도시 분위기에 충격을 받고 마음의 문을 닫았던 내 기억을 대신 읊어 주는 것 같던 문장이었다. 이를 접한 이후로 소세키는

도고 온천에는 나쓰메 소세키가 머물렀던
도련님의 방이 있다.

내게 특별한 존재가 되었다. 하지만 그간 먹고 사는 데 열중하느라, 감성에 빠지는 것조차 사치로 여겨지는 일상으로 인해 잊혀졌던 그 문장이 가라쿠리 시계 앞에서 되살아났다. 동시에 시계 안에서 하나둘 튀어 나온 〈도련님〉 속 등장인물들이 내 마음속으로 파고들었다.

센과 치히로의 그곳, 도고 온천

역에서 도고 온천으로 이어지는 상점가로 들어갔다. 지역 특산물을 비롯해 군침도는 먹거리, 아기자기한 잡화가 가득한 기념품 가게를 지나 걸음을 옮기니, 눈앞으로 웅장한 도고 온천 본관이 등장했다.

미야자키 하야오의 애니메이션 〈센과 치히로의 행방불명〉에 등장한 '아부라야'의 실제 모델로 유명한 이 온천은 지금으로부터 3,000여년 전, 다리를 다친 백로가 이곳에 몸을 담근 후 상처를 회복했다는 전설이 남아 있다. 그래서 지붕 위에 백로 동상이 서 있는 본관 건물은 총 3층 규모로 1894년에 지어졌으며, 현재는 별관까지 두어 많은 관광객을 받아들이고 있다. 이곳 물은 맑고 각종 피부 질환과 질병에 탁월하다는 소문이 있어 개점 시간부터 손님이 모여든다.

오래전 마쓰야마에 들른 쇼와 일왕도 들러 온천욕을 즐겼다고 한다. 온천 내에 위치한 유신덴湯神殿이라는 공간에는 당시 일왕이 사용한 욕조와 화장실, 가구 등이 고스란히 남아 있었다. 사진 촬영이 금지된 탓에 눈으로만 담아야 했지만, 사실 일왕이 사용했다는 것 외에는 특별한 점이 없는 공간이라 아쉽지는 않았다.

유신덴을 나와 온천욕을 즐긴 후 건물 맨 위층에 자리한 '도련님의 방'으로 향했다. 나쓰메 소세키가 자주 머물렀다는 방에는 그와 관련한 자료가 진열되어 있었다. 어떻게 보면 정말 별것 아닌 방이지만, 지난 시간 그가 던진 수 많은 문장과 깊은 감정선에 영향을 받은 내게는 모든 순간이 특별하게 다가왔다. 이런 게 바로 '성

도고 온천 축제 풍경

지 순례'의 매력인가 보다.

  상기된 얼굴로 온천을 나섰을 때는 주변이 축제 준비로 소란했다. 잠시 후 온천 앞 광장에서 축제가 열린다는 말에, 온천 본관 맞은편에 위치한 타르트 전문점 '이치로쿠 타르트一六タルト' 2층으로 올라가 타르트 한 조각과 차를 시켰다. 이 타르트가 마쓰야마의 명물이라 해서 먹어 본 것인데 내게는 너무 달았다. 물 한 모금으로 입안을 헹구는 사이에 축제가 시작되었다.

  이윽고 온천 건물에 화려한 조명 불빛이 들어왔고 흥겨운 음악이 울렸다. 그리고 전통 복장을 입은 어린아이들이 율동을 더해 거리를 행진했다. 그 모습이 어찌나 예쁘던지, 아이들의 뒷모습이 사라질 때까지 손을 흔들어 주었다. 그 사이 음악에 취해, 분위기에 취해 한층 감성적으로 변한 나는 근처 식당에 들러 돈가스 정식과 맥주 한 잔을 기울이며 저만치 기울어가는 하루를 흘려보냈다.

마쓰야마

Travel Tip

가는 방법 항공편으로 마쓰야마 공항에 도착. 공항에서 마쓰야마 시내로 가는 리무진 버스 탑승하여 마쓰야마 시역에서 하차. (20분 소요)

※ 노면 전차 이용하기
- 노선 : 마쓰야마 시내에는 총 5개의 선로가 있고, 그 위로는 목재 전차부터 신형 전차에 이르기까지 다양한 노면 전차가 운행되고 있다. 그리고 여행자들은 주로 마쓰야마시역 – 오카이도(시내 중심가, 마쓰야마성 근처) – 도고 온천을 잇는 3, 5, 6호선을 이용하게 된다. 반면 1, 2호선은 타 도시로 이동하기 위해 거쳐야 할 JR 마쓰야마역과 시내 구간(도고 온천 제외)을 오간다.
- 요금 : ① 1일권 500엔(어린이 250엔), 2일권 800엔(어린이 400엔) ② 300엔을 더 지불하면 봇짱 열차 1회 탑승 가능한 티켓 구입 가능 (마쓰야마시청역 – 도고 온천 구간, JR 마쓰야마역 – 도고 온천 구간)

둘러보기 마쓰야마역 → 반스이소 → 마쓰야마성 → 다카시마야 백화점 대관람차 → 봇짱 열차 탑승 → 도고 온천역으로 이동 → 도고 온천 입욕 → 저녁 식사 → 마쓰야마역 (약 8시간 소요)

볼거리

마쓰야마성(松山城)
- 요금 : 로프웨이 왕복 탑승권 520엔, 천수각 관람권 520엔

반스이소(萬翠荘)
- 영업 시간 : 09:00~18:00 / 월요일 휴무(공휴일에는 개관)
- 요금 : 성인 300엔, 어린이 100엔

다카시마야(高島屋) 백화점 옥상 관람차
- 요금 : 노면 전차 1일권을 제시하면 관람차 무료 탑승 가능

도고 온천(道後温泉)
- 요금 : 다마노유(霊の湯) 3층 개인실 성인 1,550엔, 어린이 770엔 / 다마노유 2층 일반실 성인 1,250엔, 어린이 629엔 / 가미노유(神の湯) 2층 일반실 성인 840엔, 어린이 420엔 / 가미노유 입욕만 성인 410엔, 어린이 160엔
※ 2023년 현재, 도고 온천 본관이 대규모 보수 공사를 하고 있어 대중탕인 가미노유만 영업한다. (2024년 12월까지 공사 예정)

먹거리

이치로쿠 타르트(一六タルト)
소설 〈도련님〉 속 도련님이 즐겨 먹던 당고와 타르트를 판매한다. 대표 메뉴는 이치로쿠 메이카 세트(一六名菓セット / 타르트와 봇짱 당고와 말차, 520엔)다.

- 주소 : 에히메현 마쓰야마시 도고 유노마치 20-17 (愛媛県松山市道後湯之町20-17)
- 영업 시간 : 08:30~22:00

스시마루(すし丸)
노포 맛집으로, 추천 메뉴는 점심시간에만 먹을 수 있는 마쓰야마즈시(松山鮨セット, 1,540엔)이다.

- 주소 : 에히메현 마쓰야마시 니반초 2-3-2 (愛媛県松山市二番町2丁目3-2)
- 영업 시간 : 평일 11:00~14:00, 16:30~22:00 / 주말·공휴일 11:00~22:00 / 연중무휴

일찍이 목랍으로 번영했던 우치코는 개화기에 이르러 화려한 발전을 이룩했다. 마을 부호들의 공동 출자로 가부키 극장이 탄생했고 흑백 필름 돌아가는 영화관도 등장했다. 이 밖에도 마을 곳곳에 들어선 다방, 책방 등으로 사람들이 몰려들면서 '문화 마을'로서의 명성을 널리 떨쳤다.

목랍으로 번영한
상업의 마을

우치코
内子

"손님 여러분, 이번 역은 우치코입니다. 내리실 문은 왼쪽입니다."

귓가를 울리는 안내 방송과 함께 전차가 멈췄다. 짐을 챙겨 조그만 역사를 빠져나왔다. 역에서 우치코 역사 마을로 가려면 15분쯤 걸어가야 했다. 역전에 놓인 증기 기관차 옆으로 길게 펼쳐진 상점가에는 봄기운이 완연했고, 마을을 가로지르는 하천 옆으로는 핑크빛으로 물든 벚나무가 활짝 기지개를 폈다.

벚나무 근처에 있는 어느 집 마당 앞에는 지나가는 사람 누구든 하나씩 먹고 가라고 접대용 과자를 올려 두었다. 얼마 안 되는 양이지만 생판 얼굴도 모르는 누군가를 위해 간식을 마련해 둔 따스한 마음씨에 웃음꽃이 만개했다. 그 마음이 깃든 과자를 집어들고 발걸음을 재촉했다.

봄기운 가득한 우치코 마을 풍경

100년 된 가부키 극장, 우치코좌

봄 내음 흐르는 거리를 지나 마을 입구에 들어서자 지역을 대표하는 건축물인 우치코좌內子座가 등장했다. 에도 시대, 목랍(왁스)와 생사(명주실), 와지(일본 전통 종이) 산업으로 큰 부를 쌓은 부호들이 출자한 돈으로 탄생한 극장은 으리으리한 외관을 자랑한다. 추고쿠와 시코쿠 지역에는 옛 형태를 보존한 전통 가부키 극장이 많이 남아 있는데 우치코좌는 내가 보아 온 어느 극장보다도 큰 규모를 뽐냈다. 1916년에 건립된 이래, 100년 넘게 가부키와 만담, 분라쿠 등의 공연을 열어 주민들에게 볼거리를 제공하고 있다.

에도 시대 느낌 물씬 나는 가부키 그림이 다닥다닥 붙은 입구 옆 안내소에 들러 입장료를 치르고 안으로 들어가자 나무 냄새가 코끝을 자극했다. 그리고 눈앞으로는 이색적인 극장 풍경이 펼쳐졌다. 먼저 1층에는 '마스세키桝席'라 해서 4명씩 앉을 수 있는 정사각형 틀의 내빈석이 있고, 그 뒤편으로는 일반석이 들어섰다. 이어서 2층으로 올라가자 '오오무코우大向'라는 가장 저렴한 좌석이 이어졌고 2층 옆 벽에는 지역 상가와 회사를 홍보하는 옛날 간판이 다닥다닥 붙어 있었다. 동시에 극이 열리는 무대인 '세리せり', 배우가 관객과 소통하기 위해 무대 좌측에 설치된 통

100년 역사를 지닌 극장 우치코좌

로인 '하나미치花道'를 비롯해 은신술을 쓰는 괴물이 등장하는 구멍인 '슷폰すっぽん', 샤미센과 북, 피리 등의 악기로 무대 전체 배경을 알리는 공간, 극의 해설을 맡은 변사가 앉는 좌석인 '기다유세키義太夫席' 등 공연에 필요한 다양한 연출 장치가 시선을 사로잡았다.

시야가 탁 트인 2층에서 1층 풍경을 바라보다 무대 뒤편에 마련된 구멍인 '나라쿠奈落' 아래로 내려갔다. 연출 장치를 조종하는 공간인 지하는 머리가 닿을 정도로 낮았다. 직원의 설명에 따르면, 오래전에는 천장이 지금보다도 더 낮아서 무대 회전 장치를 돌리던 직원들이 허리를 못 펼 지경이었다고 한다.

옛 생활상을 볼 수 있는 생활과 상업 박물관

극장을 나와 근처에 자리한 비지터 센터에 들러 잠시 휴식을 취한 후, 두 번째 목적지인 생활과 상업 박물관商いと暮らし博物館으로 향했다. 에도 시대에 상가로 활용된 이 건물은, 1920년대 지역을 대표하던 사노 약국佐野藥局을 재현해 놓았다.

당시 사노 약국은 약품 대부분을 오사카에서 들여왔는데, 오사카를 출발한 선박이 인근 나가하마 항구에 도착하면 마차나 열차로 물품을 창고까지 옮겨온 후 에히메현과 이웃 고치현에 소재한 의원에 유통했다고 한다. 참고로, 에도 시대에 이 지역의 주요 물류 운송 수단은 '카와부네'라는 나룻배였다. 물건을 실은 배가 나가하마 항구에 도착하면 항구의 짐꾼들은 배에서 짐을 내려 강변에 정박된 카와부네로 옮긴 후 주변 지역으로 짐을 운송했다. 그러나 메이지 시대에 이르러 도로와 철도가 정비되면서 기존의 수상 운송이 몰락했다. 약국에 공급되던 약품들도 기차나 마차로 운송되었고 이러한 변화에 맞춰 마을을 관통하는 도로와 거리가 새롭게 정비되었다.

이렇듯 박물관 내에는 당시의 약국 모습과 일반 서민 들의 생활상을 비롯해 20

1920년대의 약국 풍경을 재현한 생활과 상업 박물관

세기 초반까지의 광고와 지역 교통수단의 변화를 소개한 자료가 가득해서 1시간 넘게 구경을 한 후에야 거리로 나섰다.

그때 배에서 '꼬르륵' 소리가 났다. 그리하여 근처에 있는 구 시모하가 가문 저택下芳我邸에 입점한 소바 가게로 들어갔다. 이 건물은 메이지 중기에 목랍 생산으로

구 시모하가 저택

큰 부를 쌓은 시모하마 가문이 지은 저택으로, 목랍 재료를 생산하는 공방으로 사용되다가 양조점과 일반 상점 등으로 용도를 변경하며 오늘에 이르렀다. 목재에 벵갈라 염료를 덧칠해 화려해 보이는 외관인데, 안으로 들어가자 예스러운 풍경이 펼쳐졌다. 직원의 안내에 따라 다다미방에 앉은 후 주력 메뉴인 니쿠 소바(고기 소바)를 주문했다. 목청 큰 주변 손님들 때문에 가게 안이 소란한 편이었지만, 소바 자체는 일품이었다. 식사를 마치고 가게를 나오니 해가 중천에 떠 있었다. 다섯 시 반이 지나면 해가 기울 테니 좀 서둘러야겠다.

지그재그, 요카이치 거리

발걸음을 재촉해 오즈 가도大洲街道라 불리는 완만한 언덕길에 진입했다. 길 양옆으로 양조장과 향신료 상점, 양초 가게 등 전통적인 분위기의 가게가 이어지는 가운데 우치코 하레內子晴れ라는 건물이 눈에 띄었다. 게스트 하우스로 운영되는 이곳은 찻집을 겸하는데 일본 전통 양식과 세련미가 혼재한 실내 분위기가 여행객들의 마음을 사로잡는다. 그런 여행객 중의 하나인 나도 안에 들어가 일본식 빙수인 카키고오리かき氷를 맛보았다.

　언덕을 마저 올라가 Z자 모양으로 꺾인 길 앞에 멈춰 섰다. 요카이치 지구의 입구 역할을 하는 이 Z자 길은 '마스가타枡形'라고 부른다. 이는 에도 말기의 일본 마을에서 흔히 볼 수 있던 구조로, 전국 각지에서 발생한 난리로부터 마을을 지키기 위해 고안해 낸 것이다. 마스가타를 지나면 600m에 걸쳐 길게 이어진 요카이치八日市 거리가 등장한다.

　이 거리에는 현재 90여 곳의 전통 가옥이 남아 있는데 그중 가장 눈에 띄는 건물은 1899년에 완공된 혼하가 저택本芳我家住宅이었다. 우치코 최고의 목랍 상인이 살던 이곳은 오늘날에도 사람이 사는 탓에 내부를 공개하진 않으나 외관을 보는 것만으로도 감탄사가 터져 나왔다. 그런 가운데 혼하가 저택을 비롯해 마을 내에 자리한 전통 건물에는 소데카베袖壁라는 돌출벽이 눈길을 끌었다. 이는 원래 방재와 방범을 위해 세워졌으나 시대가 흐르며 집안의 재력을 뽐내는 장식 역할을 하게 되었다. 이렇듯 일본 전통 건물의 화려한 양식이 집약한 거리에는 오랜 역사가 낳은 고즈넉함이 흘렀고 그 위로 울려 퍼지는 음악 소리가 낭만을 자아냈다.

목랍의 역사가 기록된 가미하가 저택

5분가량 더 걸어 목랍 공정과 역사가 살아 숨 쉬는 목랍 자료관 가미하가 저택木蠟資料館 上芳我邸 앞에 도착했다. 하얗고 노란 색상이 어우러진 건물 외벽에 화려한 장식과 문양으로 치장한 이 상가 건물은 우치코 최고의 목랍 상인이던 혼하가에서 독립한 기술자가 자체적으로 목랍을 생산한 13분가 중 하나이다. 1990년에 국가

요카이치 거리에 위치한 혼하가 저택(위)와 마스가타(아래)

중요 문화재로 지정된 데 이어 현재는 1,444점의 목랍 생산 도구를 전시한 전시관 역할을 한다. 1894년에 지어진 본관 건물은 화려한 외벽과 기와, 장식 덕분에 앞서 지나 온 혼하가 저택과 비교해도 밀리지 않을 정도로 웅장했고, 실내에 전시된 목랍 관련 자료들은 시선을 끌기에 충분했다.

에도 시대 중엽, 일본에서는 옻나무를 짜내는 기계를 이용해 납(왁스)을 추출하기 시작했는데, 이 기계가 추고쿠 지방에서 에히메현으로 건너왔다. 그러자 오즈大洲의 영주는 식산흥업 정책(경제를 육성하기 위해 산업을 장려한 운동)의 일환으로 우치코 지역에 거먕옻나무를 재배하게 했고, 이에 마을 곳곳엔 옻나무를 재배하고 납을 생산하는 공방이 들어섰다. 때마침 우치코의 목랍 거상이던 혼하가 가문의 야자에몬이 새로운 목랍 제조법을 발견하면서, 목랍의 품질이 향상되었을 뿐만 아니라 생산량도 대폭 늘어나 우치코가 일본 굴지의 목랍 생산지로 우뚝 서는 데 이바지했다.

이렇듯 우치코 마을에게 큰 부를 안겨 주었던 새로운 목랍 제조법은 아주 우연한 사건에서 발견되었다고 한다. 어느 날 저녁, 야자에몬이 손을 씻으려고 받아 놓은 물에 촛농이 떨어졌는데 수면 위로 촛농의 결정이 꽃잎처럼 피어올랐다. 이를 신기하게 여긴 그가 다음 날 아침 납 몇 방울을 널빤지에 떨어뜨려 햇볕에 말리자, 촛농이 광택을 띠기 시작했다고 한다. 이것이 바로 '이요식 납꽃 상자 건조법'이라는 다소 생소한 이름의 우치코만의 목랍 제조법인데, 우치코는 이 기법으로 일본 목랍 생산량의 30% 이상을 담당하기도 했다.

전시실 옆으로는 당시의 모습을 확인할 수 있는 부엌이 남아 있었다. 목랍 산업이 한창 번성하던 시기엔 20여 명의 목랍 장인이 이곳을 오갔다고 하는데 그런 만큼 화덕과 취사도구들이 전시된 부엌의 규모는 상상을 초월했다. 커다란 부엌을 둘러본 후 뒷문으로 나가자 커다란 옻나무가 보였고 그 옆으로는 목랍의 역사와 제조 공정을 배울 수 있는 자료관 건물이 있었다.

목랍 자료관 가미하가 저택에는
목랍에 대한 다양한 자료가 전시되어 있다.

목랍의 원료가 되는 거먕옻나무는 본디 동남아시아가 원산지로, 에도 시대 중국에서 류큐(오키나와)를 거쳐 일본으로 전해졌다. 참고로 거먕옻나무의 과실을 짜낸 유지油脂는 '생랍'이라 하며 주로 양초를 만드는 데 쓰인다. 이 생랍으로부터 불순물을 제거한 후 하얗게 정제시킨 것을 '백랍' 혹은 '쇄랍'이라 부르며 화장품이나 약품 제조에 쓰였다고 한다. 오늘날에는 크레파스나 립스틱, 아이펜슬 등의 재료로도 활용된다. 목랍이 생산되기까지는 대략 7단계의 공정을 거치는데 자료관 내에는 12분의 1 크기의 미니어처를 통해 그 과정을 소개하고 있다.

이곳에서 생산된 목랍은 1900년에는 파리 박람회에도 출품되었다. 설명에 따르면 당시 1년 생산량은 약 900톤, '아사이 쓰루旭鶴'라는 상표로 올린 매출액은 22만 5천 엔(오늘날의 십수억 엔에 상당함)에 달했다고 하니, 이 지역 상인들이 얼마나 큰 부를 거머쥐었을지 어림짐작할 수 있었다. 하지만 끝을 모르고 성장하던 목랍 산업도 이후 출현한 파라핀 왁스로 인해 쇠퇴기를 맞이했고 이와 함께 우치코 마을의 전성기도 막을 내렸다.

재즈 음악이 흐르는 카페와 낡은 영화관

전시관을 나와서 앞서 걸어온 거리로 돌아갔다. 그런데 그때 혼카가 저택 근처에 있는 카페 '덴지로でんじろう'에서 그윽한 재즈 음악이 흘러나왔다. 귓가를 적시는 선율이 어찌나 가슴을 울리던지 나도 모르게 발길이 카페로 향했다.

노란 조명 아래로 차분한 분위기가 깔린 실내 왼편에는 작은 주방이 있고 그 주변으로 테이블 4개가 놓여 있었다. 구석에는 피아노도 보였다. "어디서 왔어요?"

독특한 외관의 아사히관

하고 인사를 건네는 주인 할아버지는 젊어서 학교 선생님이셨다는데 방학 때마다 국내외를 여행하며 다양한 커피를 맛봤고 당시의 경험을 살려 카페를 열었다고 한다. 이야기하는 걸 좋아하는 할아버지가 내려 준 커피를 마시며, 주거니 받거니 말을 나누다 보니 어느새 해가 저물어 가고 있었다.

터벅터벅 피곤한 발걸음으로 오즈 가도 언덕 아래로 내려가는데, 언덕 중간의 왼편으로 난 골목 끝에 독특한 건물 하나가 보였다. 빼꼼히 고개를 내민 지붕을 좇아 안으로 들어가자 1926년에 개관한 극장인 아사히관旭館이 등장했다. 최대 700명까지 관객을 수용하던 이 영화관은 국가 문화 유산으로 지정되지 않은 탓에 다소 방치된 듯 했으나, 건물 벽 곳곳에 강연 안내 포스터가 붙은 걸 보니 아직까지 활용되고 있는 게 분명했다. 이렇듯 낡고 오래된 아사히관을 끝으로 여행을 마무리하기로 했다.

목랍 공방과 오랜 가부키 극장, 동화 속에서나 나올 법한 아름다운 건축물이 옹기종기 모인 시코쿠의 조그만 동네 우치코. '에히메현 하면 마쓰야마'라는 인식으로 인해 그 존재함은 미미하지만, 혹시라도 에히메현에 들르게 되면 마쓰야마와 더불어 꼭 만나보라고 추천하고 싶은 아름다운 소도시였다.

Travel Tip

가는 방법 항공편으로 마쓰야마 공항에 도착. JR 마쓰야마역에서 오즈행(大洲行き) JR 특급 혹은 일반 완행열차에 탑승하여 우치코역(内子駅)에서 하차. (특급 열차 이용 시 약 30분 소요. 승차권 770엔+특급권 530엔 / 일반 열차는 승차권 770엔)

돌아보기 우치코역 → 도보로 우치코 마을로 이동 → 우치코좌 → 생활과 상업 박물관 → 다카하시 저택 → 목랍 자료관 가미하가 저택 → 아사히칸 → 우치코역 (식사 시간 제외 약 4~5시간 소요)

볼거리

우치코좌(内子座)
- 영업 시간: 09:00~16:30 / 12월 29일~1월 2일 휴관
- 요금: 400엔

생활과 상업 박물관(商いと暮らし博物館)
- 요금: 200엔

목랍 자료관 가미하가 저택(木蠟資料館 上芳我邸)
- 영업 시간: 09:00~16:30 / 12월 29일~1월 2일 휴관
- 요금: 500엔

다카하시 저택(高橋邸)
- 영업 시간: 09:00~16:30 / 화요일 휴관
- 요금: 무료

※ 우치코좌, 생활과 상업 박물관, 목랍 자료관 종합권을 구입하면 성인 900엔, 어린이는 450엔이다. 구입 장소는 우치코 역 관광 안내소 및 우치코좌, 생활과 상업 박물관, 목랍 자료관의 매표소이다.

먹거리

소바쓰미쿠사료리 시모하가 저택(蕎麦つみ草料理 下芳我邸)
고풍스러운 전통 가옥에서 즐기는 소바 한 그릇. 대표 메뉴는 노아소비벤토(野遊び弁当).
- 주소: 에히메현 기타군 우치코마치 우치코 1946(愛媛県喜多郡内子町内子1946)
- 영업 시간: 11:00~15:00 / 매주 수요일 휴무

양식 마자(洋食マザー)
상호(일본에서는 mother를 마자라고 부름)에서 느껴지는 포근함에 걸맞은 인상의 주인 아주머니가 만들어 주시는 양식이 일품. 점심시간마다 손님이 끊이질 않는다. 추천 메뉴는 '오늘의 런치 코스(1,050엔)'.
- 주소: 에히메현 기타군 우치코초 우치코 1948(愛媛県喜多郡内子町内子1948)
- 영업 시간: 화~토 11:30~14:30, 17:30~21:00 / 매주 일 · 월 휴무

우치코 하레(内子晴れ)
게스트하우스 겸 카페이다.
- 주소: 에히메현 기타군 우치코초 우치코 3025(愛媛県喜多郡内子町内子3025)
- 영업 시간: 카페 11:00~15:00, 바 18:00~21:00(예약 필수) / 매주 화요일 휴무
- 홈페이지: uchikogenic.com/en

덴지로(でんじろう)
옛 민가를 개조한 카페이다.
- 주소: 에히메현 기타군 우치코초 우치코 2633(愛媛県喜多郡内子町内子2633)
- 영업 시간: 10:00~18:00 / 매주 수요일 휴무

시코쿠섬 중남부에 위치한 고치는 호빵맨과 일본인이 가장 존경하는 인물 사카모토 료마의 고향으로 유명하다. 또한 덩실덩실 어깨춤이 절로 나는 요사코이 마쓰리와 없는 음식 빼고 다 판다는 히로메 시장, 에도 시대의 화려한 생활상을 그림으로 소개하는 에킨구라 등 다양한 볼거리가 있다.

일본의 영웅 료마와
호빵맨의 고향

고치
高知

 시코쿠 지역을 여행하던 중에 호빵맨으로 유명한 고치시를 찾았다. 석사 논문 자료를 수집하러 온 것이라 일정이 여유롭지는 않지만, 다양한 볼거리가 있는 도시인 만큼 하루는 시간을 내어 시내를 둘러보기로 했다.
 우선 역 근처의 관광 안내소인 도사테라스とさてらす에 들러 귀중한 여행 정보를 얻는 한편, 고치의 명소를 돌아볼 수 있는 마이유 버스マイ遊バス 이용권도 구입했다. 그 후 노면 전차를 타고 첫 번째 목적지인 하리마야바시(하리마야 다리) 근처의 요사코이 정보 교류관으로 향했다.

요사코이 정보 교류관에서 본 일본의 대표 춤사위

 전차에서 내려 교류관으로 걸어가는 길목에는 100년의 역사를 지닌 목조 아케이

요사코이 정보 교류관

드 상가 하리마야바시 스지^{はりまや橋筋}가 남아 있다. 규모로 보나 손님 수로 보나 딱히 내세울 건 없지만 평화로운 주민들의 일상과 시장을 가득 메운 음악 소리에서 정겨움이 묻어난다. 그리고 시장 끄트머리에는 고치 주민의 희로애락이 담긴 요사코이 정보 교류관이 있다.

요사코이의 역사는 지금으로부터 약 60여 년 전으로 거슬러 올라간다. 패전 후 엄청난 불경기로 어려움을 겪던 고치 시민들, 그중에서도 상공회의소 소속의 상인들은 불황을 타개하고 지역 경제에 활기를 불어넣을 수 있는 행사를 모색한다. 그러던 중 이웃 지역인 도쿠시마^{德島}에서 아와오도리^{阿波踊り} 축제가 성공한 것을 보고 그에 뒤지지 않을 축제를 만들기로 의견을 모은다.

이에 상공회의소에서는 일본 무용의 5대 유파 전승자에게 춤사위를 의뢰하는 한편, 1950년에 열린 남국 고치 산업 대박람회의 테마곡으로 쓰인 요사코이부시^{よさこいぶし}를 활용해 〈요사코이 나루코 오도리^{よさこい鳴子踊り}〉라는 음악을 만들었다. 이때 이 곡을 작곡한 다케마사 에이사쿠^{武政英作}는 '아와오도리는 맨손으로 추지만 우리는 나루코^{鳴子}를 들고 춤을 추는 것으로 차별성을 두자.'라는 의견을 내놓았다. 나루코란, 주걱같이 생긴 나무 판대기에 장치를 달아 흔들면 딸깍딸깍 소리가 나는 도구로, 원래는 논밭에서 새들을 쫓아내는 데 쓰이던 것이다. 이후 이를 수렴한 상공회의소 측에서는 몇 번의 시행착오를 거쳐 1954년 8월 제1회 요사코이 축제

요사코이 공연 모습

를 개최했다.

　축제는 1회부터 성황을 이루었다. 이날 이후로 축제는 약 40여 년간, 매년 8월 10일과 11일에 개최되었는데, 이는 1954년 고치 기상대가 분석한 40년간의 기상 데이터를 모아 보니 가장 비가 적게 내린 날이 8월 10일과 11일이었기 때문이었단다. 그리고 1991년에는 전야제, 4년 후인 1995년에는 후야제(축제의 피날레)까지 추가되면서 오늘날에는 8월 9일부터 12일까지 4일간의 일정으로 성대히 열린다. 또한 1999년부터는 고치 시내뿐만 아니라 전국 각 지역의 참가자들의 신청을 받아들이며 참가자들뿐만 아니라 이를 보기 위한 관광객들이 몰려들기 시작했다. 이 밖에 1972년 다케마사 에이사쿠가 누구든 자유롭게 요사코이 음악을 사용할 수 있도록 저작권 이용을 허락한 결과, 오늘날엔 재즈, 힙합 등 다양한 음악 장르가 가미된 춤까지 등장하고 있다.

　그런데 요사코이에는 반드시 지켜야 할 3가지 룰이 있다. 나루코를 쥐고 춤을 출 것, 팀의 인원 수는 최대 150명으로 제한할 것, 음악 장르는 자유지만 노래 속에 무조건 요사코이부시를 넣어 편집할 것, 이 세 가지의 요건을 충족시켜야만 축제에 참가할 수 있다고 한다. 이렇게 3가지의 룰에 기반해 춤사위를 준비한 참가 팀들은 축제 당일 화려하게 장식된 트럭을 선두로 거리 행진에 나서는데 이때는 신나는 음악을 틀어 구경꾼들의 흥을 돋운다.

　이렇듯 주민들의 애환이 담긴 요사코이 춤에 관한 생생한 이야기와 다양한 소품들이 교류관에 진열되어 있다. 물론 도쿠시마의 아와오도리 회관처럼 정기적인 공연이 펼쳐지는 무대가 없다는 점은 아쉽지만, 춤 속에 숨은 흥미진진한 이야기를 접할 수 있어 꽤 만족스러웠다.

일본판 로미오와 줄리엣의 배경이 된 하리야마바시

교류관을 나오자 어디선가 정체불명의 음악 소리가 들린다. 소리를 따라가니 앞서 만났던 하리마야바시 스지 입구 근처의 한 빌딩에 설치된 가라쿠리 시계からくり時計가 등장했다. 얼핏 보면 볼품없어 보이는 네모난 시계는 음악이 시작됨과 동시에 숨은 매력을 드러내기 시작했다. 시계를 기준으로 동쪽의 하리마야바시, 서쪽의 가쓰라하마, 남쪽의 요사코이 정보 교류관, 북쪽의 고치성을 하나로 표현한 시계는 흥겨운 몸짓과 선율로 사람들의 발걸음을 멈춰 세웠다.

　고치 전체의 매력을 엿볼 수 있는 5분간의 시계 공연을 끝으로, 승려 준신과 대장장이네 딸 오우마의 애절한 사랑 이야기가 깃든 하리마야바시はりまや橋로 이동했다. 이곳에는 호리강이라고 하는 작은 강이 흐른다. 그리고 이 강을 사이에 두고 들어선 하리마야播磨屋 상점과 히쓰야櫃屋 상점이 왕래를 위해 세운 다리가 바로 하리마야바시다. 당시 지역을 대표하던 이 두 거상이 다리를 세우자 주변으로 큰 상점가가 조성되었는데 이와 동시에 승려 준신과 대장장이네 딸 오우마의 사랑도 피어올랐다.

　옛날 고다이산의 사찰 승려였던 준신은 어느 날 다리 근처에서 여인의 비녀를 사다가 사람들의 눈에 띄어 추궁을 받게 된다. 준신이 대장장이의 딸인 오우마를 위해서 비녀를 샀다는 것이 밝혀지면서, 결국 금기를 넘은 사랑을 한 두 사람은 마

하리야마바시(왼쪽)와 가라쿠리 시계(오른쪽)

을 밖으로 쫓겨나게 된다. 고치 사람들은 이 이야기를 고치의 '로미오와 줄리엣' 스토리로 포장하여 홍보했고 노래와 영화로도 만들어졌다. 하지만 실제로 보면 작은 다리와 연인의 석상이 고작이라 오늘날 일본에서 가장 실망스러운 명소 베스트 3으로 손꼽히는 곳이기도 하다.

우리네 시골 장터 같은 목요 시장

매주 일요일이면 고치 시내 한복판에서 일요 시장日曜市場이 열린다. 1690년, 고치성의 4대 성주 야마치 도요마사가 성 주변의 성하 마을에 정기 시장을 연 것이 오늘날까지 이어지고 있는데, 일요일마다 시장이 열리면 거리에는 물건을 팔려는 상인들과 최대한 싸게 사려는 주민들간의 흥정이 끊이질 않는다.

하지만 이날은 목요일이었기 때문에 그 진귀한 풍경은 다음을 기약하고, 아쉬운 대로 목요 시장木曜市場을 찾았다. 일요 시장에 비해 소규모지만 한국의 시골 장에서 볼 법한 재래시장 분위기를 엿볼 수 있다는 점은 목요 시장만의 매력이다.

그런데 시장 도착과 함께 큰 소음이 들린다. 무슨 일인가 싶어 인파가 몰린 곳으로 가 보니 어느 점포에서 전기 합선으로 추정되는 화재가 발생한 모양이다. 점포

주인 아저씨께서 많이 놀라셨는지 상기된 목소리로 소방관과 경찰들에게 화재 경위에 대해 설명하고 계셨다. 보는 나도 속상한데 하루아침에 생계의 터전을 잃은 아저씨의 마음은 오죽할까? 그래도 인명 피해가 발생하지 않은 것에 안도의 한숨을 내쉬었다.

그렇게 놀란 가슴을 쓸어내린 후 근처 야타이(포장마차)에서 우동 한 그릇으로 식사를 하고 시장 앞으로 보이는 고치성高知城으로 향했다.

험준한 난공불락 고치성

1600년, 기나긴 전국 시대의 막을 내린 세키가하라 전투에서 공을 세워 도사 지역(오늘날의 고치)의 영주로 임명된 야마우치 가즈토요가 오타카사산에 성을 짓기 시작하여 10년 만인 1611년에 완공한 것이 바로 오늘날의 고치성이다.

4층 6단 규모의 천수각은 야마우치 가즈토요가 도사로 옮겨오기 전에 머물렀던 가케가와성掛川城을 모방했다고 하는데 우뚝 솟은 천수각의 자태는 20만 석의 소출을 받던 영주의 위엄을 드러내기에 충분했다. 그러나 1727년 성하 마을에서 발생한 대화재가 성으로까지 번지면서 오테몬大手門을 제외한 성내의 건축물이 대부분 소실되었고, 1729년부터 20년간의 공사를 거쳐 폐허가 된 성을 복원한 것이 오늘에 이르렀다. 이렇듯 한 차례의 아픔을 겪은 성은 오늘날 일본에 남은 12곳의 현존 천수 중 하나로 손꼽힌다. 특히 혼마루 어전(영주가 정무를 보던 곳)이 남은 곳은 고치성이 유일하다.

한편 성 입구에는 야마우치 가즈토요山內一豊의 동상이 남아 있다. 그는 일본 전국 시대의 3대 영웅이라고 하는 오다 노부나가와 도요토미 히데요시, 도쿠가와 이에야스를 모두 섬길 만큼 무장으로서의 굵직한 경력을 쌓은 인물이다. 그가 난세에서 살아남은 데는 아내이자 평생의 반려자였던 치요 부인의 역할이 컸다. 우리

로 치면 평강공주쯤 되는 그녀는 오늘날 일본인들의 이상적인 아내상이자 내조의 여왕으로 손꼽힌다. 몇 해 전에는 그녀를 주인공으로 한 드라마 〈공명의 갈림길〉이 엄청난 인기를 끌기도 했다.

한평생 남편을 뒷바라지한 치요 부인과 그녀의 믿음에 보답한 야마우치 가즈토요. 이들의 굳건한 사랑만큼이나 성벽과 천수각 또한 험준하고 견고하다. 성의 관문인 오테몬을 지나 산노마루와 니노마루(외성)를 거쳐 혼마루(내성)에 이르기까지, 적을 막기 위한 치밀한 방어 시설이 곳곳에 남아 있다. 그리고 모든 방어 시설과 성벽 뒤편으로는 천수각이 있다. 천수각 입장권을 구입한 후 내부로 들어가자 성 안의 유물을 비롯해 축성 과정을 묘사한 미니어처 인형이 보였다. 포크레인은커녕 크레인도 없던 시절, 주민들이 동원되어 힘겹게 돌을 옮기는 모습이 진한 인상으로 다가왔다.

이들의 노고로 완성된 천수각 꼭대기에서 바라보는 시내 전경은 가히 절경이다. 고향 마산보다도 훨씬 작은 동네, 그러나 수많은 이야기가 살아 숨 쉬는 시가지로는 노면 전차가 분주히 오가고 있다. 비싼 돈 내고 여기까지 올라온 만큼 잠시 전경을 바라보며 휴식을 취하기로 했다.

가미마치에서 만난 일본의 영웅 료마

성에서 내려와 사카모토 료마의 생가가 있던 것으로 추측되는 가미마치上町로 이동했다. 1836년 도사 지역의 하급 무사 집안에서 태어난 료마는 18세 되던 해에 병법을 익히기 위해 교토로 유학을 떠난다. 당시 일본은 국내외로 혼란한 상황이 이어지고 있었다. 서양 세력과 손잡으려는 막부에 반감을 갖고 있던 료마는 이후 가와다 쇼료河田小龍라 하는 유학자로부터 서양에 대한 지식을 접하며 조금씩 생각을 바꿔 간다.

고치

료마의 고향 가미마치에는
료마 우체국(위)과 생가 터(아래)가 있다.

1862년 그는 보다 넓은 세상을 경험하고자 고향을 떠나는데 이때 만난 가쓰 가이슈勝海舟라는 인물은 료마의 일생에 지대한 영향력을 미쳤다. 그를 통해 서양 문물의 우수성을 접하며, 서양 세력을 오랑캐로만 간주하고 배척할 게 아니라 배워야 할 상대로 인정하기 시작한 것이다. 또한 가쓰 가이슈는 영주의 허락 없이 고향을 떠나는 죄를 범한 료마를 위해 영주를 만나 사면을 얻어 내기도 했다.

그렇게 자유의 몸이 된 료마는 그를 도와 고베에 해군 훈련소를 지었다. 또한 동료들과 함께 가메야마 샤추龜山社中라는 무역회사를 설립했다. 훗날 이 회사는 가이엔타이海援隊로 이름을 바꿔 무역업을 비롯해 항해법과 항해 훈련에도 힘을 쏟는데, 이를 통해 강력한 해상 지배권을 바탕으로 통일된 국가를 수립하고자 했던 료마의 의지를 엿볼 수 있다. 또한 료마는 서로 대립하던 사쓰마 번薩摩藩(오늘날의 가고시마 지역 영주)과 조슈 번長州藩(오늘날의 야마구치현 영주)을 화해시키며 삿초 동맹薩長同盟 결성에 큰 역할을 한다. 그리고 이 동맹은 300여 년간 이어진 에도 막부를 무너뜨리는 한편 메이지 유신의 중추적 역할을 하게 된다.

사실 가미마치는 료마의 생가를 제외하면 특별히 볼거리가 없었다. 그나마 구경할 가치가 있는 곳은 그의 생가 터 근처에 위치한 료마 우체국과 기념관이었다. 건물과 우체통 위에 료마의 동상이 세워진 료마 우체국은 일본의 우체국 중 유일하게 개인의 이름을 붙인 곳이라고 한다.

고다이산 전망대에서 즐기는 료마 카푸치노

시내로 돌아가 고다이산 전망대로 향하는 마이유 버스에 탑승했다. 전망대는 시내 중심가에서 약 30분 떨어진 곳에 있는데, 뚜벅이 여행자는 마이유 버스를 타야 만나볼 수 있을 정도로 외진 곳에 자리 잡고 있다.

목적지로 향하는 도중에 만나는 꼬부랑 산길과 푸른 숲이 몹시도 정겨웠다. 드

문드문 봄을 알리는 벚꽃이 고개를 내민 산을 돌고 돌아 한참을 달려 도착한 고다이산 전망대 버스 정류장. 그리고 그곳에서 도보로 1~2분 떨어진 곳에 파노라마 카페가 있다. 쌩쌩 부는 산바람을 헤치고 적막함 감도는 카페를 찾았다.

먼저 1층의 잡화점을 둘러본 후 2층 카페로 올라갔다. 널찍한 실내 곳곳에 전시된 잡화와 잡지, 인형 등 볼거리가 가득했다. 곧장 카운터로 가 료마 카푸치노 한 잔을 시켰다. 료마의 초상화가 담긴 카푸치노가 참 앙증맞았다. 아울러 시내가 내려다보이는 경치 좋은 카페에 앉아 여유를 즐기다 보니 마음이 차분해졌다. 그리하여 카페가 문을 닫을 어스름 무렵까지 창가 자리에서 느긋하게 시간을 보냈다.

여행의 피날레는 맥주 한 잔에 안주 두 접시

해가 저물자 호텔에서 자전거 한 대를 빌려 히로메 시장ひろめ市場으로 향했다. 온갖 명물 음식을 맛볼 수 있는 시장 주변은 몹시 붐벼 정신을 쏙 빼놓는다. 시장 안으로 들어서려는데, 전범기를 연상시키는 입구 간판이 몹시 눈에 거슬린다. 순간 기분이 나빠졌지만 톡 쏘아보는 것으로 무시하고 시장 안으로 들어갔다.

시장 입구만큼이나 실내에도 많은 사람들이 여기저기 자리를 잡고 식사를 즐기고 있었다. 친구들끼리 모여 이야기를 나누는 일행, 출장을 온 듯한 샐러리맨, 서로를 정답게 바라보는 연인들. 다양한 사람들이 맛있는 음식을 나누며 웃음 짓고 있는 풍경에 마음이 풀린다. 나도 구석 자리에 짐을 내려놓은 후 음식을 주문하기 위해 온갖 음식이 즐비한 식당 부스로 이동했다.

없는 것 빼고 다 판다는, 지역의 대표하는 먹거리 시장에는 해산물을 비롯해 산해진미가 흘러넘쳤고, 이들 중 야스베 교자의 만두와 유자 타코야키, 맥주 한 잔을 주문해 풍성한 저녁 식사를 즐겼다. 바삭바삭한 겉면과 야들야들한 속살이 어우러진 만두는 말할 것도 없고 유자 맛이 가미된 다코야키 또한 일품이다. 거기에 맥주 한 잔을 곁들이니 천국이 따로 없었다. 서울에 광장시장이 있고 부산에 국제시장이 있다면 고치에는 히로메시장이 있구나 싶었다. 그렇게 만족스러운 식사와 함께 고치에서의 하루도, 나의 여행도 저물어 갔다.

Travel Tip

가는 방법 항공편으로 다카마쓰(高松) 공항에 도착. 다카마쓰역으로 이동하여 역내 버스 터미널에서 고치행 버스 탑승. (약 2시간 10분 소요, 1시간 간격 운행, 편도 3,900엔, 왕복 7,000엔)

둘러보기 고치역 → 하리마야바시 → 요사코이 정보 교류관 → 일요 시장에서 식사 → 고치성 → 고다이산 전망대 → 히로메 시장 → 고치역 (약 6시간 소요)

※ 고다이산 전망대에 있던 카페는 현재 폐점되었다.
※ 1박 2일 여정일 경우 다음 날 시 외곽에 자리한 가쓰라하마(桂浜)라는 해변 방문을 추천한다.
※ 마이유 버스(マイ遊バス) 이용권(고다이산행 이용권 600엔, 가쓰라하마행 이용권 1,000엔)을 구입하면 고다이산 전망대, 료마 기념관, 가쓰라하마 등 시 외곽에 자리한 관광 명소를 방문할 수 있는 것은 물론이고 시내를 달리는 노면 전차도 무제한으로 탑승할 수 있다. 또한 각종 유적지의 입장료도 할인된다.

볼거리

고치성(高知城)
- 영업 시간 : 09:00~17:00(16:30까지 입장 가능) / 12월 26일~1월 1일 휴관
- 요금 : 420엔(마이유 버스 이용권을 제시하면 340엔)

호빵맨 박물관(アンパンマンミュージアム)
〈날아라 호빵맨〉의 작가 야나가 다케시의 고향인 고치현에는 호빵맨 박물관이 있다. 어린 시절 추억을 되새기고 싶거나, 아이를 동반한 여행자에게 안성맞춤인 여행지다.
- 가는 방법 : JR 고치역에서 전차를 타고 도사야마다역(土佐山田駅)에서 하차. 역 앞에서 오도치행(大栃行き) 버스 탑승하여 약 25분 후 호빵맨 박물관 정류장에서 하차.
- 홈페이지 : anpanman-museum.net

먹거리

나베야키 라멘 치아키(鍋焼きラーメン 千秋)
주력 메뉴는 나베야키 라멘(なべ焼きラーメン). 커다란 나베 그릇에 진한 간장 소스 국물과 얇고 탄력 있는 면을 넣어 펄펄 끓인 나베야키 라멘은 고치현의 대표적인 B급 구루메 음식이다. 공기밥 양이 많으므로 2인에 1공기면 충분하다는 점에 주의하자.
- 주소 : 고치현 고치시 신혼마치 2-15-11(高知県 高知市 新本町 2-15-11)
- 영업 시간 : 11시:00~15:00, 18:00~21:00 / 월요일 휴무

코코치 커피(COCOCHI COFFEE)
고치역 내 카페에서 료마 아트 라테 한잔.
- 주소 : 고치현 고치시 사카에다초 2-1-10(高知県高知市栄田町 2-1-10)
- 영업 시간 : 07:30~17:30 / 연중무휴

시코쿠섬 남동부에 위치한 인구 26만의 작은 도시 도쿠시마에서는 매년 8월 12일, 400년 역사를 자랑하는 아와오도리 축제가 열린다. 이 기간에는 수많은 참가자들이 거리에 나와 흥겨운 춤사위를 선보이는데 이를 보기 위해 130만 명 이상의 관광객이 몰려든다.

어깨춤이 절로 나는
아와오도리의 고장
도쿠시마 德島

　아와오도리의 고장 도쿠시마시에 발을 내딛자, 역과 버스 터미널 주변으로 들어선 큼직큼직한 빌딩 몇 채와 대로변에 우뚝 솟은 야자수, 온화한 기후와 한적한 분위기에 마치 남반구로 여행 온 듯한 착각에 빠졌다. 그러나 결론부터 말하자면 시내 경치는 이게 고작이다.
　역 주변에 남아 있는 도쿠시마 성터와 길게 늘어선 아케이드 상점가, 인상 깊은 조형물이 있긴 하지만, 이들 모두 일본 여느 소도시에서나 볼 법한 풍경이라 그리 특별하지는 않다. 한마디로 말해 평범함 속의 소소함, 그게 전부다. 하지만 매년 8월만 되면 이 도시는 흥겨운 춤사위와 신명 나는 음악이 어우러진 아와오도리阿波踊り와 함께 뜨겁게 달아오른다.
　아와오도리란 도쿠시마의 옛 지명인 '아와阿波'와 춤을 뜻하는 '오도리踊り'가 합쳐

한적한 분위기의 도쿠시마역 주변에는
아와오도리를 표현한 조형물이 눈에 띈다.

도쿠시마

진 말로, '옛 도쿠시마의 춤'이라는 뜻이다. 자료에 의하면 이 춤은 400여 년 전부터 시작되었다고 하는데 정확히 언제 어떻게 시작되었는지는 아무도 모른다. 도쿠시마 아와오도리 협회가 제공하는 자료와 〈아와오도리 역사 · 문화 · 전통〉이라는 책 내용을 종합해 보면, '1586년, 도요토미 히데요시의 명을 받아 아와에 입성한 하치즈카 이에마사蜂須賀家政가 도쿠시마성의 완공 및 염색 산업과 제염업으로 번영을 이룬 지역의 성장을 축하하고자 주민들을 향해 "백성들이여, 신분을 막론하고 누구든 원하는 대로 춤추고 풍악을 울려라." 하고 외쳤는데, 이것이 봉오도리盆踊り(오봉 명절 때 추는 춤)와 결합한 것이 아와오도리의 기원이라고 추측된다.

어쨌거나 유구한 역사를 지닌 것만은 분명한 아와오도리는 도쿠시마의 초중고등학교의 체육 시간 지정 과목에 등록되어 있음은 물론이고 상당수의 시민들이 아와오도리 협회에 소속되어 있다.

"얏또사 얏또사 얏또 얏또 얏또사!"

여기저기서 흥겨운 아와오도리 구호가 들려오는 가운데 아와오도리를 표현한 조형물이 눈에 띄었다. 이렇듯 도쿠시마는 아와오도리로 꽉 차 있다. 따라서 오늘 일정 또한 아와오도리로 시작해 아와오도리로 마무리할 예정인데 그에 앞서 도쿠시마 성터德島城跡로 향했다.

황량함만 남은 도쿠시마 성터

천수각은커녕 성벽 몇 개만 남은 초라한 성 입구로는 1989년 도쿠시마시 100주년을 기념해 복원한 성의 정문, 와시노몬鷲の門이 남아 있다. 거기서 좀 더 깊숙이 들어가자 대대로 이 지역을 다스려 온 하치즈카 가문의 보물과 일본 전역을 호령하던 도쿠시마 수군에 관련된 자료, 일본에서 가장 오래된 다이묘(영주)의 배 등이 전시된 도쿠시마성 박물관이 나왔다.

꾸밈없는 자연미와 소박함이 어우러진 도쿠시마 성터

    성 내부에는 2가지 근대적 유물이 남아 있는데, 첫째는 다이코야구라太鼓櫓라 불리던 조그만 탑이다. 1933년 NHK 도쿠시마 방송국이 개국하던 무렵 라디오 보급을 위해 세운 이 라디오 탑은, 한 차례 훼손된 것을 1983년 방송국 개국 50주년을 기념해 보수한 것이라고 한다. 또 다른 유물은 1923년부터 1971년까지 운행된 증기 기관차 IC텐더 8620모델 68692호로 성의 한 구석에서 깊은 잠에 빠져 있다.
    사람들의 발길 뜸한 곳에 홀로 서 있는 근대적 유물과 제대로 된 성벽조차 찾아보기 힘든 빛바랜 성터는 초라함 그 자체다. 그러나 달리 보면 꾸밈없는 자연미와 소박함이 어우러진, 산책하기 좋은 공원이다. 봄꽃과 따스한 봄기운, 신나게 지저귀는 새소리를 느끼며 성 곳곳을 누볐다.
    그렇게 산책하길 1시간째, 시계를 확인하니 어느덧 점심 시간이 가까워졌다. 그리하여 지역의 명물 중 하나인 도쿠시마 라멘으로 유명한 '도쿠시마 라멘 도다

도쿠시마

이 德島ラーメン東大'라는 곳을 찾아갔다. 마침 만석이라서 20분이나 기다린 후에야 라멘과 교자를 시켜 먹었다. 탄력 있는 면발과 걸쭉한 국물이 일품인 라멘과 한 입 베어 물 때마다 스르르 하고 흘러나오는 육즙이 매력적인 교자가 어우러지니 꽤 만족스럽다. 국물 간이 짠 게 살짝 마음에 걸리지만, 그 정도는 감수할 수 있는 맛이니 불만 없이 그릇을 비워 나갔다.

400년 전통의 아와오도리 공연을 볼 수 있는 아와오도리 회관

도쿠시마역에서 도보로 20분 거리에 자리한 아와오도리 회관阿波踊り会館에서는 일 년에 몇 차례를 제외하고 거의 매일 아와오도리 공연이 열린다. 회관에 들어가자마자 공연과 더불어 회관 뒤편 비잔 전망대眉山展望台로 가는 로프웨이에 탑승 가능한 종합권을 구입한 후 전망대로 향했다.

도쿠시마 시내 전경이 한눈에 들여다보이는 전망대에는 봄기운이 완연했다. 이제 막 고개 들기 시작한 마쓰야마와 고치의 벚꽃들과 달리 이 동네 벚꽃들은 봄의 전야제를 주도하고 있었다. 크게 숨을 들이쉬며 봄기운을 받아들여 보았다. 저 멀리 내다보이는 평화로운 도쿠시마 시내, 그 앞에 펼쳐진 푸른 바다로부터 불어오는 시원한 바람과도 인사를 나눴다. 그렇게 1시간 가량 전망대 주변을 산책한 후 공연 시간에 맞춰 회관으로 내려왔다.

공연이 열리는 회관 2층에는 이미 몇몇 관객이 대기 줄을 형성하고 있었다. 아와오도리 공연에 참가하는 팀을 '렌運'이라 부르는데, 회관에서는 이 지역 총 33개의 유명 렌이 번갈아 공연에 참가 중이다. 모두가 도쿠시마 아와오도리 협회에 소속된 프로페셔널한 팀들이다. 얼핏 보니 기다리는 관객 중 몇몇은 꽃다발을 쥐고 있다. 하긴 400년간 명맥을 이어 오며 국민 춤으로 거듭났으니 유명 렌에 팬이 붙는 건 아주 당연한 일일 것이다. 이렇듯 지역 출신의 '프로'들이 선보이는 아와오도리 공연을 이곳 회관에서는 단돈 500엔에 관람할 수 있다.

실내로 들어가자 200~300석 규모의 좌석이 등장했고 관객들은 하나둘 자리를 차곡차곡 채워 나갔다. 그리고 얼추 실내가 들어차자 '탁' 하는 소리와 함께 조명이 꺼지며 구슬픈 음악이 흘러나왔다. 이제 시작이었다. 음악과 함께 막이 올라가더니 공연 팀이 나와 춤을 추기 시작했다.

아와오도리는 '조메키ぞめき'라는 경쾌한 2박자 리듬에 '요시코노よしこの'라고 하는 노동요를 얹어 춤을 춘다. 거기에 샤미센(3줄로 구성된 일본 전통 현악기)과 오타이코(큰북), 오카와(북), 시메타이코(끈으로 소리를 조절하는 북), 카네(꽹과리), 후에(피리) 등 총 6가지의 악기가 더해져 흥을 돋군다.

한 가지 주목할 것은 여성과 남성의 춤이 조금 다르다는 점이다. 손과 발이 함께 나간다는 점은 같지만, 여성은 논밭에서 새를 쫓을 때 쓰는 갓인 '도리오이카사鳥追い笠'에 나막신을 신고 오른발과 오른팔을 함께 뻗는데, 치마폭이 좁다 보니 움직임은 작지만 우아한 손끝 묘사를 통해 여성미를 강조한다. 반면, 남성은 허리를 굽힌 채로 손과 발을 함께 뻗는데, 움직임이 크고 경쾌하여 조메키 리듬의 흥겨움에 딱 들어맞는다.

또한 춤을 출 때마다 참가자들은 '얏또사 얏또사', '얏또 얏또'라는 함성을 지른다. '얏또사 얏또사'는 '오래간만이네. 잘 지냈어?'라는 뜻이며 '얏또 얏또'는 '응, 잘 지냈어.'라고 화답하는 것이다. 춤사위를 따라 하는 건 조금 어렵지만, '얏또사 얏또사', '얏또 얏또'의 리듬은 어렵지 않게 이해할 수 있기 때문에 누구든 흥겨운 분위기를 즐길 수 있다.

보통 낮 공연은 40분간 진행되는데, 먼저 20여 분간 렌이 공연한 후에 관람자

들이 직접 아와오도리를 배우는 시간을 갖는다. 이때 렌의 멤버들은 '춤추는 바보와 보는 바보, 같은 바보라면 춤추지 않으면 손해야, 손해!'라 외치며 관람객들의 참가를 유도하며 참가자 중 가장 잘 춘 3인에게는 소정의 상품을 증정한다.

   어쨌거나 무대의 막이 오른 후 40분간 보는 것도, 추는 것도 흥겨운 공연은, 400년의 세월이 주마등처럼 눈앞을 스쳐 지나간 듯한 착각을 선사했다. 워낙 순식간에 끝나 버린 탓에 흥이 남은 것이다. 그리하여 4시간 후에 열릴 밤 공연을 기약하며 아와오도리의 역사가 남은 전시장으로 이동했다.

   전시장에는 역대 축제에 사용된 포스터와 유명 렌이 썼던 도구들, 그리고 에도 시대의 아와오도리 공연 풍경을 재현한 미니어처 인형들이 전시되어 있다. 이렇듯 오랜 역사를 자랑하는 이 춤 또한 '위기의 순간'이 있었던 모양이다. 춤이 엄청난 인기를 끌자 질서 유지에 어려움을 느낀 영주들이 춤을 금지시키기도 했단다. 그러나 그런 단속도 주민들의 열기를 막을 수는 없었고 그때의 흥은 오늘날까지 이어져 내려오고 있다.

밤 공연으로 이어진 아와오도리의 춤사위

호텔에 돌아와 푹 쉬고 밤 공연을 보기 위해 다시 거리로 나섰을 때는 벌써 세상이 어두컴컴했다. 서둘러 저녁 식사를 끝낸 후 아와오도리 회관으로 이동했다.

그런데 낮 공연과 달리 밤 공연의 인기가 상당했다. 공연 시작 20분 전인데도 엄청난 인파가 공연장 주변으로 몰려들었다. 여행자뿐만 아니라 지역 주민들까지 몰려든 모양이다. 결국 제일 앞자리에 앉는 건 실패하고 그나마 괜찮은 앞쪽 줄에 앉아 공연을 기다렸다.

잠시 후, 조명이 꺼지면서 음악이 흘러 나왔다. 동시에 '얏또사 얏또사 얏또 얏또'로 시작되는 흥겨운 외침과 함께 참가자들이 등장했다. 음악, 외침, 그리고 화려한 춤사위가 더해진 공연은 30분가량 계속되었다. 밤 공연은 낮 공연보다 10분 더 길게 진행되기 때문에 낮 공연보다 생생한 춤사위를 느낄 수 있었다.

이번에는 카메라도 내려놓고 제대로 공연에 빠져들기로 했다. 아와오도리 특유의 조메키 리듬과 요시코노에 몸을 맡긴 채 박수갈채를 보냈고, 공연이 끝난 후 춤을 배우는 시간에는 직접 무대에 올라가 그간 꾹꾹 눌러온 흥을 마음껏 발산했다. 그렇게, 아와오도리로 시작한 도쿠시마에서의 하루는 아와오도리와 함께 막을 내렸다.

아와오도리 회관의 전시장에 진열된 자료들

도쿠시마

Travel Tip

가는 방법
① 항공편으로 오사카 공항에 도착(한국 직항 있음). 오사카역 JR 고속버스 터미널에서 니시니혼 JR 버스(아와 익스프레스 오사카호, 阿波エクスプレス大阪号) 탑승. (2시간 40분 소요, 편도 3,100엔, 왕복 5,580엔)
② 항공편으로 다카마쓰 공항에 도착. 다카마쓰역 고속버스 터미널에서 버스 탑승하여 도쿠시마역에서 하차. (약 1시간 30분 소요, 편도 2,300엔, 왕복 4,200엔)

둘러보기
도쿠시마역 → 도쿠시마 성터 산책 → 도쿠시마 라멘으로 점심 식사 → 아와오도리 회관으로 이동 → 아와오도리 회관 옥상에 있는 로프웨이를 타고 비잔 전망대 구경 → 아와오도리 회관에서 공연 관람 → 도쿠시마역 (약 5시간 소요)

볼거리
오오쓰카 국제 미술관(大塚国際美術館)
전 세계의 명화를 그대로 베껴 도판화한 도판 명화를 전시하는 미술관. 볼거리가 많기 때문에 오전 입장을 추천한다.
- 가는 방법 : 도쿠시마역에서 완행 전차로 나루토역(鳴門駅)까지 이동. (40분 소요, 요금 360엔) 나루토역 입구 버스 정류장에서 나루토 공원(鳴門公園)행 버스 탑승하여 오오쓰카 국제 미술관에서 하차. (약 25분 소요, 요금 290엔)
- 요금 : 초중고생 550엔, 성인 3,300엔, 대학생 및 대학원생 2,200엔 (한국어 음성 가이드 대여 500엔)
- 영업 시간 : 09:30~17:00(입장 마감 16:00) / 월요일 휴관(공휴일은 다음 날 휴관)

아와오도리 회관(阿波踊り会館)
- 가는 방법 : 도쿠시마역에서 도보 20분.
- 공연 시간 : 11:00, 14:00, 15:00, 16:00 / 토요일은 20:00 공연 추가 / 약 40분 소요
- 요금 : 아와오도리 공연+비잔 전망대 로프웨이 종합권 1,830엔 / 밤 공연 1,000엔

먹거리
도쿠시마 라멘 멘오 도쿠시마역 본점(徳島ラーメン麺王 徳島駅前本店)
진한 국물이 일품인 라멘집으로, 추천 메뉴는 도쿠시마 차슈 라멘(チャーシューメン)와 교자(餃子)다.
- 주소 : 도쿠시마현 도쿠시마시 테라시마 혼마치히가시 3-6 아사히 빌딩 1층(徳島県徳島市寺島本町東 3 丁目 6 旭ビル)
- 영업 시간 : 11:00~24:00 / 연중 무휴

가가와현의 중심 다카마쓰는 시코쿠와 혼슈를 잇는 교통의 요지로 예로부터 큰 발전을 이룩했다. 그 덕분에 시내에는 일본의 3대 정원이라 칭송받는 리쓰린 공원과 다마모 공원 등 옛 영광을 확인할 수 있는 유적이 곳곳에 남아 있다. 또한 우동의 고장이라는 명성답게 맛있는 우동 가게 또한 즐비하다.

세상의 중심에서
우동을 외치다

다카마쓰
高松

도쿠시마역을 출발한 버스가 다카마쓰 시내에 도착한 시각은 오후 8시 20분. 이미 주변은 어두워질 대로 어두워져서 주린 배나 채우고 호텔에 들어가기로 했다. 우동으로 유명한 동네인만큼 행선지는 당연히 우동집. 그리하여 타베로그(일본 음식점 평점 사이트)를 참고해 몇 곳의 식당을 점찍었으나, 어찌 된 영문인지 가려는 곳마다 문을 닫아 다른 곳으로 발길을 옮겼다.

이름없는 우동집의 인연

출입문이 반쯤 열린 사이로 스모 중계가 흘러나오는 허름한 우동 가게에 들어갔다. 8명 들어가면 꽉 찰, 카운터 좌석 4개와 테이블석 하나가 전부인 조그만 가게.

"곰방와!"

인사를 건네자 좌석 맞은편 비좁은 주방에 선 주방 아저씨는 영업용 미소와 우렁찬 인사 대신 "어 그래, 왔어? 저기 앉아." 하고 퉁명스럽게 대꾸한다. 살짝 당황하며 자리에 앉아 차림표를 드는 찰나, 한 여성이 신나는 목소리로 인사를 하며 들어와서 내 옆에 앉았다. 비좁은 가게라서 바짝 붙어 있자니 괜히 어색해져 차림표만 뚫어지게 쳐다봤다. 그런데 그때 주인 아저씨가 적막을 깼다.

"어? 두 사람 같은 카메라 쓰네. 서로 아는 사이야?"

무슨 말인가 싶어 고개를 돌리자 나와 그녀의 카메라가 렌즈까지 같은 제품이었다. 이를 본 그녀는 환한 미소를 지으며 내게 말을 걸었다.

"카메라 어디서 샀어요?"

"아, 이거요? 한국에서 샀어요."

카메라로 물꼬를 튼 대화는 자연스레 자기소개로 이어졌다. 와카야마현和歌山県 출신인 그녀는 프리라이터 기자로 취재차 가가와현香川県에 들렀는데 내일 아침 일찍 도쿠시마德島로 이동할 예정이라고 했다.

"어? 저 지금 막 도쿠시마에서 올라온 참이에요."

"우와, 정말요? 도쿠시마 어땠어요? 좋았어요?"

어린아이가 엄마에게 하루 일과를 알리듯 도쿠시마에서 보고 들은 일을 주섬주섬 나열하는 내 모습이 재미있어 보였는지 한참을 웃던 그녀가 다시 말을 걸었다.

"근데 자기소개 안 해 줘요?"

"아, 나는 히로시마 사는 한국 사람이에요."

나의 대답에 그녀는 소스라치게 놀란 눈치였다. 머리 스타일부터 말투까지 영락없는 일본 사람인 줄 알았단다. 전혀 위화감을 못 느꼈단다.

"에이, 거짓말."

이후로도 우리는 한참을 주거니 받거니 대화를 나누었고 그 덕에 스모 중계 소리만 맴돌던 실내에는 다소 상기된 듯한 두 남녀의 목소리로 꽉 차 버렸다. 이런 우리가 재미있어 보였는지 주인 아저씨가 대뜸 "술 한 잔 할래?"라며 병을 내보였다. 스모보다 흥미진진한 이야기를 들려줬으니 무료로 대접하겠단다. 그리하여 술 못 마시는 나는 우롱차를, 그녀는 맥주 한 병을 받고 끝없는 수다를 이어 나갔다. 어찌나 신나게 떠들고 놀았는지 서로의 잔과 병이 모두 빈 걸 확인할 때까지 음식 주문을 안 했다는 사실을 인지하지 못했다.

"아, 주문하는 걸 깜빡했네요. 가게에서 가장 맛있는 우동을 추천해 주세요. 열심히 수다를 떨었으니 가장 크고 맛있는 걸 먹어야겠어요."

이렇게 너스레를 떨자 주인 아저씨는, 어차피 면발은 거기서 거기고 우려내는 국물만 다르니 평소 좋아하는 걸 선택하란다. 이에 우리는 합이라도 맞춘 듯 동시에 니쿠 우동(고기 우동)을 외쳤고 우동을 먹으면서도 대화를 멈추지 않았다. 맛있는 우동과 즐거운 대화가 함께한 시간을 보내다 보니, 홀로 여행하며 조금씩 쌓인 외로움, 거기서 비롯된 갈증이 깔끔히 해소되는 듯했다.

직접 데쳐 먹는 사누키 우동

지난밤 예상하지 못했던 추억을 얻은 덕분인지 아침부터 마음이 가벼웠다. 이 기세를 몰아 다카마쓰 시민들의 쉼터인 미나미코히텐南珈琲店이라는 찻집에 들렀다. 가와라마치역 주변 상점가 2층에 위치한 가게는 지역 주민들이 사랑하는 노포로, 실내에는 백발 성성한 어르신부터 혈기왕성한 젊은이에 이르기까지 다양한 군상이 앉아 커피향을 즐기고 있었다. 그들 틈에 앉은 나는 카페오레 한 잔과 토스트를 주문했는데 계피가루 뿌린 카페오레는 '일본에 사는 맛'과 같았다. 평온한 가운데 불현듯 찾아오는 사건사고에 미간을 찌푸리게 되는 그 맛 말이다. 여하튼 나는 잠시 책을 읽으며 카페오레 한 잔으로 이른 아침의 피로를 털어 버렸다.

아침 식사는 현지 주민들에게 큰 사랑을 받는 사누키 우동 전문점 '사카에다さか枝'에서 하기로 했다. 면발과 수분의 조화가 중요한 우동의 특성상 상당수 우동 가게는 이른 아침에 문을 열어 대낮에 문을 닫는다. 그래서 9시 이전에 갔는데도 이미 많은 손님이 앉아 있었다. 좌석에 앉은 후 "스미마셍(저기요)."을 외치면 물과 차림표를 가져다주는 일반 식당과 달리, 이곳은 손님이 직접 면을 데치고 국물까지 부어야 한다. 그렇다 해서 지레 겁먹을 필요는 없다. 조리 방법이 간단해서 옆 사람이 하는 걸 보고 따라 하면 우동 한 그릇을 금방 먹을 수 있다.

미나미코히텐은 편안한 분위기의 찻집이다.

일단 가게에 들어가자마자 자리를 잡고 대기줄에 합류했다. 그리고 면을 데쳐 그릇에 담은 다음, 국물을 붓고 튀김 가루와 파를 얹었다. 여기에 유부초밥도 곁들여 계산했다. 우동 큰 사이즈에 유부초밥을 끼워도 400엔을 넘지 않는 저렴한 가격은 히로시마나 후쿠오카에서는 상상도 못 할 일이다.

'이 정도 가격이면 맛없어도 괜찮을 것 같아.'

만족스러운 기분으로 '호로록' 면을 입안으로 밀어넣는데, 어라? 진짜 맛있었다. 물론 고기 우동 특유의 짭짤하고 진한 맛을 즐기는 내게 사누키 우동은 살짝 밋밋했다. 하지만 그럼에도 끝맛이 깔끔한 게 엄지손가락이 절로 올라갔고 금세 그릇을 비울 수 있었다.

리쓰린 공원

배를 채운 후 미슐랭 그린 가이드에서 별점 3개를 얻은 다카마쓰의 명소 리쓰린 공원栗林公園으로 향했다. 일본 3대 정원이라는 칭송을 받기도 하는 이곳은, 특히 벚꽃 피는 봄과 소복히 단풍이 내려앉는 가을에는 형형색색의 아름다움을 풀어내는 데 그 덕에 웨딩 촬영 장소로 적극 활용된다.

이렇듯 사계절의 변화를 만끽할 수 있는 리쓰린 공원은 지금으로부터 370여 년 전, 사누키 지방(오늘날의 가가와현)을 다스리던 이코마 다카토시駒高俊의 별장으로 지어졌는데 완공까지 100년 넘게 걸렸다고 한다. 그렇게 탄생한 23만 평의 드넓은 공원에는 6개의 연못과 13개의 동산이 있으며, 한 걸음 한 걸음 내디딜 때마다 새로운 모습을 드러낸다고 해서 '일보일경의 천하절경 리쓰린 공원'이라고도 불린다.

참고로 이곳이 '밤나무 숲'이라는 뜻의 '리쓰린栗林'이라 불리는 이유는, 별장이 조성되던 당시만 해도 공원의 북쪽에 밤나무가 많았기 때문이었단다. 그러나 오늘날에는 두 눈을 씻고 찾아봐도 밤나무가 안 보이는데 이는 다카마쓰의 10대 영주였던 마쓰다이라 요리타네松平賴胤 때문이다. 밤나무 때문에 평소 즐기던 오리 사냥에 어려움을 겪은 그는 수하를 시켜 3그루만 남기고 나머지 밤나무들은 전부 벌목했다. 그 결과 밤나무 없는 밤나무 공원 리쓰린에는 현재 다른 꽃나무들이 어우러져 아름다움을 발산한다.

이러한 매력은 오래전 영주들의 다실로 쓰이던 기쿠게쓰테이菊月亭에서 확인할 수 있다. 건물 사방이 뚫려 있는 이곳에 앉아 밖으로 시선을 두면 봄 여름 가을 겨울, 계절에 따라 다른 풍경이 펼쳐진다. 그 모습이 어찌나 아름다운지 전국 각지에서 몰려든 커플들의 웨딩 촬영이 끊이지 않는다.

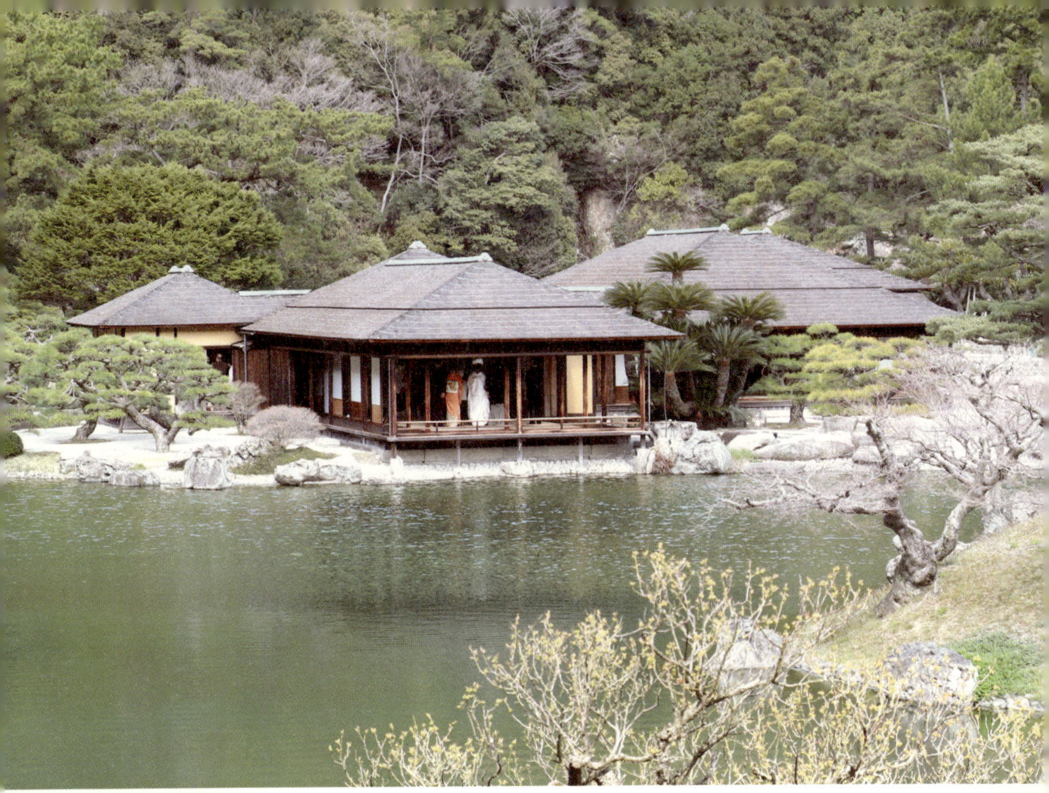

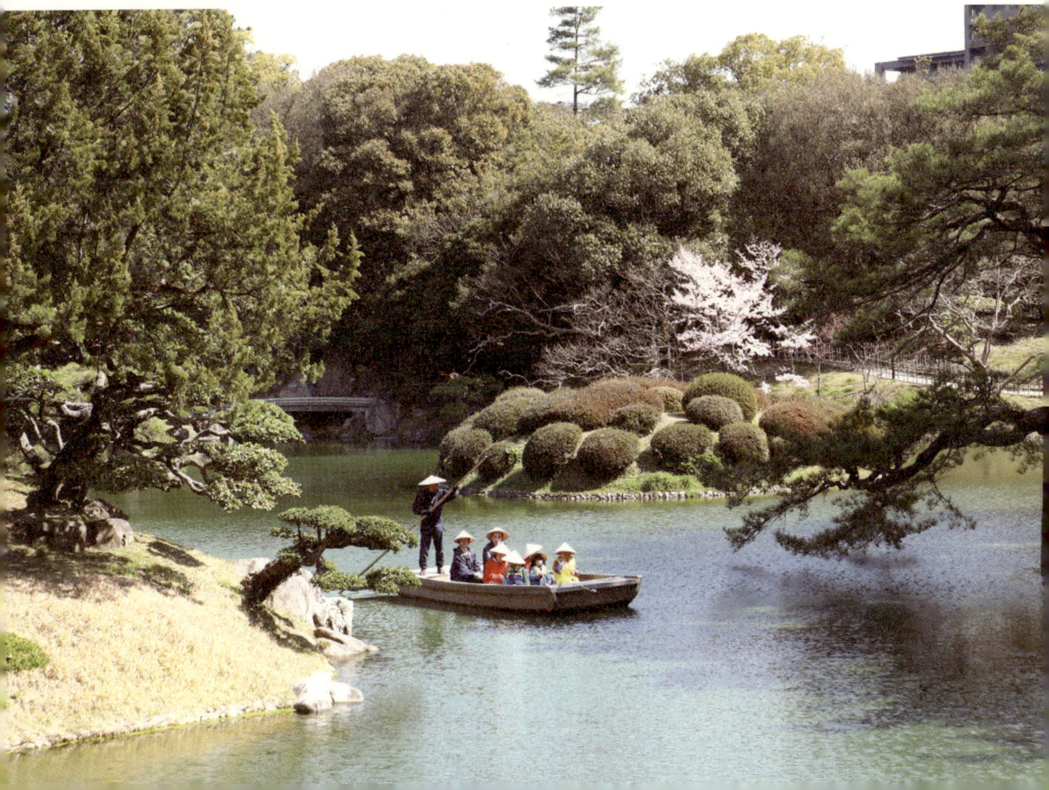

이렇듯 매력이 넘치는 공원 내에는 여러 명소가 있는데 하나도 빠뜨리지 않고 둘러본 후 후지산을 본떠 만들었다는 인공산 히라이호 봉우리飛來峰에 올라 아래쪽 엔케쓰 다리와 아름다운 광경을 바라보는 것으로 관람을 마무리했다.

다마모 공원

이어서 다카마쓰역과 항구 근처에 자리한 다마모 공원玉藻公園으로 이동했다. 한때 다카마쓰성이 있던 자리에 조성된 이 공원은, 해자와 천수각이 소실된 불완전한 형태의 성터지만 그럼에도 위엄이 살아 숨 쉰다.

바다와 접해 있는 북쪽을 제외한 나머지 방향은 해자로 둘러친 다카마쓰성은 한때 일본의 3대 수성水城(해안에 위치하여 바다를 끼고 있는 성)으로 전국 최대 규모를 자랑했다고 한다. 해자 일부와 천수각은 소실되었지만 험준한 성벽과 호수, 수문, 망루가 남아 있어 어렴풋이나마 옛 위용을 짐작해 볼 수 있었다. 그런데 이곳 또한 리쓰린 공원만큼 웨딩 촬영지로 각광받고 있는 모양이다. 여기저기서 웨딩 촬영에 분주한 커플들이 보였다.

조그만 망루와 성벽, 조각배 떠다니는 호수를 지나 봄 내음 남은 정원에 이르기까지 거닐다 보니 그 끝으로 커다란 건물이 자리했다. 공원 내에서 가장 주목해야 할 건물인 히운카쿠飛雲閣였다. 에도 시대에 다카마쓰 지역을 통치하던 마쓰다이라 가문이 생활 및 정무 공간으로 세운 히운카쿠는, 1917년 12대 영주인 마쓰다이라 요리나가에 의해 증축되어 가문의 별장으로 쓰이기 시작했다. 쇼와 일왕의 다카마쓰 행차 때는 이곳 내부에 있는 '나미노마波の間'라는 공간이 숙소로 쓰이기도 했다.

운치 있는 뜰을 지나 안으로 들어가자 100여 년의 화려한 생활사가 남은 실내가 등장했다. 근세 유럽풍 양식과 일본 전통 양식이 혼재된 실내에는 널찍한 방이 곳곳에 자리했다. 그런데 건물 내에 말로는 표현하기 힘든 퀴퀴한 냄새가 감돌았

다카마쓰

아름다운 다마모 공원은 웨딩 촬영지로 인기 있다.

다. 곰팡이 냄새와 다다미 냄새, 그 밖의 이런저런 냄새가 뒤섞여 미간을 찌푸리게 했다. 하지만 이 또한 '보존의 일부분'이라 생각하며 삐걱거리는 복도를 걸어 나갔다. 그렇게 나아간 복도 끝에서 창밖 풍경을 담는 것을 끝으로 다마모 공원에서의 산책을 마무리했다.

 국내에는 우동으로 잘 알려져 있지만 자세히 보면 오랜 역사와 아름다움이 남은 동네 다카마쓰. 일상에 지친 여행자들이 여유를 갖고 둘러보기엔 최적의 장소였다. 너무 짧은 시간만 머물다가 떠나는 것이 아쉬웠지만, 다시 만날 그날을 기약했다. 가을 바람이 속살을 파고 들 무렵 다시 찾아올게.

 "마타네(다음에 또 봐)."

다카마쓰

Travel Tip

가는 방법   ① 항공편으로 다카마쓰 공항에 도착.
② 항공편으로 오사카 공항에 도착(한국 직항 있음). 오사카역 JR 고속버스 터미널(大阪駅JR高速バスターミナル)에서 다카마쓰행 버스 탑승하여 다카마쓰역 고속버스 터미널 또는 리쓰린 공원(栗林公園)에서 하차. (3시간 20분 소요, 왕복 요금 8,100엔)
※ 리쓰린 공원에서 내려 공원을 먼저 둘러본 후 다카마쓰역 주변으로 이동하는 것을 추천한다.

돌아보기   다카마쓰역 → 사누키 우동 맛보기 → 리쓰린 공원 → 다마모 공원 → 다카마쓰역 (약 4시간 소요)

볼거리   사누키 우동 투어 버스(讃岐うどん巡り)
버스를 타고 떠나는 가가와현 우동 맛집 투어. 요일마다 운행되는 코스가 다르다. 예약 없이도 당일 탑승이 가능하지만, 골든 위크나 주말, 공휴일 등에는 금방 예약이 차기 때문에 탑승이 불가할 가능성도 있다.
 • 홈페이지 : www.kotosan.co.jp/sp/kr.pdf

먹거리   우동 전문점 사카에다(さか枝)
다카마쓰 주민이 즐겨 찾는 우동 전문점. 추천 메뉴는 가케 우동(작은 사이즈 180엔)이다.
 • 주소 : 가가와현 다카마쓰시 반쵸 5-2-23(香川県高松市番町5丁目2-23)
 • 영업 시간 : 05:00~15:00 / 일요일 휴무

멘도코로 와타야 다카마쓰점(麺処綿谷高松店)
고기 우동이 일품인 우동 전문점. 주력 메뉴는 부타니쿠(돼지고기) 붓카케 우동(보통 470엔, 대 580엔), 규니쿠(소고기) 붓카케 우동(보통 510엔, 대 620엔), 스페셜 붓카케 우동(보통 580엔, 대 680엔), 하프 붓카케 우동(400엔, 기존 우동 양의 반)이다.
 • 주소 : 가가와현 다카마쓰시 미나미신마치 8-11(香川県高松市南新町8-11)
 • 영업 시간 : 08:30~14:30 / 일요일 휴무

미나미커피점(南珈琲店)
가장 다카마쓰스러운 노포 커피점.
 • 주소 : 가가와현 다카마쓰시 미나미신마치 3-4, 2층(香川県高松市南新町3-4, 2F)
 • 영업 시간 : 07:00~20:00 / 연중무휴

최근 한국인 관광객들에게 각광받기 시작한 시코쿠의 작은 섬이 있다. 땡땡이 예술가 구사마 야요이와 안도 다다오라는 일본의 거물 건축가, 그리고 재일교포 화가인 이우환 등 전 세계적으로 유명한 예술가들의 혼이 남은 나오시마로 가자.

꿈과 예술의 섬

나오시마 直島

우동의 고장 가가와현_{香川県}에는 3,400여 명의 주민들이 옹기종기 모여 사는 나오시마라는 조그만 섬이 있다. 1910년대 구리 산업으로 번영을 누리던 이 섬은 1980년대에 이르러 섬 내의 구리 제련소가 문을 닫으며 쇠락의 길을 걸었다. 이미 파괴된 환경에 경제마저 무너지면서 주민들은 하나둘 섬을 떠났다.

   이 무렵 일본 굴지의 출판 기업인 베네세 그룹은 나오시마에 관심을 갖기 시작했다. 그리고 파괴된 섬을 되살리고자 '나오시마 아트 프로젝트'를 가동했는데 많은 예술가들이 이 계획에 동참했다. 특히 건축가로 잘 알려진 안도 다다오_{安藤忠雄}는 오늘날 섬의 가장 대표적인 건물로 자리 잡은 '베네세 하우스'를 건설하는 등 섬 살리기 운동에 이바지했다.

   이렇듯 베네세 그룹의 아낌 없는 지원과 여러 예술가 집단의 적극적인 활동에 힘입어 나오시마는 예술적인 건축물과 조형물이 들어선 명소가 되었다. 영국의 대표적인 여행 잡지 〈컨데나스트 트래블러 Condé Nast Traveler〉는 꼭 한 번 들러야 할 여행 명소 7곳 중 하나로 나오시마를 선택했다. 특히 올해는 3년에 한 번씩 열리는 '세토우치 국제 예술제'가 열리며 더욱 많은 관심을 받고 있다.

한창 예술제로 성황을 이루는 섬에 들어가려면 오카야마岡山의 우노항宇野港에서 페리를 타거나 혹은 다카마쓰항에서 페리나 고속 여객선을 이용하거나, 이 두 가지 방법 중 하나를 선택해야 했다. 다카마쓰 여행을 막 끝낸 나로서는 당연히 후자를 선택했다.

미야노우라 선착장의 빨간 호박과 공중목욕탕

거대한 페리에 올라 바다 경치를 감상하고 있노라니 50분 후 도착을 알리는 안내 방송이 나온다. 바깥을 내다보자 땡땡이 예술가 구사마 야요이草間彌生의 〈빨간 호박〉이 보인다. (참고로 그녀는 스스로를 예술가라 부르지 않는다.)

몇 해 전, 오이타 미술관에서 그녀의 작품전을 볼 기회가 있었다. 처음엔 '땡땡이 무늬를 좋아하는 괴짜 할머니' 정도로 가볍게 여기다 그녀의 작품이 단순한 보여 주기가 아닌, 장애를 극복하고자 끝없이 부딪치고 도전해 얻은 결과물이었다는 사실을 알고 적잖은 충격을 받았다. 나는 그때의 기억을 곱씹으며 그녀의 〈빨간 호박〉을 바라보았다.

그녀는 부유했지만 화목하지 못한 가정에서 자라 정신 질환을 겪었다. 그러던 어느 날 집안에서 빨간 꽃무늬 식탁보를 본 이후로 눈에 남은 잔상이 지워지지 않은 채 둥둥 떠다니는 현상을 느끼기 시작했다. 그리고 언제부터인가 이 꽃무늬가 동그란 물방울 무늬로 변해 끊임없이 그녀 주위를 맴돌았다고 한다. 사람들은 이를 '장애'라고 했다. 그러나 그녀는 이에 굴하지 않고 눈앞에 떠다니는 물방울들을

　예술로 표현하기 시작했고 이러한 도전이 차곡차곡 쌓이면서 그녀는 세계적인 아티스트의 반열에 올랐다.
　나오시마 내에는 〈빨간 호박〉 이외에도 〈노란 호박〉이 전시되어 있는데 그녀의 호박 작품을 비롯해 섬 내 다양한 명소를 만나기 위해서는 순환 버스나 스쿠터, 또는 자전거를 이용해야 한다. 가장 편리한 것은 스쿠터지만 안전을 고려하면 자전거만 한 게 없다. 그리하여 선착장 입구에 위치한 자전거 대여소에서 자전거를 빌렸다. 간단히 개인 정보를 적고 신분증을 맡긴 후 자전거를 받아 나왔다.
　본격적으로 섬 투어에 돌입하기 전, 자전거 대여소 뒤편의 골목으로 들어갔다. 1998년 주민들이 떠나고 폐허가 된 집과 상점을 활용한 '이에 프로젝트家プロジェクト'가 가동되면서 섬 내 7군데에 프로젝트 작품이 생겨났다. 선착장 뒤편에 자리한 'I ♥ 湯(아이 러브 공중목욕탕)'은 그중에서도 으뜸으로 손꼽힌다.
　예술가 모임인 'Graf'와 여행 작가인 오타케 신로大竹伸郎가 힘을 모아 일반 목욕

목욕탕을 예술로 변모시킨
아이 러브 공중목욕탕

탕을 예술탕으로 재창조한 이곳은 첫사랑의 애잔함만큼이나 은은한 분위기가 남아 있는데, 단순한 예술 작품에 그치지 않고 실제로 주민들의 피로를 덜어 주는 공중목욕탕으로 애용되고 있다. 물론 현지의 분위기를 만끽하고픈 여행객들도 종종 목욕탕을 찾는다.

   나는 목욕탕 안에 들어갈 생각이 없어서, 외관 사진 몇 장을 남긴 후 자전거에 올라탔다. 자, 이제부터 본격적으로 '이에 프로젝트'의 작품을 만나볼 수 있는 혼무라 本村 방향으로 가 볼까?

혼무라의 이에 프로젝트

자전거 페달을 굴려 항구를 통과한 다음 조그만 언덕으로 향했다. 그러자 여느 시골에서 볼 수 있는 전원 풍경이 펼쳐졌다. 맞은편에서 항구로 돌아오는 여행자들과 눈인사를 주고받으며 달리기를 15분쯤, 저 멀리서 건축물 하나가 보일 듯 말 듯했다. 한때 치과 건물로 쓰이다 버려진 후 예술가들에 의해 재창조된 '하이샤 はいしゃ'라는 곳이다.

치과 건물을 선박처럼 표현한 하이샤

'아이 러브 공중목욕탕'에 이어 하이샤 재창조 프로젝트에도 손을 댄 오타케 신로는, 여행 작가로서의 도전과 포부를 드러내고자 치과 건물 외관에 각종 고철을 붙여 한 척의 선박으로 표현했다. 예술에 조예는 없지만 B급 감성, 부둣가 선술집 분위기가 남은 외관에 감탄사를 내뱉었다. 주거, 혹은 생활의 터전이라는 기능이 다한, 버려진 건축물을 살려 예술 작품으로 승화시키는 예술가들의 한계는 대체 어디까지일까?

지금까지의 여행이 정답이 정해진 문제풀이 시간이었다면 이번 나오시마 방문은 제멋대로 창조된, 출구 없는 무의식 세계를 둥둥 떠다니는 것과 같았다. 그러니 매번 A-B-C-D-E 순서에 따라 얌전히 여행해 온 내가 나오시마에 적응하지 못하는 건 아주 당연한 일이었다.

게다가 예술이라는 이름으로 지나치게 많은 규제 사항, 이를테면 '사진 촬영 금지' 등을 요구하는 탓에 갑갑함도 적지 않았다. 예술품을 보존하고 주민들의 일상을 방해받지 않으려는 마음은 그 누구보다 잘 알지만, 대중의 시선을 끌고자 창조된 작품이, 관광객의 관심 없이는 생존할 수 없는 이 섬이 너무 많은 자기 제약을 가하는 것 같아 여행자 입장에서는 여간 불편한 일이 아니었다. 물론 건축물들이

원조 나오시마 버거의 버거 세트

자아낸 아름다움을 생각하면 이 정도는 충분히 감수할 수 있었다. 그렇기에 마음을 다잡고 즐거운 마음으로 이에 프로젝트 건물을 둘러본 다음, 나오시마에 들르면 꼭 한 번 먹어 봐야 한다는 나오시마 버거를 찾아 나섰다.

'원조 나오시마 버거'라는 심플한 상호만큼이나 가게 외관도 심플한 곳. 이미 몇 명의 여행객이 햄버거를 기다리고 있다. 그들 뒤에서 차례를 기다려 '나오시마 버거 세트'를 주문했다. 생선가스와 소스가 어우러진 햄버거는 솔직히 말해 명성에 못 미치는 맛이었다. 맛이 없는 건 아닌데 이 정도는 집에서도 해 먹을 수 있을 것 같다고나 할까? 그러나 워낙 허기졌던 탓에 순식간에 삼켜 버렸다.

노란 호박과 3명의 예술가를 위해 지어진 지중 미술관

아쉬움을 뒤로 하고 다시 자전거에 올라 구사마 야요이의 〈노란 호박〉이 있는 해변가로 나아갔다. 혼무라에서 그녀의 작품이 있는 해변까지는 꽤 긴 해안도로가 펼쳐지는데 도로 왼편으로 펼쳐지는 풍경이 가히 예술이었다.

앞서 만난 혼무라의 이에 프로젝트에서 당혹스러움을 느꼈던 것과 달리, 소박한 섬 풍경이 펼쳐지는 도로에서 페달을 굴리니 이보다 좋을 수 없었다. 씽씽 달리는 차량 이외엔 인적을 찾기도 힘들어 마음 놓고 옛 유행가를 흥얼거렸다. 한 시대를 풍미했던 가수들의 유행가를 수십 곡 불렀을 때쯤에야 〈노란 호박〉이 눈에 들어왔다.

대충 자전거를 주차한 다음 〈노란 호박〉으로 다가갔다. 한참이나 주변을 서성이며 작품을 감상하고 있는데, 그런 내 모습이 한가해 보였는지 몇몇 커플들이 몰려와 사진 좀 찍어 달란다. 그런데 한 커플 찍고 나니 또 한 커플이 부탁하는 식이라서, 연달아 6커플을 찍어준 후에야 간신히 그들에게서 벗어났다. 더 이상 지체했다가는 이 섬 모든 관광객들 사진 찍어 주게 될 것 같아서 서둘러 다음 목적지인 지중 미술관地中美術館으로 향했다.

나오시마의 아름다운 능선을 보존하기 위해 세계 최초로 땅속에 지은 미술관에는 모네와 월터 디 마리아, 제임스 터렐 등 3명의 작품이 전시되어 있다. 특히 오

오쓰카 국제 미술관에서 만났던 〈수련〉의 진품이 여기 있다기에 이우환 미술관을 뒤로 한 채 안으로 입장했다.

층층의 계단 위에 커다란 원형 구조물이 놓여 있는 월터 디 마리아의 〈타임, 타임리스, 노타임〉을 시작으로 웅장하면서도 차분한 분위기의 실내가 등장했다. 안도 다다오와 그의 연구소 직원들이 함께한 이 미술관은 지하 3층 규모로, 세 예술가의 공간을 흰 콘크리트로 각각 나누어 배치한 것이 특징이다. 또한 지하에 있음에도 불구하고 자연광을 받아들일 수 있는 구조 덕분에 시간의 흐름에 따라 변화해 가는 작품의 모습을 구경할 수 있는 것 또한 이곳만의 매력이다. 특히 모네의 전시관에 있는 〈수련〉은 이 자연광 덕분에 실제 수련을 보는 듯한 착각을 자아내고 있었다.

이곳에 전시된 작품들은 모두 빛을 추구하는 공통점을 지니는데, 안도 다다오가 설계한 이 미술관은 건물 자체와 작품의 조화를 이루고자 한 의지가 엿보였다. 다만 지중 미술관 역시 사진 촬영이 금지된 게 아쉬웠다.

'아냐, 이 찬란함은 감히 카메라로는 담아낼 수 없으니 마음속에 간직하는 것으로 만족하자.'

그리하여 미술관을 뒤로 하고 항구로 돌아오는 길, 오르막과 내리막이 반복되는 도로를 달리며 아름다운 섬 경관과 석양이 피어오르는 낭만적인 바닷가를 바라보며 아쉬움을 지워 냈다. 아름다운 섬과 독창적인 예술 작품들이 어우러져 섬 전체가 하나의 미술관이 되어 버린 나오시마. 무엇보다 선명하게 반짝이는 나오시마에서의 기억을 깊이 새겨 나갔다.

Travel Tip

가는 방법

① 항공편으로 다카마쓰 공항에 도착. 다카마쓰항에서 다카마쓰-나오시마 페리 탑승. (50분 소요, 편도 520엔, 왕복 990엔) 또는 고속 여객선 탑승. (25분 소요, 편도 1220엔)

② 항공편으로 오사카 공항 도착(한국 직항 있음). 신오사카역에서 신칸센으로 오카야마역까지 이동. 오카야마역에서 차야마치(茶屋町)행 혹은 우노(宇野)행 열차로 환승하여 우노역에서 하차. (간사이 와이드 패스 이용) 우노역 근처 선착장에서 나오시마행 페리 탑승. (약 20분 소요, 편도 300엔, 왕복 570엔)

※ 간사이 와이드 패스(関西ワイドエリアパス)
11,000엔에 5일간 신오사카–오카야마를 오가는 JR 특급, 일반 열차 자유석을 무제한 탑승할 수 있는 패스다. 서일본여객철도 사이트(www.westjr.co.jp/global/kr/)에서도 구입 가능하다.

※ 오카야마 우노-나오시마 페리 시간표(2023년 기준)
06:10, 06:30, 07:20, 08:22, 09:22, 11:00, 12:15, 14:25, 15:30, 16:30, 17:05, 18:53, 20:25

돌아보기 (다카마쓰에서 출발하여 미야노우라항에 도착한 경우)

미야노우라항 → 혼무라 → 쓰쓰지소(노란 호박이 있는 곳) → 이우환 미술관, 베네세 하우스 → 미야노우라항 (자전거로 이동할 경우 약 7~8시간 소요, 당일치기라면 오전에 섬에 도착할 것을 추천)

※ 미야노우라항에서 곧바로 이우환 미술관 방향으로 이동할 경우, 엄청난 경사의 언덕과 마주하게 되므로 혼무라 방향을 거쳐서 이동할 것을 추천한다.

※ 베네세 하우스(ベネッセハウス), 이우환 미술관, 이에 프로젝트 등 섬 내의 많은 전시장이 사진 촬영을 금하고 있음으로 주의할 것!

일본 전통 신앙의 성지로 600년 넘게 명성을 쌓아 올린 고토히라는 일본을 대표하는 참배 도시다. 고토히라역을 시작으로 성지 순례의 최종 관문인 곤피라궁까지 이어지는 거리와 786개의 계단 주변으로는 순례객을 맞는 수많은 우동 가게와 기념품 가게가 있다.

사누키 우동의 원조

고토히라 琴平

다카마스에서 전차를 타고 고토히라로 향했다. 사누키 우동의 발원지이자 600년 넘게 일본 전통 신앙 순례지로 명성을 떨쳐 온 고토히라에는 '항해의 신'인 곤피라 신의 흔적이 남아 있다. 순례지라는 이름값 때문인지, 첫인상이 지금까지 만났던 도시들과는 확연히 달랐다. 1936년에 완공된 고토히라역을 비롯해 그 앞으로 펼쳐진 거리는 뭔가 종교적인 신성함이 감돌았다. 말로는 설명하기 힘든 이 느낌에 위압당한 듯 침을 꿀꺽 삼키며 발걸음을 뗐다.

곤피라궁으로 향하는 참배 거리

잠시 후 '다카토우로 高灯籠'라고 하는 27m 높이의 석등이 나타났다. 1865년에 완

공된 이 등은 일본에서 가장 높은 석등으로 세토 내해瀬戸内海를 오가는 선박들의 안전을 책임지는 등대 역할을 했다고 한다. 석등이 워낙 높다 보니 늦은 밤, 등롱에서 피어오른 불빛이 북쪽 마루가메 연안까지 닿았다고 하는 기록이 있다. 선원들은 해상에서 이 빛을 발견하면 바로 바다의 수호신이 모셔진 곤피라궁이 있는 고토히라의 불빛임을 알고, 그때마다 불빛 쪽을 향해 기도를 올렸다.

한편 참배 거리에는 사누키 우동의 성지라는 명성에 걸맞게 가지각색의 우동 가게가 들어서 있다. 특히 상점 거리 초입에 자리한 나카노 우동학교는 일본에서 가장 오랜 역사를 자랑하는 우동 학교로 유명한데 직접 만들어 먹는 면발이 일품이라고 한다.

그리고 우동학교 맞은편으로는 긴료노사토金陵の郷라 하는 220년의 역사를 자랑하는 양조장이 남아 있다. (긴료 가문이 인수한 니시노 가문 양조장의 역사까지

220년 역사를 자랑하는 양조장 긴료노사토

더하면 약 350년) 바다의 수호신인 곤피라신에게 바치는 술을 빚는 이곳에는 양조장의 역사와 더불어 일본주 제조 공정을 한눈에 파악할 수 있는 전시장이 있다. 술은 잘 안 마시지만 각 지역 양조장을 구경하는 것은 좋아하는 터라, 큼직큼직한 외관을 자랑하는 긴료노사토 본관과 전시장을 둘러보았다.

 전시관의 설명에 따르면, 이 지역은 원래 기후 조건이 맞지 않아서 양질의 술을 제조하는 데 어려움이 따랐다고 한다. 하지만 이런 악조건 속에서도 긴료노사토는 일본주의 기본이 되는 최고급 쌀과 최적의 물을 조달하는 데 성공하며 '바다의 수호신'에게 바칠 일본주를 빚어냈다. 그래서일까 양조장 내에 상주하고 있는 직원들 표정에서 자신감이 묻어났다.

 '한국도 이렇게 유서 깊은 양조장들이 오래오래 명맥을 이어 나가면 좋겠다.'

 전시관을 모두 둘러본 후 서늘한 기운이 감도는 양조장을 빠져나와 다시 발걸음을 재촉했다. 거리를 배회하는 참배객과 일반 관광객, 그리고 손님을 유치하려는 우동 가게 직원들이 뒤섞인 거리에는 활기가 돌았다.

일본 사누키 우동의 본고장 고토히라

"손님, 궁에 올라가기 전에 우동 한 그릇 드시고 가세요."

조즈산象頭山 언저리에 자리한 고토히라궁金刀比羅宮, 그 아래로 이어지는 785개의 참배 계단과 양옆으로 들어선 상점가 중심에는 사누키 우동이 있다. 사누키 우동이란 가가와현에서 제조된 수타 우동을 가리킨다. 사누키 우동의 기원은 지금으로부터 약 1200년 전으로 거슬러 올라간다.

한반도와 중국과의 문화 교류를 토대로 독자적인 문화를 꽃피웠던 헤이안 시대에는 많은 일본인들이 선진 문물을 배우고자 당나라로 유학을 떠났다고 한다. 가가와 출신이자 진언종(일본 불교 계파 중 하나)의 창시자로 잘 알려진 고보 대사 弘法大師 또한 그중 하나로, 31세 되던 해에 당나라의 수도 장안에 머물며 불법을 익혔다. 그리고 806년에 다시 일본으로 돌아오면서 우동 제조 기술을 들여왔다고 한다. 17세기에 이르러 우동은 이 지역의 소울 푸드로 자리 잡는다. 에도 초기의 화가 가노우 규엔狩野休円이 그린 고토히라 제례화에 3곳의 우동 가게가 등장할 정도였다.

사누키 우동이 지역 명물로 자리 잡기까지는 이 지역의 독특한 풍토가 한몫했다. 이 지역은 경지 면적이 좁고 강수량이 적어 쌀보다 밀을 주로 재배했다. 또한 바다가 가까워 소금과 멸치가 풍부했다. 즉, 우동에 필요한 재료가 풍부했던 기후와 지리 조건상 자연스럽게 지역 주민들의 필수 음식이 되었던 것이다.

'힘든 하루 일과를 끝내고 집에 돌아와 말아 먹는 우동 한 그릇이 그들에게 얼마나 큰 위안이 되었을까?'

이렇듯 오랜 시간 주민들의 일상과 함께 해온 사누키 우동은 오늘날 일본의 국민 음식 중 하나가 되어 큰 사랑을 받고 있다. 내게 있어서도 우동은 몹시 애착 가는 음식 중 하나다. 2012년 교환학생 자격으로 일본에 도착한 날, 규슈 전역을 강타한 강풍으로 인해 2시간이면 도착할 기숙사에 7시간 만에 도착해 지쳐 있을 때,

고토히라

맛있는 사누키 우동을 맛볼 수 있는 곤피라 우동 가게

　내 몸과 마음을 달래 준 건 다름아닌 우동 한 그릇이었다. 그리고 다음 해, 뜬금없이 신종 플루에 감염되어 생사를 오가던 내 속을 달래 준 것 또한 뜨끈뜨끈한 우동 국물이었다.
　그런 의미에서 일본 사누키 우동의 본고장 고토히라와의 만남은 아주 반갑고 설레는 일이었다. 일본 전통 신앙에 대한 관심이 전무한 내가 고토히라에 온 목적의 9할은 우동이라 해도 틀린 말이 아니었다. 그리하여 이 동네에서 가장 유명한 '곤피라 우동金毘羅うどん'이라는 가게에 들러 뜨끈뜨끈한 우동 한 그릇과 바삭바삭한 새우 튀김을 주문해 먹었다.
　'그래 이 맛이지. 식감이 너무 좋으니까 아무런 생각도 안 나네.'
　무라카미 하루키는 가가와현을 방문했을 때 '우동이란 음식에는 인간의 지적 욕망을 마모시키는 요소가 들어 있는 것 같다.'라는 말을 남겼다고 한다. 그 표현에 걸맞게 '후루룩 쩝쩝' 몇 차례 면발을 땡겨 주고 국물을 마시니 한 그릇이 금세 없어졌다. 그 어느 때보다 든든한 포만감에 행복 지수가 끝을 모르고 치솟았다.

바다의 수호신이 모셔진 곤피라궁

든든해진 배를 부여잡고 거리로 나왔다. 가게 앞에는 본궁까지 이어지는 785계단(오쿠 신사까지는 1,368계단)이 시작되는데 그 주변을 가마꾼들이 서성이고 있다. 무릎이 안 좋거나 연세 지긋한 어르신들이 본궁을 방문할 때 이용하는 가마다. 비록 늙고 병들었을지언정 신께 인사 드리는 것은 빠뜨리지 않겠다는 일본인들의 의지가 반영된 가마라고 할 수 있다. 그리고 생활적 신앙이 갈고 닦은 785 계단에는 전통 신앙을 향한 일본 사람들의 생각이 엿보였다.

사실 언덕을 시작으로 본궁까지 놓인 계단의 수는786개라고 한다. 그러나 786이라는 숫자가 '悩む(번뇌하다)'라는 부정적인 의미로 읽히는 탓에 계단 하나를 생략한 채 785계단이라 부르고 있다.

한 계단 두 계단, 천천히 발걸음을 옮기는 동안 계단 양옆으로 이어지는 많은 상점과 조우했다. 땀을 뻘뻘 흘리며 계단을 오르는 여행자들을 향해 음료수를 권하는 이가 있는가 하면 무관심하게 TV 앞에 앉아 있는 이도 있다. 한 계단씩 올라갈

785계단

도묘도

곤피라하치

때마다 만나는 군상들의 표정을 구경하며 발걸음에 박차를 가하는 사이 168계단이나 밟았다. 168번째 계단 앞에는 배 밑의 대들보를 이용해 만들었다는 도묘도灯明堂라는 건물이 남아 있다. 1853년에 지어진 이 건물 안에는 '쓰리도로釣灯籠'라 하는, 참배길의 밤을 밝혀 주는 등불이 설치되어 있다.

도묘도를 지나 한참 더 계단을 오르니 곤피라궁의 관문인 다이몬大門이 나왔다. 그리고 거기서 몇 걸음 더 걸어가니 강아지 동상이 보였다. 에도 시대, 여행 허가를 못 받아 성지 순례를 못 가게 된 주인을 대신해 목에 행선지를 적은 봉투와 헌금을 단 후 고토히라를 방문했다는 강아지 곤피라하치金毘羅八이다. 강아지가 정말로 고토히라를 방문했는지는 알 수 없지만 이런 전설도 관광 자원으로 활용하는 일본인들의 섬세함에 또 한 번 놀랄 수밖에 없었다.

한편 다이몬을 지나니 '고닌 하쿠쇼五人百姓(다섯 명의 백성)'라 부르는 5곳의 노점이 등장한다. 오래전 공적을 인정받은 다섯 집안이 궁내에서 물건을 판매할 수 있는 허가를 얻어 오늘날까지 장사를 이어 나가고 있다. 부모님의 부모님이 하시

웅장한 아사히노야시로

던 가업을 물려받아 생계를 이어나가는 상인들을 보니 신기하기도 했다.

고닌 하쿠쇼 노점을 지나 계속 걸었다. 슬슬 숨이 차오르기 시작했다. 땀인지 빗물인지 분간하기 힘든 물방울이 이마에 송글송글 맺혔다. 웅장한 외관과 화려한 장식품 때문에 많은 이들이 본궁으로 착각한다는 아사히노야시로旭社와 곧장 이어지는 가파른 계단도 거침없이 올랐다. 그리고 마침내 곤피라신이 모셔진 고토히라궁에 도착했다.

참배는 생략하고 산 아래로 펼쳐진 마을 풍경을 내려다보았다. 뿌연 안개 사이로 슬며시 고개를 내민 집들과 평화로운 들판이 보였다. 잠시 머릿속 모든 번뇌를 내려놓은 채 산바람을 느꼈다.

곤피라궁의 관문인 다이몬

대를 이어 노점을 열고 있는 고닌 하쿠쇼

가장 오래된 가부키 극장, 구 곤피라 대극장

곤피라궁에서의 짧은 한때를 보낸 후 다시 마을로 내려왔다. 이번 여행에서 놓쳐서는 안 될 마지막 장소, 오늘날 일본에 현존하는 가부키 극장 중 가장 오랜 역사를 자랑하는 구 곤피라 대극장旧金毘羅大芝居을 만나기 위해서다.

에도 시대 중기에 이르러 곤피라 신앙이 전국적인 유명세를 타면서, 마을로 몰려드는 관광객들을 대상으로 연간 3회의 가설 가부키 공연이 개최되었는데 언제부턴가 이 공연이 지역을 대표하는 상징으로 자리 잡았다. 이에 가부키 공연의 활성화를 요구하는 주민들의 목소리가 더해져 다카마쓰 영주가 극장 설립을 허가했는데 이때(1835년) 설립된 곳이 바로 구 곤피라 대극장이다. 지금도 활발히 가부키 공연이 열리는 이곳에는 옛 모습이 고스란히 남아 있다. 고개를 푹 숙여야 들어갈 수 있는 조그만 출입문을 시작으로 공연에 필요한 모든 장치가 고스란히 남아 있는 극장은 여러모로 감동적이었다.

감동의 끝을 붙잡은 채 거리로 나왔다. 이제 막 계단을 오르려는 사람, 우동을 먹으려는 사람, 선물을 사는 사람, 그리고 집으로 돌아가려는 사람 등 제각기 다른 목적을 지닌 사람들이 오가는 거리에는 생기가 돌았다. 이대로 집에 돌아가는 인파에 합류하기에는 아쉬움이 남았다. 그리하여 그 후로도 한참 동안 고토히라를 떠나지 못하고, 앞서 미처 들르지 못했던 골목 곳곳을 누볐다. 손에는 '오이리'라는 이름의, 건더기가 붙은 아이스크림 하나를 사 들고 말이다.

일본에서 가장 오래된 가부키 극장인
구 곤피라 대극장

고토히라

Travel Tip

가는 방법 항공편으로 다카마쓰 공항에 도착. 다카마쓰역(高松駅)에서 완행열차 탑승한 후 고토히라역에서 하차. (약 1시간 10분 소요, 완행열차 870엔)

둘러보기 고토히라역 → 참배길 상점가 → 고토히라궁까지 785계단 오르기 → 사누키 우동으로 식사 → 구 곤피라 대극장 → (개인의 취향에 따라 마을 내 나카노 우동학교에서 우동 만들기 체험) → 고토히라역 (약 4~5시간 소요)

볼거리 구 곤피라 대극장(旧金毘羅大芝居)
• 요금 : 500엔

나카노 우동학교 우동 만들기 체험
• 요금 : 1인당 1,600엔 (참가자가 최소 2명은 되어야 진행)

먹거리 고토히라 곤피라 우동 본점(琴平こんぴらうどん本店)
고토히라에 들른다면 꼭 한 번 들러봐야 할 우동 가게다. 곤피라궁으로 가는 계단이 시작되는 지점에 위치해 있어 찾기 쉽다.
• 주소 : 가가와현 나카타도군 고토히라초 810-3 (香川県仲多度郡琴平町810-3)
• 영업 시간 : 08:00~17:00 (카드 결제 불가)

곤피라 우동 본사 공장 병설점(こんぴらうどん 本社工場併設店)
좀 더 생생한 면발을 즐기고 싶다면 추천하는 가게다.
• 주소 : 가가와현 나카타도군 고토히라초 680 (香川県仲多度郡琴平町680)
• 영업 시간 : 평일 08:00~17:00, 토 · 일 · 공휴일 07:30~17:00 / 매주 화요일 휴무

4 규슈 북부

이보다 일본스러울 수 없는 아기자기한 마을들

행정 구역상으로는 오이타현에 속해 있지만 위치상으로는 후쿠오카현과 인접한 히타는 예로부터 상업과 무역으로 큰 번영을 이뤘다. 특히 에도 시대에는 막부의 직할령으로 지정되어 정치적으로도 큰 역할을 도맡았다. 그 결과 오늘날까지도 당시의 흔적이 남은 건물이 마을 곳곳에 남아 있다. 또한 매년 7월에는 히타 기온 마쓰리라고 하는, 세계 문화유산으로 지정된 축제가 열리는 것으로도 유명하다.

세계문화유산
히타 기온마쓰리

히타
日田

  자기 고장에 대한 자부심과 애착으로 똘똘 뭉친 동네가 있다. 규슈 오이타현 大分県에 속한 인구 7만의 작은 도시, 그러나 자세히 들여다 보면 찬란한 역사와 문화가 살아 숨 쉬는 고장 히타다.

  처음 이 도시를 만난 건 2012년 11월 교환학생 친구 브랜든, 에렌와 함께 히타 덴료 마쓰리 日田天領祭り라고 하는, 에도 시대 히타로 파견되던 서군절군대의 부임 행렬을 재현하는 행사에 참가했을 때였다. 화려한 옛 건축물이 남은 거리에서 기모노를 입은 참가자들이 큰 함성과 화려한 몸 동작으로 옛 영광을 재현하는 모습에 열렬히 환호했던 기억이 지금도 생생하다. 게다가 지역의 명물 음식인 야키소바 焼きそば는 어찌나 맛있던지, 고소한 면발을 한 입 빨아들이는 순간 마음을 빼앗겼다. 그리하여 언제부턴가 연례 행사처럼 이 동네를 찾기 시작했다.

그리고 이번에는 마을 최대 행사인 '히타 기온 마쓰리日田祇園祭り'를 보기 위해 재차 발걸음을 옮겼다. 히타역 관광 안내소 직원의 말에 의하면 오전 10시부터 마쓰리가 시작될 예정인데, 몇 해 전 유네스코 세계 문화유산으로 지정되면서 많은 관광객이 몰리는 탓에 서둘러야 한단다. 그리하여 축제가 열릴 마메다마치豆田町로 발걸음을 재촉했다.

옛 번영의 흔적이 남아 있는 마메다마치

행정 구역상으로는 오이타현에 속하지만 거리상으로는 후쿠오카현에 가까운 히타는, 에도 시대에 중앙 정부인 막부의 직할령이자 규슈 전역의 세곡미가 모이던 교통의 요지였다. 강력한 중앙 집권제를 바탕으로 전국이 국왕의 지배하에 놓여 있던 조선과 달리 일본의 통치 체제는 다소 독특해서 에도(오늘날의 도쿄)와 그 주변부를 벗어난 지방은 그 지역 출신의 영주가 다스리는 것이 일반적이었다. 그 대신 막부에서는 각 지역의 거점이 되는 47곳에 지방관을 파견해 직접 통치했는데 이러한 직할령을 덴료 지역天領地域이라 불렀다. 그리고 이 덴료 지역 중 하나인 히타는 지난 400여 년간 상업과 문화, 정치적으로 큰 번영을 이뤘다.

특히 지역의 핵심부 역할을 하던 마메다마치豆田町에는 지난 시절의 영광이 고스란히 남아 있다. 교토와 마찬가지로 바둑판처럼 구획이 나뉜 마을에는 동서로 5개, 남북으로 2개의 거리가 펼쳐진다. 그리고 거리 위로는 오랜 전통 상가 건축물이 장관을 이룬다. 이에 힘입어 히타는 '역사 전통 보존 지구'로 지정된 동시에 국토교통부로부터 아름다운 거리에 선정되었다.

그러나 히타를 단순히 상업 도시로만 치부해서는 안 된다. 막부에게 바칠 공급을 처리하며 성장한 상인들이 예술이나 학문 등에도 관심을 기울이면서 찬란한 문화적 결실을 이뤘기 때문이다. 그 결과물이 마을 곳곳에 남아 있는데, 그중 하나가

마메다마치에는 지난 시절의
영광이 고스란히 남아 있다.

일본 최초의 사숙인 간기엔

바로 에도 시대, 일본 유교에 한 획을 그은 유학자 히로세 단소広瀬淡窓가 세운 일본 최초의 사숙 간기엔咸宜園이다.

히로세 단소는 히타 지역의 거상으로 이름을 떨치던 히로세 가문의 자제로 태어났으나 몹시 병약하여 가게를 잇는 대신 학문에만 열중했다. 학자로 명성을 쌓은 이후로는 제자 양성에 힘을 쏟았다. 배움에 뜻이 있는 자라면 지역과 신분, 나이를 불문하고 누구든 받아들였다고 한다. 그 결과 간기엔은 1805년 설립되어 1897년 문을 닫기까지 5천여 명의 문하생을 배출했다.

오늘날 간기엔 터에는 그가 서재로 쓰던 2층 건물 엔시로遠思楼와 사숙 건물로 활용되던 슈후안秋風庵이 남아 있다. 두 곳 다 무료로 입장 가능한데 서늘함이 감도는 슈후안 내부에는 다다미에서 올라오는 퀴퀴한 냄새와 더불어 이곳을 스쳐간 수천 학생들의 열정이 남아 있다. 잠시 이곳에 앉아 부채를 휘저으며 감상에 빠졌다.

간기엔에서 더 걸어가자 우아한 전통 건축물이 즐비한 마메다마치에 도착했다. 그중에서도 으뜸은 검은 외관이 인상적인 구사노 본가草野本家다. 에도 시대, 히타로 파견된 대관들의 공금을 관리하는 한편 양초를 생산하고 판매하던 이곳은 오늘날까지도 후손들이 대를 이어 나가고 있다. 특히 히나 마쓰리ひな祭り가 열릴 무렵에는 수백 년 전에 만들어진 인형을 한데 모아 전시회를 여는데 이때는 구사노 본가에서만 볼 수 있는 독특한 인형이 여행객들을 유혹한다. 축제가 열릴 오늘도 많은 인형들이 두 팔 벌려 손님을 맞았다.

구사노 본가 주변으로는 긴 상점가가 이어지는데 여기서부터 히타의 진면목이 드러난다. 앞서 언급한 대로 17세기에 덴료 지역으로 지정된

검은 외관이 인상적인
구사노 본가

이후로 막부의 명을 받고 부임한 대관과 서군절군대 등 중앙 정부의 관리가 머물던 대관소가 마메다마치에 설치되면서, 이들과 거래하기 위해 규슈 각지에서 몰려든 상인들은 대관소 주변에 상가를 세워 물건을 팔기 시작했다.

   그 결과 거래소와 환전소, 숙소는 물론이고 각종 상업 시설과 수공업 공방이 곳곳에 자리 잡았고 오늘날까지도 나막신, 젓가락, 양초 등의 생활용품과 식초, 간장, 유자 등의 음식을 판매하던 상점들이 명성을 잇고 있다. 그중에서도 일본에서 가장 큰 나막신이 전시된 게다 박물관과 형형색색의 다양한 디자인을 뽐내는 젓가락 상점, 깊은 맛을 자랑하는 간장 가게 등은 여행객들의 눈길을 사로잡기에 충분했다.

세계 문화유산으로 지정된 히타 기온 마쓰리

저 멀리에서 함성 소리가 들리기 시작했다. 축제가 시작된 모양이다. 서둘러 함성 소리가 나는 곳으로 뛰어가니, 4대의 야마보코(꽃가마)와 이를 끄는 참가자들, 그 주변을 둘러싼 구경꾼들이 보였다.

   히타 기온 마쓰리는 지금부터 300여 년 전, 역병과 홍수, 지진 등 각종 재해로부터 마을을 지키기 위해 신에게 제를 올리던 것에서 시작되었는데 매년 7월 20일 이후의 토요일과 일요일, 이틀에 걸쳐 열린다. 행사 기간 중에는 야마보코山鉾라고 하는 9대의 꽃가마가 마메다마치와 미쿠마마치三隈町 등 시내 곳곳을 돌면서 마을의 안녕과 번영을 기원한다.

   축제 기간, 시내 곳곳을 누비는 9대의 가마는 화려한 장식과 더불어 하늘을 뚫을 듯한 높이로 무장했다. 한때는 가마 높이가 마을의 재력을 상징하면서 마을끼리 경쟁이 붙는 바람에 18m 높이의 가마가 등장한 적도 있단다. 그러나 19세기 말, 도시 전역에 전신주가 설치되면서 그 높이가 대폭 낮아졌고 오늘날에 남은 것

히타 기온 마쓰리가 열리면
9대의 화려한 가마가 시내를 누빈다.

들은 대략 10m 정도다.

  화려한 꽃가마와 이를 끄는 참가자들의 열정은 2016년 히타 기온 마쓰리가 유네스코 무형 문화유산으로 지정되는 데 큰 영향을 미쳤다. 예전에는 구경꾼보다 참가자 수가 곱절로 많을 만큼 한적했던 축제가 유네스코 무형 유산으로 지정된 이후로 상황이 급변했다. 수많은 구경꾼이 몰려든 가운데 한국인 관광객들도 눈에 띄었다.

  '유네스코 세계 문화유산'이라는 명성에 흥분한 구경꾼들과 달리 참가자들의 얼굴은 무척 힘들어 보였다. 하긴 커다란 가마를 끌면서 틈틈이 방향을 틀자면 보통 힘든 일이 아닐 게다. 결국 땀투성이가 된 참가자들을 보다 못한 상점가 사람들이 거리로 나와 물을 뿌리며 응원에 가세했다. 이에 유치원생 꼬마부터 노인에 이르기까지 모든 참가자가 응원에 의지해 더위를 식혔다.

마메다마치의 건축물들

반나절간 행렬을 쫓다 보니 체력이 뚝 떨어졌다. 든든한 보양식 한 끼가 간절했다. 사실 이날은 '도요노우시노히土用の丑の日'라 해서 우리로 치면 '중복'과 같은 날로, 이때 일본인들은 장어 요리로 영양을 보충한다. 마침 마을 중심부에는 '센야千屋'라는 히타마부시日田まぶし(히타 장어덮밥) 전문점이 있어 이곳을 찾았다.

  검은 기와와 흰 벽이 조화를 이룬 가게 주변으로 노릿노릿 장어 굽는 냄새가 흘렀다. 실내는 이미 만석이라 한참 대기한 후에야 가게에 들어가 히타마부시를 주문할 수 있었다. 히타마부시의 특징은, 양념을 바른 구운 장어를 잘게 잘라 밥 위에 올린다는 점과 개인의 취향에 따라 4가지의 먹는 방법을 선택할 수 있다는 점이다. 또한 겉은 바삭바삭한 데 비해 속살이 부드럽다는 점 또한 특징이다.

  잠시 후 내 몫의 히타마부시가 등장했다. 둥근 나무통 안으로 진한 양념이 밴

마메다마치의 천수각이라고 불리는 니혼간칸

밥, 그 위로 잘게 잘린 장어가 담겼다. 양도 푸짐한 편이라 2/3가량 비웠을 무렵부터 포만감이 찾아왔다. 오늘 오후에는 기온이 37도까지 치솟을 예정이라는데 영양이 듬뿍 담긴 장어덮밥 한 그릇을 뚝딱 비우고 나니 무더위도 두렵지 않다.

이 기세를 몰아 가게 근처에 자리한 니혼간칸日本丸館을 찾았다. 에도 시대에 지어진 이 3층짜리 건물은 '마메다마치의 천수각'이라는 애칭이 붙은, 지역의 대표적인 건축물이다. 19세기 중엽, '일본환日本丸'이라는 만병통치약을 팔던 이와오岩尾 가문의 저택 겸 상점인 이곳 실내에는 약제 도구와 광고판, 그리고 시대상을 엿볼 수 있는 생활용품 등이 전시되어 있다.

"실례합니다."

조심스레 문을 열고 안으로 들어가자 18대 가주이자 건물 관리인인 이와오 마유미岩尾まゆみ 씨가 반갑게 맞이한다. 그녀는 팸플릿 한 장과 부채를 건넨 후 차분한 어조로 건물의 역사와 일본환에 대한 이야기를 들려주었다. 그녀의 설명에 의하면 에도 시대, 2층 규모로 지어졌던 이 건물은 메이지, 타이쇼 시대를 거쳐 3층으로

증축되면서 오늘날의 위용을 갖추게 되었단다.

한편 일본환은 1855년 이와오 가문의 14대 가주인 이와오 한조岩尾半蔵가 가문 대대로 전해 내려오던 민간 약을 팔기 시작한 것에서 비롯되었다. 이어 15대 가주인 이와오 쇼타로岩尾昭太郎는 약에 빨간 염료를 더해 일장기와 비슷한 이미지로 만든 다음, 일본환이라 이름 붙이고 심장 건강과 해열의 효능을 강조하며 대대적인 판매를 개시했다. 이후 일본환은 엄청난 인기를 얻으며 전국 각지로 퍼져 나가는데 원료 수급 문제로 약의 생산이 불가능하게 된 1965년까지 일본인들의 만병통치약으로 큰 사랑을 받았다.

그녀의 설명을 듣고 나서 부엌을 비롯해 전시품이 있는 1층, 약제 도구와 광고판 등이 전시된 2층, 가문 사람들이 생활하던 별관 건물 등을 둘러본 후 3층 꼭대기에 위치한 전망대에 올라갔다. 마을이 한눈에 내려다보이는 전경과 바깥에서 불어오는 시원한 바람이 인상적인 이곳에서 잠시 땀을 식히기로 했다. 히타에 여러 번 들렀지만 높은 곳에서 내려다보는 풍경은 이번이 처음이라 전망대에 설치된 의자에 앉아 시원한 바람을 느꼈다.

'이래서 마메다마치의 천수각이라 불리는구나.'

니혼간칸에 이어서 찾은 곳은 히타를 대표하는 양조장인 군초 주조薰長酒蔵다. 둥근 사카바야시(삼나무 잎으로 만든 공)가 입구에 내걸린 이곳은 300년의 역사를 자랑하는 양조장으로 '군초'라고 하는 전통 소주를 비롯해 다양한 술을 제조, 판매한다. 또한 실내에는 군초사카구라 자료관薰長酒蔵資料館이라 해서 전통주의 역사와 제조 과정을 엿볼 수 있는 시설도 무료로 개방 중이다.

군초 주조를 나와서 골목 곳곳을 돌다 히나고덴雛御殿이라는 현판이 걸린 건물 앞에서 발걸음을 멈추었다. 본디 이곳은 히타 쇼유日田醤油라 하는 간장 가게인데 가게 뒤편 전시장에는 두 눈을 휘둥그레지게 만드는 화려한 히나 인형 3,500점과 도구 3,800개가 전시되어 있다. 이는 히나 마쓰리 인형을 전시하는 단일 전시관 중

300년의 역사를 지닌 양조장 군초 주조

최대 규모라고 하는데 10곳의 방에 나뉘어 전시된 인형들은 짧게는 수십 년, 길게는 200~250년 전에 만들어진 것이다.

　이곳을 직접 방문하는 것은 처음이라 전시관을 둘러보는 내내 입을 다물지 못했다. 다른 관광객들도 비슷한 눈치다. 이렇듯 규모로 보나, 역사적 가치로 보나 감동 그 자체인 전시관에서 꽤 오랜 시간을 보낸 후에야 마메다마치를 떠났다.

구마마치에서 맛보는 야키소바

히타는 예로부터 마메다마치 근처의 가게쓰강과 구마마치의 미쿠마강을 중심으로 상업과 무역이 활발히 전개되었다. 그러나 대관소와 각종 상가가 몰려 있는 마메다마치와 달리, 구마마치 지역은 상대적으로 주목받지 못했다. 따라서 여행객들도 전자만 구경하고 후자는 건너뛰는 경우가 대다수다. 하지만 곳곳에 주민들의 생활 터전이 남아 있는 구마마치에는 지역의 명물인 야키소바를 파는 식당과 전통

화려한 히나 인형을 전시하는 히나고덴

과자 가게, 그리고 히타 온천 등이 자리 잡았다.

마메다마치에서 히타역을 거쳐 25분 정도 걸어서 도착한 구마마치에는 히타를 대표하는 간장 된장 공방인 하라지로자에몬 미소쇼유구라原次郎左衛門味噌醤油蔵와 1916년에 완공된 치쿠호 은행 건물을 개조한 오시바나 미술관押し花美術館 등의 유서 깊은 건축물이 즐비했다. 그리고 그 주변의 거리를 꽃가마와 축제 참가자들이 가득 메웠다.

밤의 축제를 준비하는 참가자들을 향해 한 차례 박수를 보낸 후 저녁 식사를 하러 갔다. 메뉴는 지역을 대표하는 명물인 야키소바焼きそば다. 2차 세계 대전이 끝나고 물자 부족에 시달리던 히타 사람들은 저렴한 가격으로 배를 채울 수 있는 요리가 없을까 하고 한참을 궁리했다. 그러던 중 철판에 면을 올리고 양배추, 숙주 등을 넣어 구워 먹기 시작했는데 이것이 바로 야키소바의 시초다. 그리고 야키소바의 원조 가게인 '소후렌想夫恋'은 북규슈 각 지역에 체인점을 낼 정도로 인기를 얻고 있다.

매번 히타에 올 때마다 소후렌에 들러 야키소바를 먹었지만, 이번에는 지역 주민들에게 인기 있는 가게를 찾았다. 1970년부터 문을 연 미쿠마 반점三隈飯店이다. 야키소바 이외에도 라멘과 군만두를 파는 이곳은 오랜 역사가 묻어나는 낡은 인테리어가 인상적이다. 낡은 실내에는 손님들로 빼곡했고, '지이이' 하고 음식 굽는

구마마치에 위치한 미쿠마 반점

소리와 코끝을 자극하는 고소한 냄새가 가득했다. 참기 힘든 유혹이었다.

주문한 지 얼마 안 되어 푸짐한 야키소바 1인분이 내 앞에 놓였다. 소후렌의 것과 비교하자면 야채가 좀 더 풍성하고 단맛이 덜했다. 음식을 짜게 먹는 내 입맛에는 최적의 맛이었다. 게다가 잘 익은 면발과 야채의 씹는 맛 또한 마음에 쏙 든다. 행복한 기분을 만끽하며 서둘러 그릇을 비워 나갔다

식사를 마치고 거리로 나서니, 흰 벽의 전통 건축물 주변으로 크고 작은 료칸과 호텔이 들어선 거리가 눈에 들어왔다. 이를 따라 한참 걸으니 잔잔한 미쿠마강이 등장했다. 강에는 야카타부네屋形船(야간에 뱃놀이를 즐길 수 있도록 식당 시설을 갖춘 배) 몇 척이 평화로이 떠다니고 있다. 긴 하루를 마감하려는 태양이 빨갛게 물들어 가는 가운데, 여행객들을 태운 야카타부네 주변으로 따스한 재잘거림과 흥겨운 음악이 가득했다.

혼자 여행중이라 그 틈에 끼지는 못했지만, 아쉬운 대로 강 주변 조그만 선상 카페에 들러 맥주 한 잔과 함께 길었던 하루를 마무리하기로 했다.

'언제가 될지 모르겠지만 기회가 된다면 다음번에는 소중한 사람들과 함께 뱃놀이를 즐기며 더 좋은 추억을 쌓아야지.'

Travel Tip

가는 방법
① 항공편으로 후쿠오카 공항에 도착(한국 직항 있음). 후쿠오카의 하카타역에서 JR 특급 열차 탑승하여 히타역 하차. (약 1시간 20분 소요, 요금 3,410엔 혹은 JR 북규슈 패스 이용)
② 후쿠오카의 하카타역 바로 옆에 위치한 하카타 버스 터미널 3층 34번 탑승장에서 히타행 버스에 탑승. (1시간 30분 소요, 편도 1,980엔, 왕복 3,580엔)
※ 후쿠오카 공항 국내선 터미널에도 히타로 가는 버스가 있으나 버스편이 적다.

둘러보기
히타역 → 마메다마치 관광(간키엔, 구사노 저택, 니혼간칸, 군초 주조 방향으로 한 바퀴 도는데 약 반나절 소요) → 센야에서 히타마부시로 점심 식사 → 구마마치 → 미쿠마강 유역의 선상 카페 → 야키소바로 저녁 식사 → 강 주변의 호텔에서 뜨끈뜨끈한 온천욕을 즐기기 (약 8~9시간 소요)

볼거리

니혼간칸(日本丸館)
- 영업 시간 : 10:00~16:00 / 2월 15일~5월, 9월 1일~11월 말일+주요 축제 기간에만 공개
- 요금 : 성인 350엔, 초중고생 250엔

구사노 본가(草野本家) 인형 전시회(히나 마쓰리 기간)
- 요금 : 성인 500엔, 어린이 250엔

히나고덴(雛御殿)
- 요금 : 300엔

먹거리

소후렌(想夫恋) 본점
야키소바(焼きそば)의 본고장 히타 시내 곳곳에는 제각각의 특성을 지닌 야키소바 가게들이 영업 중이다. 그중에서도 야키소바의 원조격인 소후렌은 꼭 들러 보자.
- 주소 : 오이타현 히타시 와카미야마치416-1 (大分県日田市若宮町416-1)
- 전화번호 : 0973-24-3188
- 영업 시간 : 11:00~22:00, 연중무휴

센야(千屋)
히타 명물 장어 덮밥 히타마부시 전문점. 추천 메뉴는 히타마부시 (보통 사이즈 3,500엔, 대 사이즈 4,600엔)이다.

- 주소 : 오이타현 히타시 와카미야마치4-14 (大分県日田市豆田町4-14)
- 영업 시간 : 11:00~18:00 (주말 20:00 까지) / 연중무휴

알래스카 카페(アラスカカフェ)
아기자기한 소품과 디자인으로 가득한 예쁜 카페. 여름철에 마시는 아이스 카라멜 모카(600엔)와 베이컨 피자(900엔)가 인기 메뉴다.
- 주소 : 오이타현 히타시 나카조마치 2-28 (大分県日田市中城町2-28)
- 영업 시간 : 11:00~18:00 / 화·수 휴무

옛 무사 가옥과 서정적인 돌담, 일본 사극에서 나 볼 법한 돌계단이 이어지는 거리로 기모노를 입은 여행객이 배회하는 마을이 있다. '사무라이의 고장'이라고 불리는 오이타현의 숨겨진 보물, 기쓰키다.

사 무 라 이 의 마 을

기쓰키 杵築

　기쓰키와의 첫 만남은 오래전 교환학생 자격으로 일본인 친구들과 함께 한 체험여행 때였다. 현장 학습의 성격이 강했던 첫 만남은 말 그대로 수박 겉핥기였다. 하지만 인솔자가 든 깃발을 따라 몰려다니는 와중에 만난 세련된 기와와 서정적인 돌담, 정갈한 돌계단이 이어지는 거리, 그리고 마을 외곽에 우뚝 솟은 기쓰키성은 내 마음을 사로잡았고 그때부터 뻔질나게 기쓰키를 들락거렸다.
　그리고 오늘, 또 한 번 차표 한 장 손에 쥐고 낡은 완행열차에 몸을 실었다. 오이타역을 출발해 빨간 꽃 노란 꽃 살랑살랑 고개 흔드는 시골길을 지나 1시간 만에 목적지 기쓰키역에 도착했다. 예나 지금이나 낡은 대합실 하나가 고작인 역사를 비롯해 빨간 우체통, 허름한 공중전화 부스, 손님을 기다리는 택시 두 대가 고작인 소박한 풍경은 또 한 번 마음을 설레게 했다.

지금부터 만날 기쓰키 성하 마을 杵築城下町은 1시간에 한 꼴로 있는 버스를 타고 15분쯤 더 들어가야 나온다. 한참을 기다려 툴툴대는 낡은 버스를 타고 기쓰키 버스 터미널로 이동했다.

바다가 내려다보이는 기쓰키성

성하 마을로 들어가기 전, 왼편으로 난 오솔길을 따라 걷기 시작했다. 마을 외곽에 위치한 기쓰키성을 만나기 위해서다.

1394년, 기쓰키 요리나오木付頼直가 쌓은 이 성은 3면이 바다로 둘러싸여 있는 게 특징이다. 그래서일까? 고성의 풍경에는 온갖 미사여구를 붙여도 표현 못할 평화로움이 담겨 있다. 그러나 지금의 아늑함과 달리, 16세기 중후반까지만 해도 규슈를 대표하던 시미즈 가문과 오토모 소린의 치열한 세력 각축장으로 끊임없는 갈등에 휘말렸다고 한다.

성 내의 천수각은 1600년대에 벼락으로 소실된 것을 1970년대에 새로이 복원한 것이라고 하는데 다른 성들과 비교하면 몹시 작고 초라한 편이다. 그도 그럴 것이 당시 이 고장은 겨우 3만 2천 석의 소출을 내던 소도시였기 때문에 그에 걸맞는 미니 성이 들어설 수밖에 없었다.

그렇다고 해서 딱히 실망스럽지는 않았다. 천수각 앞에 마련된 조그만 벤치에 앉아 만끽하는 살랑바람과 천수각 3층에서 내려다보이는 마을 정취는 비현실적일 정도로 평화롭고 소박한 매력이 엿보였기 때문이다. 그렇게 시원한 바다가 내려다보이는 성 전망대까지 둘러본 후 기쓰키성을 떠났다.

간조바노사카 중간에는 후지산을 닮은 돌이 숨어 있다.

간조바노사카를 지나 북쪽 성하 마을로

성과 마을을 잇는 오솔길을 되짚어 돌아가자 바로 눈앞에 재미난 풍경이 나타났다. 마을 북쪽에 자리한 간조바노사카勘定場の坂(계산장의 언덕)다. 자로 잰 듯 정교함을 갖춘 이 돌계단은 무사들이 타던 말과 가마꾼의 보폭에 맞춰 만들어져 역사적으로도 큰 가치를 지니고 있다.

　계단 중간의 바닥 어딘가에는 후지산을 닮은 돌 하나가 숨어 있는데 이를 만지면 장수를 누린다는 미신이 있어 수많은 사람들의 손길이 오갔다. 이번이 벌써 5번째 만남임에도 불구하고 천연덕스러운 표정으로 후지산 닮은 돌을 쓰다듬은 후 마저 남은 계단을 밟아 나갔다. 그러자 기쓰키 북쪽 성하 마을이 등장했다.

　서정적인 흙담과 옛 정취가 남은 소박한 무사 저택, 그리고 일정한 간격으로 이어지는 돌계단은 일본인의 정신적 수도 교토가 가진 매력과 비교해도 뒤질 게 없었다. 굳이 흠을 꼽자면 그늘이 적어 뜨거운 햇살을 온몸으로 받아야 한다는 것 정도

노미 저택

오하라 저택

였다. 이에 더위를 피할 겸 소박한 일본식 정원이 남은 이소야 저택磯矢邸을 찾았다

그늘진 마루에 짐을 내려놓고 물 소리, 매미 소리, 경쾌한 새소리에 귀 기울였다. 그 사이 시원한 바람이 불어와 이마에 맺힌 땀을 식혀 주었다. 자연에 몸을 맡긴 채 신선놀음 하는 가운데, 기모노를 빌려 입은 몇몇 여행객들이 저택 주변을 서성거리는 모습을 보고 있자니 300년 전 과거로 돌아간 것만 같다. 정말 평화롭다.

잠시 후, 바로 근처에 위치한 노미 저택能見邸으로 이동했다. 2008년, 7천만 엔을 들여 옛 모습을 되살린 이곳은 1,440㎡(약 435평)의 면적에 12개의 방과 정원이 남아 있다. 한 차례 보수 작업을 거쳤지만 에도 시대에 쓰인 기둥과 벽토 등을 그대로 옮겨 놓았기 때문에 외관 자체는 주변과 이질감이 없을 정도다. 신발을 벗고 안으로 들어가자 2년 전 친구들과 함께 다도를 배우던 공간이 나타났다. 익숙한 풍경 속 빛바랜 기억, 지난날 함께 웃고 즐기던 친구들이 떠올랐다.

'그땐 참 즐거웠는데, 오늘은 조금 쓸쓸하네.'

지난날을 읊조리는 건 이 정도로 하고, 노미 저택을 나와 북쪽 무사 마을에서 하이라이트라 할 수 있는 오하라 저택大原邸으로 들어갔다. 에도 시대, 일본 중견 무사의 생활상을 들여다볼 수 있는 이곳에는 대대로 기쓰키 영주를 섬기던 오하라 가문의 세간살이가 남아 있다. 마을 내의 다른 건물들과 비교해 봐도 옛 모습이 잘 보존된 저택 내부에는 장식품과 가구는 물론이고 아궁이나 취사도구들도 남아 있다. 특히 지금까지도 아궁이에 불을 붙여 뜨거운 물을 끓이고 있었는데 어찌나 세게 불을 피워 대는지 눈이 따가울 지경이었다.

한편 저택 바로 옆으로는 촘촘한 돌계단이 뒤덮인 언덕이 있다. 스야노사카酢屋の坂(식초 장수의 언덕)다. 언덕 아래로 식초 가게가 있어서 스야노사카라 불리는 이 언덕의 맞은편에는 시오야노사카塩屋の坂(소금 장수의 언덕)가 자리했다. 이 두 언덕은 정교한 좌우 대칭을 이루고 있는데, 마치 샌드위치처럼 돌계단이 포개지는 것 같다 해서 이곳을 샌드위치 지형이라 부르는 모양이다. 참고로 이렇게 남쪽

마을과 북쪽 마을이 서로 대칭을 이루는 지형은 일본에서도 유례를 찾기 힘들다고 한다. 때문에 이 언덕 지형은 일본 유명 사극이나 영화에 단골 배경으로 등장했다.

300년의 역사를 자랑하는 덴진 마쓰리 속으로

그때 언덕 아래에 자리한 상인의 거리에서 큰 함성과 흥겨운 음악 소리가 들려왔다. 300년의 역사를 자랑하는 기쓰키 덴진 마쓰리杵築天神祭り의 서막이 오른 모양이다. 서둘러 언덕을 따라 내려가니 커다란 가마와 함께 참가자들 모습이 보였다.

지금으로부터 300여 년 전, 마을의 번영과 주민들의 건강을 기원하기 위해 시작된 이 축제는 덴만 신사天満神社에 모셔진 신위를 가마에 옮긴 후, 가마를 임시로 세워 두는 장소인 '오타비쇼御旅所'로 이동하는 것으로 시작된다. 이동 중에는 '게야리毛槍'라는 긴 창을 든 참가자들이 선두에 서고 그 뒤를 신위를 모신 가마인 '미코시神輿', 사람들을 지켜 주는 수호신 '고진荒神', 보물을 든 행렬, 마차와 수레, 가마 등이 따른다.

특이한 것은, 이동하는 가마 위에 여성들이 올라타고 춤을 춘다는 점이다. 기모노를 입은 여성들이 가마 위에서 엔카(일본식 트로트) 리듬에 맞춰 우아하게 춤추는 모습은 지금껏 보지 못한 신선한 매력이다. 큼직큼직한 동작은 물론 손끝으로

덴진 마쓰리에서는 가마 위에 여성들이 올라가 춤을 춘다.

미묘한 감정까지 표현해 내는 게 몹시 인상적이었다.

이렇게 소란하면서도 길게 늘어진 행렬은, 오후 8시에 원래 신이 모셔져 있던 덴만 신사로 돌아갈 때까지 계속해서 마을을 배회한다. 30도가 넘는, 걷는 것만으로도 숨이 차는 무더운 날씨에 무거운 가마를 끈다는 게 여간한 일이 아닌데도 참가자들의 표정에는 진심 어린 기쁨이 묻어났다.

1시간 가까이 축제를 구경한 후, 시오야노사카(소금 장수의 언덕)를 올라 기쓰키 유일의 귀족 저택인 나카네 저택 中根邸과 쇼와 시대(1926~1989) 일본의 건설, 국무, 후생 장관을 역임한 히토쓰마쓰 사다요시의 저택 一松定吉邸을 찾았다. 그의 저택에서 내려다보이는 평온한 마을 전경과 바로 맞은편의 기쓰키성, 그리고 파도가 멈춘 잔잔한 바다 풍경은 예술이었다.

이후로도 마을의 역사와 주민들의 생활상이 소개되어 있는 성하 마을 자료관 城下町資料館과 대대로 기쓰키 영주의 주치의를 맡아 온 사노 가문 저택 등 빠짐없이 돌아보고 나서야 아름다운 기쓰키 성하 마을과 작별을 고했다. '고즈넉하다'라는 말이 딱 맞는 아름다운 풍경 속에 기모노 입은 여행객들이 거리를 수놓는 역사의 마을 기쓰키, 그 매력에 빠져 5번이나 들렀지만 다음에 또 오게 될 거라는 예감이 강하게 드는 기쓰키여, 안녕.

Travel Tip

가는 방법 항공편으로 후쿠오카 공항에 도착(한국 직항 있음). 후쿠오카의 하카타역에서 JR 닛포혼센(日豊本線) 오이타행(大分行き) 쾌속 열차에 탑승하여 기쓰키역에서 하차. (약 2시간 소요, 북큐슈 레일패스 이용) 기쓰키역 앞에서 기쓰키 버스 터미널(杵築バスターミナル)행 버스 탑승. (10분 소요, 요금 290엔)

※ 북큐슈 레일패스는 3일간 북큐슈 지역(고쿠라, 후쿠오카, 구마모토, 오이타, 나가사키, 사가 등) JR 전차를 무제한으로 탑승 가능한 레일패스(10,000엔)로, 교통비가 비싼 일본에서 본전 이상 뽑는 여행 패스다. 검색 사이트에서 '북큐슈 레일패스'로 검색하여 소셜 미디어 등에서 구입하면 된다. (이용 안내 www.jrkyushu.co.jp/korean/railpass/railpass.html)

※ 기쓰키역과 기쓰키 버스 터미널을 오가는 버스 배차 간격이 길다. 특히 점심 시간에는 1시간 이상 버스가 운행하지 않는다. 또한 마을의 상점은 4시 이후로 문을 닫으므로 11시 이전의 오전 방문을 추천.

둘러보기 기쓰키 버스 터미널에서 성하 마을까지 도보 이동 → 기쓰키성 → 간조바노사카 → 이소야 저택 → 노미 저택 → 오오하라 저택 → 스야노사카 & 시오야노사카 → 나카네 저택 → 히토쓰마쓰 사다요시의 저택 → 성하 마을 자료관 → 사노 가문 저택 → 기쓰키 버스 터미널 (약 5시간 소요)

볼거리 **기쓰키 성하 마을의 기모노 대여 서비스**
기쓰키 성하 마을에 소재한 와라쿠안(和楽庵)에서 기모노를 유료 대여할 수 있다. 기모노를 빌려 입고 마을에서 특별한 기념사진을 남겨 보자.
- 예약 방법 : 기쓰키 마을 홈페이지(www.kit-suki.com) 상단에 있는 언어 선택을 한국어로 지정한 다음 신청서를 다운로드하여 내용을 기입한 후 여행 3일 전까지 이메일(kimono@kit-suki.com)으로 신청서를 보낸다. 이때 메일 제목에 'Kimono experience'라 기입해야 한다.

먹거리 **카페 와라베**(CAFE 笑食)
성하 마을 내 전통 가옥에서 즐기는 행복한 점심 식사. 추천 메뉴는 '도리텐 정식'이다.
- 주소 : 오이타현 기쓰키시 오오아자기쓰키 157-4-1(大分県杵築市大字杵築157-4-1)
- 영업 시간 : 월, 수~토 11:30~17:00, 일요일 11:30~18:00 / 매주 화요일 휴무

오타베야 마루(お食べ家 円)
고풍스러운 실내에서 즐기는 일본 정식. 추천 메뉴는 토리텐고젠(大分名物 とり天御膳)이다.
- 주소 : 오이타현 기쓰키시 오아자 기쓰키13-1 다이센 료칸(大分県杵築市大字杵築13-1 大扇旅館)
- 영업 시간 : 11:00~13:30 / 매주 수요일 휴무

세계 온천 원천수 유출량 세계 2위, 일본 국내 1위를 자랑하는 온천의 도시 벳부에는 유서 깊은 온천과 료칸이 즐비하다. 또한 시내에는 '벳부 지옥 온천 순례'라고 하는 벳부 온천의 매력을 만끽할 수 있는 관광지가 있다.

일본 제1의 온천 도시

벳부 別府

새해가 밝았다. 늘 그러하듯 일본 엄마 다쓰가와 씨에게 새해 인사를 전했다.

"엄마, 잘 지내시죠? 새해 복 많이 받으세요. 참, 저 다다음주에 한국에 들어가요. 곧 설날이라 부모님과 함께 시간을 보낼까 해서요."

"그럼 한국 들어가기 전에 벳부에서 만날래?"

그렇게 해서 나는 갑작스럽게 온천의 도시 벳부로 향하게 되었다.

일본 엄마 다쓰가와 씨

다쓰가와 씨와의 첫 만남은 2012년 여름이었다. 당시 〈대왕 세종〉이라는 드라마를 접하며 한국의 매력에 푹 빠진 그녀는 한국어를 배우기 시작했다. 그리고 그녀의 첫번째 한국어 선생님이었던 친구가 귀국과 함께 후임자로 나를 추천하면서 인연이 시작되었다.

흔히 일본 사람들은 앞뒤가 다른 데다 정나미가 없다고들 하지만 다쓰가와 씨는 달랐다. 외국인 유학생 신분으로 어려움을 겪을 때마다 도움을 주시는 것은 물론이고, '일본 엄마'를 자처하며 내게 고민이 생겼다 하면 자기 일처럼 도와주셨다. 게다가 "모처럼 일본에 왔는데 일본 문화는 만끽하고 가야지."라면서 매번 수업이 끝나면 날 데리고 일본 전통 식당을 데려가기도 하고, 내가 여행을 좋아한다는 걸 알고 바쁜 시간을 쪼개 오이타의 명소로 데려가 주셨다. 2013년 신종 플루에 걸려 생사를 오갔을 때도 물심양면으로 보살펴 주셨다.

이렇듯 일본 생활에서 가장 의지가 되는 그녀와의 재회가 기다려지는 것은 당연한 일이었다. 폭설 때문에 예정보다 훨씬 늦은 시간에 벳부역에 도착하는 바람에 몸도 마음도 지칠 대로 지쳤지만, 저 멀리서 손을 흔들며 나를 맞아주시는 일본 엄마와 남편 고테가와 씨를 보니 언제 그랬냐는 듯 힘이 솟아올랐다.

"우와, 이게 얼마 만이야. 2년 만인가? 어디 아픈 데는 없고?"

반가운 마음에 서로의 손을 꼭 붙잡은 채 안부를 주고받으며 목적지로 향했다.

"아들, 있잖아. 오늘은 벳부에서 잘 거야. 간나와 호텔이라고 최근 화제를 모으는 호텔이 있는데 거기 석식과 조식이 그렇게 맛있다네? 그래서 일찌감치 예약을 해 두었는데 워낙 인기가 많아서 좋은 방은 다 나가고 없더라. 그래서 우리 셋이 같이 자야 할 텐데 괜찮지?"

오랜만의 만남을 위해 미리 호텔까지 잡아 두신 모양이다. 덕분에 풍성한 식사와 뜨끈한 온천욕까지 즐긴 후 늦은 밤까지 이야기꽃을 피웠다. 그리고 다음 날, 밤새 이야기를 나눈 탓에 온몸이 천근만근이지만 마음만은 가벼웠다.

"벳부는 오래간만이지? 어디 가고 싶은 데 있어?"

"음, 글쎄요. 우선 지옥 온천 순례?"

"그럼 같이 갈까?"

"회사는요? 안 바쁘세요?"

"아들이 오는데 시간을 비워 둬야지. 맛있는 것도 먹이고 좋은 구경도 많이 시켜 주고 싶어서 시간 만들어 뒀으니까 걱정 안 해도 돼. 그럼 우미 지고쿠부터 가 볼까?"

원래는 홀로 벳부를 둘러보려 했는데 그녀의 배려로 차를 얻어 타고 지옥 온천 순례의 첫 번째 목적지인 우미 지고쿠^{海地獄}(바다 지옥)로 향했다.

신기한 지옥 온천 순례

벳부는 온천 원천수 유출량 세계 2위, 일본 국내 1위를 기록할 정도로 풍부한 원천수를 자랑한다. 따라서 시내 곳곳에서는 저마다의 개성을 뽐내는 온천들이 힘찬 수증기를 뿜어내고 있다. 그런데 벳부가 온천으로 이름을 떨치게 된 건 아부라야 구마하치^{油屋熊八}라는 한 인물의 헌신이 있기에 가능한 일이었다.

1863년, 시코쿠의 우와지마^{宇和島}에서 태어난 그는 양곡업을 통해 막대한 재산을 축적했다. 그는 관광업의 중요성이 커지는 데 주목하고 벳부에 호텔과 버스 회사 등을 설립했다. 당시 벳부는 풍부한 원천수가 있음에도 불구하고 인지도가 낮은 편이었는데, 구마하치는 사비를 들여 일본 전역에 벳부 온천 광고를 게재했다. '산은 후지산, 바다는 세토 내해, 온천은 벳부'라는 신선하면서도 입에 착착 감기는 광고 문구는 큰 히트를 쳤다. 벳부가 일본 최대의 온천 도시로 거듭나는 순간이었다. 이렇듯 사비를 털어 벳부의 이름을 드높인 그는 '벳부 온천의 아버지'라는 칭

송을 받게 되었고, 이를 보여 주듯 벳부역에는 그의 동상이 우뚝 서 있다.

하지만 벳부의 매력은 온천욕만이 아니다. 옛 문헌에 의하면 벳부 간나와 지방에는 수증기와 진흙, 열탕 등이 분출되었는데 그 열기가 어찌나 뜨겁고 위험한지 도무지 사람이 접근할 수 없을 정도였다고 한다. 그리하여 사람들은 이곳을 '지옥'이라 부르며 가까이 가길 꺼려했단다. 그러다 19세기, 온천 개발업자들이 이런 지형을 활용해 '벳부 지옥 온천 순례길'을 개발했고, 이후 이 지옥 온천 순례는 지역을 대표하는 또 다른 관광 브랜드로 자리 잡았다.

참고로 벳부 시내에는 우미 지고쿠(바다 지옥)을 포함해 총 7곳의 크고 작은 지옥 온천이 있는데 가장 높은 곳에 위치한 우미 지고쿠를 온천 순례의 출발점으로 삼는 게 일반적이다. 따라서 우미지고쿠 앞 주차장에 차를 주차하고 입구 안내소에서 7곳의 지옥을 돌아볼 수 있는 순례 종합권을 구입해 안으로 들어갔다.

평온한 연못 위로 흰 김이 모락모락 피어오르는 우미 지코쿠는, 1200년 전 쓰루미산의 폭발로 생긴 커다란 연못이 푸른 바다처럼 보인다 해서 '바다 지옥'이라 이름 붙여졌다. 이곳은 화씨 200도의 열탕을 하루에 3600kl나 분출하고 있다. 입구에는 온천물에 계란을 넣어서 삶는 곳도 있고, 지옥 근처에는 이 열기를 활용한 열대 식물원도 조성되었다. 온천 내 연못에는 큰 가시연이 둥둥 떠 있다. 여름과 가을철에는 어린아이가 위에 올라탈 수 있을 정도로 크게 자란다고 한다.

온천 깊숙한 곳으로 들어가니 '바다 지옥'이라는 말이 걸맞는 푸른 물의 온천이 등장했다. 뿌연 수증기에 가려져 보일 듯 말 듯 숨바꼭질을 하는 모습이다. 사진이라도 찍을까 하고 다가가니 뜨거운 수증기가 날아와 사정없이 얼굴에 부딪쳤다. 어지간하면 그냥 참겠는데 눈, 코, 입을 가리지 않고 파고드니 서둘러 사진 몇 장만 찍은 후 두 번째 코스인 오니이시보즈 지고쿠鬼石坊主地獄(오니이시 스님 지옥)으로 이동했다.

이곳에는 오래전 오니이시의 산골짜기에 살던 한 스님이 주변 사람들을 괴롭히

'바다 지옥' 우미 지코쿠
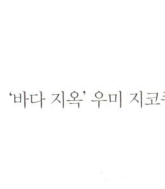

'오니이시 스님 지옥' 오니이시보즈 지코쿠

'산 지옥' 야마 지코쿠

는 등의 악행을 저지른 결과 천벌을 받아 이곳에 빠졌다는 전설이 남아 있는데, 뜨거운 진흙이 부글부글 끓어 오르는 모습이 마치 스님 머리를 닮아 있다 해서 '스님 지옥'이라 이름 붙여졌다. 가까이 다가가자 부글부글 끓어오르는 진흙이 나이테 모양으로 퍼지면서 역겨운 유황 냄새가 코를 찔렀다. 비염으로 냄새를 잘 맡지 못하는 나조차도 머리가 띵할 정도다.

다음으로 야마 지고쿠山地獄(산 지옥)를 찾았다. 지하에서 솟구친 진흙이 높은 온도의 열에 녹아내려 퇴적된 모습이 산을 닮아서 '산 지옥'이라 불린다고 하는데, 뿌연 수증기가 용 모양으로 피어오르는 모습이 장관을 연출했다. 이곳에는 하마, 코끼리, 라마, 원숭이, 조류 등 각종 동물이 사는 동물원도 있었다.

네 번째로 들른 지옥은 가마도 지고쿠かまど地獄(가마솥 지옥)다. 옛날 옛적, 이곳에서 피어 오르는 증기로 밥을 지어 신에게 바쳤다는 전설이 있어 '가마솥 지옥'이라 불리는 이곳에는 6개의 크고 작은 연못이 있다. 참고로 이곳은 열탕의 온도와 연못의 넓이에 따라 성분의 결정 상태가 달라지는데, 이를 온천수의 색깔로 알 수 있다. 가령 온도가 낮은 곳은 푸른색을, 높은 곳은 붉은색을 띠고 있다.

지옥 온천을 돌아보는 여행객들에게는 가장 만족스러운 곳이 바로 이곳 가마도 지코쿠가 아닐까 싶다. 한쪽에서는 수증기를 이용해 담뱃불로 연기를 피우는 작은 쇼가 이루어지고 있었다. 남자 직원이 담뱃불로 휙 하고 입김을 불어넣자 스르르 하고 연기가 피어올랐다. 그러자 여기저기서 박수와 함께 커다란 환호성이 쏟아져 나왔다. 이런 소소한 구경거리뿐만 아니라 한 모금 마시면 10년은 젊어진다는 80도짜리 온천수를 시음하는 곳, 비염 환자에게 효과 좋은 온천 증기를 쐬는 곳, 그리고 발 찜질과 족욕 공간도 마련되어 있어 너 나 할 것 없이 완숙 계란과 사이다를 마시며 즐거운 시간을 보내고 있었다.

이렇듯 모든 사람들이 쉬어 가는 분위기이니 우리도 잠시 휴식을 취했다. 그런데 내가 한 잔 마시면 10년은 젊어진다는 온천수를 2잔이나 마시며 10대로 돌아

'가마솥 지옥' 가마도 지코쿠

가는 사이, 일본 엄마는 주변에서 들려오는 한국말에 귀를 쫑긋거리는 눈치다.

몇 가지 단어가 들린다며 한국어 공부 의지를 불태우는 그녀에게 진한 응원을 보낸 후, 다섯 번째 목적지인 오니야마 지고쿠鬼山地獄(악어 지옥)로 향했다. 이곳에서는 온천수의 열기를 활용해 120여 마리의 악어를 키우고 있는데 식사 시간 이외에는 물 안에 우르르 모여 멍하니 시간을 보내는 녀석들을 만나볼 수 있다. 조그맣게 악어 전시관도 마련되어 있어 박제된 악어도 볼 수 있고 악어에 대한 지식을 쌓을 수도 있다.

이어서 시라이케 지고쿠白池地獄(하얀 연못 지옥)로 이동했다. 땅에서 솟아오르는 수증기가 못으로 떨어질 때, 온도와 압력 저하로 인해 물이 청백색으로 변하기 때문에 '하얀 연못 지옥'이라고 불린다. 이곳 또한 온천수를 활용해 각종 열대어와 수목을 기르고 있었다. 바다 생물과 관련된 사업을 하시는 일본 엄마의 눈이 유독 초롱초롱해졌다. 그녀는 열대어를 보며 다양한 바다 생물 이야기를 들려주셨는데 일정이 끝나면 재미난 곳으로 데려가 주겠다는 말로 내 마음을 설레게 했다.

'하얀 연못 지옥'
시라이케 지고쿠

둘이 먹다 하나 죽어도 모를 지옥찜 요리

시라이케 지고쿠를 끝으로 지옥 온천 순례를 마치고 점심을 먹기로 했다. 뭘 먹을까 고민할 틈도 없이 그녀의 손에 이끌려 '지옥찜 공방 간나와 地獄蒸し工房 鉄輪'라는 곳으로 들어갔다. 교환학생 시절, 친구들과 함께 벳부에 올 때마다 "다음엔 저기에 가 보자."라고 해 놓고 막상 실천은 못 했던 곳이다.

이곳에서는 음식값뿐만 아니라 '가마 이용료'라는 걸 지불해야 하는데, 이를 결제함과 동시에 요리 재료를 고른 후 식권을 구입했다. 우리가 앉을 자리에는 앞서 주문한 고기와 각종 채소들이 올려져 있었는데 이를 들고 가마로 이동해서, 직원의 안내에 따라 고무장갑을 끼고 요리 재료를 가마솥 안에 넣었다. 이렇게 가마솥에 재료를 모두 넣고 나면 타이머 한 대를 받는데 이걸 확인하면서 음식을 꺼내 먹으면 된다. 재료에 따라 익히는 시간이 제각각인데, 가령 샤부샤부는 15분, 야채는 20분, 장어덮밥과 해산물은 더 긴 시간이 필요했다.

말로 설명하자니 번거로워 보이지만, 실제로는 무척 재미있었다. 단순히 먹는 행위에 그치지 않고 직접 가마에서 재료를 넣어 먹으니 요리사가 된 것 같기도 하고 온천 지대라는 특성을 제대로 만끽하는 것 같아 보람도 생긴다. 그렇게 푹 익혀진 음식을 하나씩 꺼내 먹으며 우리는 즐겁고 행복한 시간을 보냈다.

오이타에 살 때 수도 없이 놀러 왔던 벳부지만, 간나와 호텔의 온천욕을 시작으로 벳부 지옥 온천 순례, 그리고 지옥찜 공방 간나와에 이르기까지 풀코스로 즐기는 벳부는 색다른 추억이 되었다. 무엇보다도 일본 엄마와 함께해서 더욱 특별한 시간이었다. 그렇게 벳부와 작별한 후, 나는 유후인의 일본 엄마 집으로 가서 그간 누리지 못했던 따스한 저녁과 평온한 일상을 만끽했다.

Travel Tip

가는 방법 항공편으로 후쿠오카 공항에 도착(한국 직항 있음). 후쿠오카의 하카타역에서 JR 닛포혼센(日豊本線) 오이타행(大分行き) 소닉 열차에 탑승하여 벳부역에서 하차.(약 2시간 10분 소요, 북규슈 JR 패스 이용)

둘러보기 벳부역 → 벳부 지옥 온천 순례(우미지고쿠, 오니이시보즈 지고쿠, 야마 지고쿠, 가마도 지고쿠, 오니야마 지고쿠, 시라이케 지고쿠 순서) → 지옥찜 공방 간나와에서 점심 식사 → 벳부역 근처 다케가와라 온천 → 벳부 타워 → 벳부역 (6~7시간 소요)

볼거리

지옥 온천 순례(地獄温泉巡り)

- 가는 방법 : 벳부 역 서쪽 출구로 나가 2번 정류장에서 2, 5, 7, 41번 버스를 탑승한 후 우미지고쿠마에(海地獄前) 정류장에서 하차한 후 순차적으로 구경.
- 요금 : 와이드 프리 승차권(벳부 시내 전역+유후인 무제한 버스 승차권, 벳부역 관광 안내소에서 판매) 1일권 1,700엔(소인 850엔), 2일권 2,600엔(소인 1,300엔) / 지옥 온천 순례 종합권(8곳의 지옥 온천을 전부 포함) 2,200엔

다케가와라 온천(竹瓦温泉)

1938년 문을 열었으며 벳부의 8탕 중 하나로 손꼽히는 온천을 단돈 300엔에 즐길 수 있다.

- 가는 방법 : 벳부역에서 도보로 15분.
- 요금 : 300엔 (단, 수건 및 세면도구를 챙겨가지 않을 경우 온천 이용료의 곱절을 내고 사야 하니 꼭 챙겨 가자.)

다카사키야마(高崎山) 국립 공원 & 우미타마고(海たまご) 수족관

1,000여 마리의 야생 원숭이와 돌고래, 바다사자 등의 수중 동물을 만나볼 수 있는 국립 공원과 수족관이다. 가족 여행객에게 안성맞춤인 관광지이다.

- 가는 방법 : 벳부역 앞 버스 터미널에서 오이타 교통 노선 버스(大分交通路線バス) 오이타역행(大分駅行) 탑승하여 다카사키야마 자연 동물원 앞(高崎山自然動物園前)에서 하차. (약 15분 소요)
- 요금 : 고등학생 이상 2,600엔, 초중등학생 1,300엔, 만 4살 이상의 미취학 아동 800엔

먹거리

지옥찜 공방 간나와(地獄蒸し工房 鉄輪)

- 주소 : 벳푸시 후로모토 5구미 (大分県別府市風呂本5組)
- 영업 시간 : 09:00~21:00 / 매월 3번째 수요일 휴무

제노바(ジェノバ)

온천 후에 즐기는 달달한 젤라또.

- 주소 : 벳푸시 키타하마 1-10-5(大分県別府市北浜1-10-5)
- 영업 시간 : 평일 15:00~24:00, 일요일 15:00~22:00 / 월요일 휴무

스마트폰 한 대면 무엇이든 할 수 있는 편리한 세상. 그럴수록 따스한 정과 구수한 아날로그 감성이 살아 있던 옛 시절을 그리워하는 사람이 적지 않다. 오이타현에는 1950~60년대의 향수로 가득한 마을이 있다. 마을 어귀의 낡은 버스 터미널과 등유 난로 냄새 가득한 조그만 대합실, 흑백 사진 속에서 튀어나온 듯한 건물들이 이어지는 곳, 그곳은 분고타카다의 쇼와노마치다.

시간이 멈춘 동네

분고타카다
豊後高田

분고타카다에 도착해 하룻밤을 묵은 이튿날 아침이었다. 호텔 방의 커튼을 열자 밤 사이에 온 세상이 하얗게 변해 있었다. 함박눈이었다. '우와' 하는 탄성도 잠시, 걱정이 몰려왔다.

 '오전 10시부터 호란엔야 ホーランエンヤ 축제가 열릴 텐데, 이렇게 눈이 많이 내려서야 과연 축제가 열릴까?'

 그러나 걱정도 잠시, 호텔 1층 식당에서 든든하게 조식을 챙겨 먹고 축제가 열릴 강가로 나가니 화려한 장식으로 치장한 통통배 한 척과 그 주변으로 축제 복장을 입은 장정들이 보였다.

뱃사람들의 무사 귀환을 염원하는 호란엔야 축제

18세기, 분고타카다가 시마바라島原에 속해 있을 무렵, 시마바라를 출발해 오사카 창고까지 연공미(소작료로 바치는 쌀)를 실어 나르던 뱃사람들은 무사 항해를 기원하기 위해 정월 둘째 날 아침에 화려한 장식으로 치장한 배를 강에다 띄웠다고 한다. 그러면 머리띠에 훈도시褌(일본 전통 속옷)만 걸친 젊은이들이 배에 올라타 카미야 하치만궁若宮八幡宮까지 노를 저어 가는 참배 항해를 시작했다. 그리고 이때 젊은이들은 노를 저으며 '호란엔야 엔야사노삿사ホーランエンヤ エンヤサノサッサ(호란엔야, 좋아 좋아!)'라는 구호를 외치다가 하나둘 물에 뛰어들었다.

오늘 열릴 축제는 당시의 참배 항해가 이어진 것으로, 축제가 개시됨과 동시에 분고타카다의 한 해가 시작된다. 이렇듯 평화로운 한 해와 마을의 평안, 뱃사람들의 안전을 기원하는 축제를 보기 위해 이미 많은 사람들이 강 주변에 서 있었다. 그리고 시간이 되자 참가자들의 인사와 함께 축제의 막이 올랐다.

"호란엔야 엔야사노삿사!"

　참가자들의 신명나는 외침과 함께 선박이 지그재그로 움직였고 구경꾼들도 큰 소리로 환호하며 배를 쫓았다. 그런데 갑자기 훈도시 차림의 참가자들이 하나둘 강을 향해 뛰어들었다. 눈 깜짝할 사이에 벌어진 일이었다. 이후로도 배는 지그재그로 강 곳곳을 오가며 흥을 올렸고 참가자들도 계속해서 물에 뛰어들었다. 동시에 배에 남은 참가자들이 강 밖을 향해 새해 떡을 던지자, 구경꾼들이 떡을 받기 위해 우르르 몰려들어서 거리는 난장판이 되었다. 툴툴거리는 뱃소리와 신나는 함성, 쾌활한 웃음이 뒤섞인 축제는 세계의 유명 축제가 부럽지 않을 정도였다.

응답하라 1950, 쇼와노마치

참가자와 구경꾼의 함성이 뒤섞인 강가를 뒤로 하고 쇼와노마치^{昭和の町} 구경에 나섰다. 옛 은행 건물과 영화관을 비롯해 예스러운 상점이 줄줄이 들어선 쇼와노마치는 지난 시간 오이타현의 여러 도시를 잇는 관문 역할을 했다. 특히 1950년대까지는 오사카를 오가던 운반선 덕에 오이타의 구니사키 반도^{国東半島}에서 가장 화려한 네온사인 거리로 거듭났다. 덕분에 오늘날까지도 거리 곳곳에서 당시의 저력이 묻어난다.

예스러운 상점이 줄줄이 들어선 쇼와노마치 거리

브라질 커피집

그러나 당시 생긴 근대 건축물들이 고스란히 남아 있다는 것은, 반세기 동안 더 이상 발전하지 못하고 쇠락했다는 의미이기도 하다. 지금이야 과거 테마 여행지로 부흥에 성공했지만 1990년대 중반만 하더라도 '일본에서 가장 낙후된 도시 베스트 10'에 들어갈 만큼 상황이 암울했다. 이대로 가다가는 머지않아 도시 자체가 사라질지도 모른다는 불안감이 감돌았다. 이에 행정가들과 지역 상인들이 모여 대책을 강구했다.

당시 일본 각지에는 지역 재생 붐이 일고 있었는데, 상당수 도시들은 근대 이전, 이를테면 에도 시대의 모습을 살리는 데 치중했다. 그러나 분고타카다는 현재 도시가 간직한 모습, 즉 빛바랜 흑백 사진 같은 아날로그함을 그대로 드러내기로 결정했다. 도시 곳곳에 남은 건물들이야 이미 낡아 있으니 일부러 '낡아 보이게' 수리할 필요도 없었고, 랜드마크 역할을 해 줄 건물 하나만 있으면 50년대 느낌이 물씬 나는 거리를 재현할 수 있었기 때문이다. 그리하여 마을 내 낡은 창고를 수리해 '쇼와 로망 창고昭和ロマン蔵'라는 전시관을 세웠다. 초기에는 9개의 상점이 마을 재생에 참가했고 이후 40개 이상의 상점이 추가로 협력하면서 550m 길이의 1950년대풍 거리가 완성되었다.

이렇듯 주민들의 노력으로 형성된 거리는 산책하듯 가볍게 돌아본다면 30~40분 만에 다 볼 수도 있지만, 나는 여유를 갖고 거리에 자리한 상점과 전시관들을 하나하나 자세히 둘러보기로 했다. 그런데 갑자기 눈발이 거세졌다. 급히 피난처를 찾던 중 '브라질 커피집伯剌西爾珈琲舍'이라는 카페에서 흥겨운 기타 연주가 들려왔다. 고민할 것 없이 묵직한 미닫이문을 열고 실내로 들어갔다.

아늑한 분위기를 자랑하는 카페 내부에는 이미 많은 사람이 앉아 즐거운 한때를 보내고 있었고 연세 지긋한 멋쟁이 할아버지께서 기타 연주를 하고 계셨다. 할아버지의 맞은편에 앉아 부드러운 커피 한 잔과 달달한 케이크를 주문한 후 서정적인 선율에 빠져들었다. 세월이 묻은 거친 손으로 기타 줄을 튕겨 가며 연주에 열중하는 그를 바라보고 있자니 가슴 한 켠이 말랑말랑해졌다. 그렇게 연주를 즐기며 1시간쯤 흘렀을까, 바깥을 쳐다보니 눈발이 약해졌다. 이제 돌아다닐 만하겠다 싶어 자리에서 일어났다.

오늘날에는 빵집이 들어서 있는 구 공립 타카다 은행旧共立高田銀行을 시작으로 오

나미야 잡화점

쇼와노마치 전시관

쇼와노마치 전시관을 가득 채운 추억의 물건들

래된 약방과 전파상을 지났다. 약방 근처로는 소설가 히가시노 게이고를 좋아하는 사람이면 다들 알 만한 건물 한 채가 서 있었다. '나미야 잡화점'이었다. 2016년에 소설이 영화화되었을 때 분고다카다가 촬영지였는데, 그때 쓰인 잡화점 건물은 촬영 종료와 함께 지금의 장소로 이전해 여행객을 맞이하고 있다. 소설을 재미있게 읽은 입장에서 이야기 속 잡화점을 눈앞에서 만나니, 동심의 세계로 들어간 것마냥 기뻐서 열심히 사진을 찍었다.

구 나카쓰 신용금고旧中津信用金庫를 비롯한 우아한 자태의 근대 건축물 몇 채를 지나 구 오이타 합동 은행旧大分合同銀行 앞에서 발걸음이 멈췄다. 쇼와노마치 전시관昭和の町展示館으로 활용되는 실내로 들어가자 낡은 영사기와 축음기, 그리고 옛 시대상을 엿볼 수 있는 포스터가 보였다.

영화 〈시네마 천국〉에서 알프레도와 토토가 필름 한 장으로 우정을 나눌 때, 그 옆에서 묵묵히 돌아가던 영사기와 꼭 닮은 놈이 남은 전시실. 고향을 떠나 성공한 영화 감독이 되었음에도 행복하지 못했던 토토가 알프레도의 마지막 선물을 확인하는 순간, 두 사람의 소중한 추억들이 주마등처럼 스쳐 지나감에 눈물 흘리던 마지막 장면이 떠올랐다. 사는 것은 조금 불편했지만 따스한 정이 있었던 옛 시절을 그리워하며 쇼와노마치로 몰려드는 사람들의 심정이 이 전시관에 고스란히 남은 듯했다.

쇼와 로망 창고 한쪽에는 다가시야의 꿈 박물관이 있다.

아날로그 시대의 향수가 고스란히 남은 쇼와 로망 창고

그렇게 잠시 향수에 젖는 사이 전화벨이 울렸다. 교환 학생 시절 친하게 지내던 한국인 동생이었다. 그녀는 대학 졸업 후 이곳 분고타카다에 정착했는데, 고맙게도 어제 막 이곳에 도착한 나를 만나러 왔었다. 그리고 오늘도 함께 시간을 보내기로 하고 1960년대 일본 초등학교에서 나오던 급식을 재현해 파는 카페&바 부르보아르^{ブルヴァール} 앞에서 재회했다.

지역 노포 맛집 중 하나인 이곳에서는 기름에 살짝 튀겨 겉은 바삭바삭하고 속은 야들야들한 '아게팡^{揚げパン}'이라는 길쭉한 빵, 유리병에 담긴 우유, 그리고 스파게티와 샐러드를 한데 묶어 '추억의 급식 세트'로 파는데, 그중에서도 '아게팡'은 일본인들에게 큰 인기를 끌고 있단다. 이를 반영하듯 실내에는 많은 손님이 앉아 있었다. 그들과 마찬가지로 급식 세트를 주문한 우리는 빵부터 집어 먹었다. 어릴 적 시장에서 팔던 설탕 범벅의 꽈배기 빵을 좋아하던 사람들이라면 꽤 좋아할 맛이었다. 개인적으로는 너무 달아 함께 나온 우유 한 병을 곁들였다. 이렇게 먹고 있으니 어릴 적 친구들과 함께 난로 위에 우유를 올려 놓고 뜨뜻하게 데워 먹던 기억, 학교 마치고 집에 가는 길에 구멍가게에서 유리병 두유를 사 먹던 기억이 새록

새록 떠올랐다.

식사 후, 분고타카다에 살면서도 제대로 된 시내 구경을 해 본 적이 없다는 그녀를 데리고 마을의 중심인 쇼와 로망 창고로 발걸음을 옮겼다. 이곳은 20세기 초 노무라 가문이 세운 창고 건물을 6천만 엔을 들여 수리한 후 50~60년대 생활용품 및 완구 등을 모아 놓은 전시장이다. 특히 전시장 한쪽에 자리한 '다가시야의 꿈 박물관 駄菓子屋の夢博物館'에는 후쿠오카 출신의 수집가 고미야 씨가 평생에 걸쳐 모은 30만 점의 수집품 중 약 6만 점이 전시되어 있다.

한국에서도 유명한 〈우주 소년 아톰〉을 비롯해 〈철인28호〉, 〈울트라맨〉 등 반가운 캐릭터를 시작으로 만화책과 잡지, 추억의 LP판, 장난감 등 옛 시절을 떠올릴 수 있는 수집품들이 동심을 자극하는 박물관은 한 번 들어갔다 하면 시간 가는 줄 모를 만큼 알차게 구성되었다. 또한 야외에는 옛날 아이들이 가지고 놀던 훌라후프와 굴렁쇠, 죽마 등의 장난감과 당시의 자동차들이 전시되어 있다. 평소 좋다는 표현에 인색한 동생도 전시관을 돌아보면서 꽤나 만족한 눈치였다.

그런 그녀를 이끌고 이번에는 좀 더 특별한 경험을 해 보기로 했다. 이곳에는 1957년

가네오카의 고로케

    이스즈 자동차에서 생산한 빨간색 본네트 버스가 있는데 매주 일요일 로망 창고를 찾은 방문객을 태우고 약 15분간 마을을 돈다. 이 프로그램에 참여하기 위해서는 입장권을 구입한 안내소에 들러 원하는 시간대에 이름을 적어 내면 된다. 그리하여 우리도 이름을 적은 후 탑승 시간에 맞춰 버스에 올랐다.

    버스에는 중후한 인상의 기사님과 몇 해 전 구수한 입담으로 좌중을 흔들어 놓았던 가이드 아주머니가 계셨다. 이미 두 번째 만남이라 익숙한 그녀의 익살스러운 인사가 끝나자 버스는 큰 소리를 내며 로망 창고를 출발했다. 버스가 크게 마을을 한 바퀴 돌고 나서 쇼와노마치 거리에 진입했을 때, 거리에 있던 사람들이 일제히 카메라를 들어 버스를 찍는 것이 보였다. 우리도 반사적으로 카메라를 들어 바깥 풍경을 담았다. 마을 내 모든 사람들이 하나의 추억을 공유하는 순간이었다.

    그렇게 짧지만 재미있는 버스 투어를 끝내고 창고로 돌아오니 서쪽 하늘이 빨갛게 불타오르고 있었다. 슬슬 하루를 마무리해야 함을 느꼈다. 서둘러 상점 몇 곳을 둘러본 후 그녀가 추천한 고로케 가게 '가네오카金岡'에 들러 맛있는 명물 고로케 두 개를 맛보았고, 이후로도 한참을 걷다가 해가 넘어가는 걸 보고서야 분고타카다와 동생에게 작별을 고했다.

분고타카다   329

Travel Tip

__가는 방법__ 항공편으로 후쿠오카 공항에 도착(한국 직항 있음). 후쿠오카의 하카타역에서 닛포혼센(日豊本線) 혹은 가고시마혼센(鹿児島本線)의 벳부행 JR 특급 열차에 탑승하여 우사역(宇佐駅) 하차. (약 1시간 40분 소요) 우사역 입구 맞은편의 버스 정류장에서 분고타카다행(豊後高田行), 이미행(伊美行き) 버스 탑승하여 분고타카다 버스 터미널에서 하차. (약 15분 소요, 요금 250엔)

※ 1시간에 1대꼴로 버스가 있으나 12시부터 2시 사이의 점심시간에는 버스가 거의 없으므로, 늦어도 오전 11시까지는 우사역 앞에 도착할 것을 추천!

__둘러보기__ 분고타카다 버스 정류장 → 쇼와 로망 창고 → 카페&바 부르보아르에서 추억의 급식 세트로 점심 식사 → 본네트 버스 투어 → 쇼와노마치 산책(구 공립 타카다 은행, 구 나카쓰 신용금고, 구 오이타 합동 은행) → 분고타카다 버스 정류장 (약 5시간 소요)

__볼거리__ **쇼와 로망 창고**(昭和ロマン蔵)

쇼와노마치 내에 위치한 골동품 전시장이다.
• 영업 시간 : 09:00~17:00 / 매년 12월 30일과 31일 휴무, 1월 1일과 2일에는 10:00~15:00 영업
• 요금 : 3관 종합권 성인 850엔, 초중고생 600엔
※ 쇼와 로망 창고에서 운영하는 본네트 버스가 10시에서 3시까지 30분 간격으로 운행된다. (12:00~13:00는 점심 시간) 무료로 탑승할 수 있고, 주말(일)만 예약 가능하다

__먹거리__ **카페&바 부르보아르**(カフェ&バー ブルヴァール)

1950~60년대 일본 초등학교에서 나오던 추억의 급식을 재현해 판매하는 곳. 1인당 1,000~1,500엔의 예산으로 한 끼를 해결할 수 있다.
• 영업 시간 : 10:00~17:00

브라질 커피집(伯剌西爾珈琲舎)
그윽한 원두 커피와 기타 연주, 짙은 낭만이 흐르는 커피 전문점.
• 주소 : 오이타현 분고타카다시 신마치 971(大分県豊後高田市新町971)
• 영업 시간 : 10:00~17:00 / 비정기 휴무

에도 시대, 성곽을 아우르고자 인공적으로 조성한 수로가 오늘에 이르러 도시의 상징이 된 고장. 총 길이 930km의 그물망처럼 촘촘히 얽힌 수로를 나룻배로 유람할 수 있는 마을. 오늘날 '일본의 베니스'라는 애칭이 붙은 물의 도시, 후쿠오카현 야나가와다.

일본의 베니스

야나가와 柳川

뜨거운 햇살이 내리쬐던 늦여름, 뱃놀이로 유명한 야나가와로 향했다. 후쿠오카 니시테쓰 덴진역西鉄天神駅에서 오무타행 특급 전차로 약 50분 걸리는 이곳은 다자이후太宰府와 함께 남부 후쿠오카 지역의 주요 관광지이다. 야나가와역에 도착하여 역 내에 있는 나룻배 관광 안내소에서 나룻배 탑승권을 구입한 다음, 역 앞에 서 있는 무료 셔틀버스를 타고 5분가량 더 달려 돈코부네(나룻배)가 정박해 있는 선착장에 도착했다.

나룻배 타고 일본의 베니스로

잔잔한 운하 위로 동남아시아 관련 여행 프로그램에서 보던 길다란 나룻배 십여

척이 정박해 있는 선착장에는 전통 복장을 차려 입은 뱃사공과 승객 몇몇이 모여 있었다. 선착장 한쪽에는 밧초카사ぼっちょ笠라는 삿갓이 놓여 있었다. 100엔을 내고 삿갓을 빌려 쓴 다음 배에 올라탔다. 나룻배 한 척에 최대 스물네 명의 승객이 탑승하는데 머릿수가 채워지는 대로 한 척씩 선착장을 출발했다. 나룻배는 조보리城堀 수문을 지나 최종 목적지 오키노하타沖端까지 75분간, 약 4.5km 거리를 오로지 뱃사공의 힘만으로 움직이는데 이러한 뱃놀이를 카와쿠다리川下り라 부른다.

지금으로부터 400여 년 전에 야나가와성을 쌓은 다나카 요시마사田中吉政는 성하 마을을 조성하는 동시에 성 안으로 물을 끌어들이고자 인공 수로를 팠다. 그 결과 이곳은 다른 도시보다 풍부한 수원을 확보한 것은 물론이고 홍수로 인한 범람도 최소화할 수 있었다고 한다. 그리고 당시 건설된 인공 수로 중 일부는 오늘날 여행객들을 위한 카와쿠다리로 활용하고 있다. 이렇듯 길고 아름다운 수로 위로 나룻배가 유유자적하는 야나가와는 '일본의 베니스'라 불리며 큰 사랑을 받고 있다. 특히 "오겡끼데스까?"라는 대사로 유명한 배우 나카야마 미호가 출연한 영화 〈도쿄 맑음〉에서 이 동네가 신혼여행지로 등장한 데 이어 일본 유명 맥주인 '산토리 프리미엄 더 몰쓰'의 광고 촬영지로도 노출되는 등 매스컴에도 종종 등장하며 국내외에 야나가와라는 이름을 알리는 데 성공했다.

"요코소 야나가와에ようこそ柳川へ • 어서 오세요, 야나가와에!"

서글서글한 인상의 뱃사공 아저씨가 인사를 건네며 노를 젓자 내가 탄 나룻배도 움직이기 시작했다. 그의 설명에 따르면 현재 마을에는 네 개의 나룻배 회사가 있고 여기 소속된 뱃사공은 60명이 넘는단다. 매년 수십 만의 관광객이 몰리던 코로나19 이전만큼은 아니지만 여전히 많은 여행객이 찾아오고 있는 반면, 이 일을 하려는 사람은 점점 줄어 만성적인 일손 부족에 시달린다고 했다. 이는 뱃사공 일이 단순히 노를 젓는 데 그치지 않고 지역에 대한 깊은 배경 지식과 강한 정신력과 체력을 요구하는 탓에 젊은이들이 기피하기 때문이다. 그 결과 뱃사공 중에서도 젊

야나가와 수로 옆으로는 버드나무가 줄지어 서 있다.

은 축에 속하는 이들은 하루 3~4차례씩 배를 모는 실정이라고 한다. 벌써 오전에 두 차례 배를 몰았다는 뱃사공 아저씨는 "조금 힘들긴 하지만 75분 동안 여러분들을 모시고 마을 곳곳을 돌아볼 걸 생각하니 마음이 두근대네요."라는 너스레와 함께 구수한 입담으로 승선객의 마음을 사로잡았다.

그때 뱃사공 아저씨가 "으샤!" 하고 기합을 넣으며 뱃머리를 틀었다. 그러자 수로 양옆으로 버드나무가 줄지어 선 아름다운 풍경이 펼쳐졌다. 오래전 '생활에 필요한 장작은 자급자족하라.'라는 영주의 명령으로 수로 옆에 버드나무를 심은 것이 지금까지 이어져 오늘날에는 마을을 상징하는 존재로 자리매김했다.

오랜 시간, 남부 후쿠오카의 정치, 역사, 경제, 문화적 중심지 역할을 도맡아 온 이 동네는 수많은 인물을 배출한 것으로도 유명하다. 그중에는 한국에도 잘 알려진 영화 배우 쓰마부키 사토시도 있고, 세계적 밴드 비틀즈의 멤버인 존 레논의 아내 오노 요코의 조부 또한 이곳 출신이라고 한다. 비틀즈 멤버도 아니고 불륜으로 만난 아내의 할아버지를 가지고 호들갑을 떠는 게 우습기도 하지만, 스토리텔링을 위해서라면 사돈의 팔촌까지 가져오는 나라다 보니 그러려니 할 뿐이다.

잠시 후 배는 비틀즈의 서정적인 음악과 대비되는 흥겨운 엔카가 흐르는 수상 상점에 닿았다. 인상 좋은 주인 아주머니가 손을 흔들어 주시는 상점에서는 음료를 비롯해 각종 주전부리를 판매했는데 그 누구도 지갑을 열지 않았다. 이에 뱃사공 아저씨가 다소 무안한 얼굴로 배를 움직였다. 뜨거운 햇살이 내리쬐는 물길을 따라 나룻배는 두둥실 앞으로 나아갔다.

"기오쓰께떼(조심해)!"

배가 작은 다리 아래를 지나기 직전에 뱃사공이 외쳤다. 이 뱃놀이를 하는 동안 배는 열댓 개의 다리를 통과하는데 그중에는 배가 통과하기 힘들 만큼 높이가 낮은 곳이 있다. 그래서 머리를 부딪치지 않게 조심하라고 경고하는 것이다. 한창 한국인 여행객이 많이 찾을 때만 해도 "쑤그리(고개 숙여)!"라는 경상도 사투리로도 외쳐 주곤 했는데 지금은 일본어로 주의를 줄 뿐이었다. 이에 조금 아쉬움이 들던 찰나, 사공 아저씨가 목청을 가다듬어 노래 한 곡을 뽑기 시작했다. 야나가와의 아름다움을 찬양하는 노래가 메아리처럼 울려 퍼졌고, 승객들은 박수를 치며 호응했다. 흥겨운 노랫가락을 실은 배는 계속해서 앞으로 나아갔고, 그렇게 노래 몇 곡을 듣는 사이 최종 목적지인 오키노하타沖端에 다다랐다. 사공 아저씨가 선착장으로 점프를 하더니 몸을 숙여 배를 정박하고는 승객들에게 작별 인사를 했다. 이에 모든 탑승객들이 뜨거운 환호와 박수로 감사를 전했다.

야나가와 산책

하선 후, 근처에 있는 아이스크림 가게부터 들렀다. '카바지마 빙과椛島氷菓'라 해서 하마 그림과 장식 가득한 가게인데, 어째서인지 몇 해 전부터 일본인들 사이에서 '야나가와에 들르면 꼭 들러야 하는 맛집'이 되었다. 그래서 나도 팥 맛과 우유 맛 아이스크림을 하나씩 사서 맛보며 더위를 식혔다.

그런 다음 나룻배 승강장 바로 옆에 있던 근대 건축물 '오하나御花'에 방문했다. 야나가와의 5대 영주였던 다치바나 사다요시立花貞俶가 1738년에 지은 별장으로, 후대 영주들은 이곳에서 정무를 보거나 휴식을 취했다. 그리고 14대 영주였던 다치바나 도모히로立花寬治 백작은 1910년에 대대적으로 건물 보수에 들어가는데 이때 세워진 서양관 건물과 건물 뒤편에 자리한 정원 쇼토엔松濤園은 오늘날 오하나를 상징하는 심볼로 자리 잡았다. 특히 백작의 손님 응접실로 쓰였던 서양관은 현관 입구에 3단 아치형 기둥이 웅장히 세워져 있어 눈에 띄는데, 그 화려함으로 방문객의 마음을 사로잡는다. 한편 입구 뒤편 복도 천정에는 사게몬이라는 장식이 주렁주렁 걸려 있었다. 사게몬이란 여자아이가 태어난 집에서 아이의 건강과 행복을 기원하며 집안에 두는 장식품으로 야나가와 지역에서 이어져 내려온 고유 풍습이

야나가와 영주의 별장 오하나

오하나의 정원 쇼토엔(왼쪽)과 사게몬 장식(오른쪽)

다. 입구에서부터 복도 깊숙한 곳까지 이어진 사게몬 장식을 눈에 담은 후 쇼토엔과 서양관까지 둘러봤다.

오하나를 나와서 수로 옆으로 특산물 가게와 향토 요리 식당, 료칸 등 가지각색 점포가 오밀조밀 모인 거리를 걸었다. 그러다 오하나에서 도보로 5분 거리에 위치한 '에도코지 스즈메노지캉江戸小路 すずめの時間 • 에도 소로 참새의 시간'이라는 카페에 들렀다. 그림책과 시집 등을 판매하는 책방 겸 카페인 가게 내부에는 아기자기한 책과 장식품이 가득했는데 이곳에서 주인 아저씨가 내주는 진한 커피 한 잔을 마시며 여유를 만끽했다.

야나가와의 향토 요리, 세이로무시

커피로 기운을 되찾고 지역 명물인 세이로무시せいろ蒸し를 먹으러 갔다. 한때 야나가와는 규슈에서 알아주는 장어 서식지였는데 이 덕에 '세이로'라는 나무통에 장어와 밥을 푹 쪄낸 장어 덮밥 세이로무시가 명물로 자리 잡았다. 마을 내에는 세이로무시를 파는 식당이 여럿 있지만, 1681년부터 300년 넘게 명맥을 이어 온 '모토요시야元祖本吉屋'가 가장 유명했다.

오랜 역사만큼이나 고즈넉한 분위기가 느껴지는 가게에서는 나룻배가 지나는 수로가 보였다. 창가 쪽 자리에 앉아 세이로무시 1인분을 주문했다. 그리고 무심

모토요시야

 코 부엌으로 시선을 옮기니 세이로(나무통)가 보였다. 이 통에 밥과 미리 구워 둔 양념 장어, 달걀 지단 등을 올려 20분간 찌면 맛있는 세이로무시가 완성된다. 그 진하고 깊은 맛이 맥주와 좋은 궁합을 보이기 때문인지 몇몇 손님의 테이블 위에는 맥주병이 놓여 있었다. 잠시 후, 내 자리에도 먹음직스러운 세이로무시가 등장했다. 고소한 양념이 발린 밥과 장어 위로 올라간 달걀 지단에서 올라오는 허연 김과 달달한 냄새를 벗 삼아 분주히 젓가락을 움직였다. 양념도 양념이지만 가고시마에서 자란 장어의 씹는 맛이 일품이었다. 여기에 깔끔한 끝맛을 자랑하는 스이모노(장어의 내장을 끓여 낸 맑은 국)와 일본식 단무지를 더하니 이보다 완벽한 식사가 없었다.

 '백 점 만점에 백 점'인 세이로무시를 끝으로 야나가와에서의 하루를 마무리하기로 했다. 하지만 늘 그러하듯 이대로 돌아가는 게 아쉬워 수로 주변을 천천히 돌아봤다. 구슬땀을 흘리며 노를 젓는 뱃사공과 다양한 표정을 띄운 채 뱃놀이를 즐기는 사람들, 가게 앞 벤치에 앉아 휴식을 취하는 여행객들, 버드나무 아래로 팔자 좋게 축 늘어진 고양이까지 지금 이 순간에 충실한 모든 존재를 눈에 담는 것으로 한 여름날의 야나가와 산책을 갈무리했다.

야나가와

동영상
보기

Travel Tip

가는 방법 항공편으로 후쿠오카 공항에 도착(한국 직항 있음). 후쿠오카의 니시테츠 덴진역西鉄天神駅에서 특급열차 탑승. (47분 소요)

※ 뱃놀이 후 야나가와역으로 돌아가기 위해서는 하선장 바로 앞에 있는 버스 정류장에서 무료 셔틀버스를 타야 한다. 따라서 사전에 무료 셔틀버스 시간이 적힌 팸플릿을 받아 두자. (티켓 카운터에 한국어 팸플릿 비치되어 있음) 셔틀버스를 놓쳤을 경우에는 노선 버스를 타고 야나가와역으로 이동해야 한다. (요금 210엔)
셔틀버스 운행 시각 : 평일 14:30, 15:30, 16:30 / 휴일 14:10~16:40 사이에 20~30분 간격으로 운행

둘러보기 야나가와역 → 나룻배 선착장에서 나룻배를 타고 운하 뱃놀이 → 세이로무시로 점심 식사 → 오하나 → 거리 산책 → 야나가와역 (약 4~5시간 소요)

볼거리 **야나가와 종합권 도쿠모리 티켓**(柳川特盛切符)
후쿠오카의 니시테츠 덴진역(西鉄福岡駅) 2층 티켓 카운터(영업 시간 08:00~14:00)에서 판매하는 야나가와 도쿠모리 티켓 한 장이면 야나가와 관광이 모두 해결된다. 덴진역-야나가와역 왕복 전차 승차권과 야나가와 수로 뱃놀이 승선권, 세이로무시 식사권이 포함되어 있다. 세이로무시는 야나가와 내의 식당 9곳 중 하나를 골라 식사할 수 있다. 만약 식사는 하지 않고 나룻배 승선만 즐기려면 후쿠오카 덴진역 - 야나가와역 왕복 전차 승차권과 야나가와 수로 뱃놀이 승선권이 포함된 '다자이후 야나가와 관광 티켓(太宰府柳川観光切符)'을 구입하자.

· 요금 : 야나가와 도쿠모리 티켓 5,260엔, 다자이후 야나가와 관광 티켓 3,080엔

※ 책에서 소개한 '모토요시야'라는 장어 요리 전문점이 현재는 '야나가와 종합권 도쿠모리 티켓' 대상 점포에서 빠졌다. 2023년 현재 '야나가와 종합권 도쿠모리 티켓'으로 식사 가능한 아홉 곳 중 하차장과 가깝고 평이 좋은 가게로는 히노데야(日の出屋), 와카마쓰야(若松屋), 록큐(六騎)가 있다.

먹거리 **에도코지 스즈메노지캉**(江戸小路 すずめの時間, 에도 소로 참새의 시간)
그림책과 시집 등을 판매하는 책방 겸 카페로, 실내에는 아기자기한 책과 장신구가 가득하다. 또한 에도 시대에 조성된 마당과 고풍스러운 민가에서 즐기는 커피 한잔은 여행자들의 피로를 달래 주기에 충분하다.
(나룻배 하차장 근처, 오하나 별장 뒤편 골목에 있음)

· 주소 : 후쿠오카현 야나가와시 온도마치 8-2(福岡県柳川市鬼童町8-2)
· 영업 시간 : 10:00~18:00 / 매주 화요일 휴무

카바지마 빙과(糀島氷菓)
떠오르는 아이스크림 맛집.

· 주소 : 후쿠오카현 야나가와시 혼조마치 53-2(福岡県柳川市本城町53-2)
· 영업시간 : 10:00~16:00 / 매주 수요일 휴무

에도 시대의 흔적이 고스란히 남은 보존 지구에는 분위기 좋은 카페와 빵집, 레스토랑이 들어서 일상에 지친 여행자들을 반긴다. 그리고 꼬부랑 산길을 돌아 만나는 계단식 논밭 쓰즈라타나다는 세상에 찌든 현대인들의 마음을 깔끔히 치유해 준다. 아무것도 하고 싶지 않을 때 떠나야 하는 고장, 그곳은 후쿠오카현 우키하다.

아무것도 하고 싶지 않을 때

우키하 うきは

7월, 장마는 최후의 순간까지 끈질겼다. 유난히도 지독했던 놈이 휩쓸고 간 자리에 비로소 햇님이 얼굴을 드러낸 어느 날, 오래간만에 카메라를 들고 집을 나섰다. 뜨거운 햇살과 선선한 바람이 어우러진 지금 이 순간, 격렬하게 아무것도 하고 싶지 않은 이들의 안식처, 후쿠오카 남부의 작은 도시 우키하로 간다.

세월의 흔적을 머금은 전통 상가와 흰 벽의 창고 건물이 남은 보존 지구, 일본의 아름다운 경치 100선에 선정된 계단식 논밭, 그리고 포도, 딸기, 복숭아 등 각종 과일이 주렁주렁 열린 들판까지 우키하는 분주한 일상에 지친 현대인들의 파라다이스다.

그런 의미에서 '우키하에서의 1박 2일'은 힘든 시기를 이겨 낸 나 자신에게 주는 최고의 선물이었다. 후쿠오카 시내에서 가까운 데다 분위기 좋은 카페와 레스토랑

도 즐비하니 마음에 드는 곳을 골라 몇 군데를 돌다 보면 그간의 스트레스가 싹 사라질 것 같았다. 그리하여 하카타역에서 완행 전차를 타고 구루메역久留米駅을 거쳐 치쿠고요시이역筑後吉井駅으로 향했다.

고즈넉한 요시이 역사 보존 지구

오늘날 우키하 시내는 크게 세 구역으로 나뉘는데 시내 서쪽에 위치한 치쿠고요시이역 근처에는 역사 보존 지구가 남아 있다. 우선 역사 보존 지구를 만나기 위해 역에서 200m 앞으로 내다보이는 삼거리까지 걸었다. 그리고 곧장 우회전. 이어 조그만 다리를 건너 다닥다닥 붙은 전통 상가에 도착했다. 낡은 채소 가게와 양장점, 전파상, 문구점 등 히가시노 게이고東の圭吾의 소설 〈나미야 잡화점의 기적〉을 떠올릴 법한 소박한 상점가, 그리고 상가 곳곳에서 들려오는 라디오 소리. 여기가 바로 풍문으로만 듣던 '요시이 역사 보존 지구吉井歷史保存地区다.

　에도 시대, 구마모토와 오이타현을 잇는 도로상에 위치해 역참 마을의 기능을 도맡아 온 요시이 지역은 숙박업과 환전업 등으로 번영을 이루었다. 그리고 에도 시대 중엽에는 치쿠고요시이강 중류에 대형 수로가 개설되면서 규슈 이남에서 올라오는 특산물의 유통 거래를 도맡아 큰 이익을 챙겼다. 또한 양초, 기름, 양조업과 같은 수공업과 각종 상품 작물 재배가 활성화되면서 요시이 가네吉井銀라고 불리던 부호들이 등장했다.

　그러나 1869년, 불의의 재앙이 마을을 덮쳤다. 엄청난 화마가 마을 내의 상가와 창고, 가옥을 삼켜 버린 것이다. 그런데 이 사건은 뜻밖의 결과를 낳았다. 마을 내의 건축 양식이 일변한 것이다. 주민들은 기존의 초가집 대신에 화재에 강한 회반죽을 입힌 벽과 기와지붕이 조화를 이루는 건물을 지었다. 또한 상인들은 그간 쌓아 둔 재력을 과시하듯 마을 곳곳에 이구라야居倉屋라는 대형 창고를 지었다. 옆 건물로부터 화재가 번지지 않도록 소데카베袖壁라 부르던 돌출벽을 설치한 것은 물론이고, 부를 과시하는 의미에서 건물 벽 곳곳에 코테에こて絵라고 하는 화려한 양식을 새겼다.

　이 멋진 건물들 중에서도 메이지 시대에 건설된 이구라노 야카타居倉の館는 우키하를 방문하는 여행자가 꼭 한 번 들러야 할 곳이다. 에도 말기, 정랍(왁스) 제조업과 은행 경영으로 큰 부를 쌓은 마쓰다 가문의 사택으로 알려진 건물에는 100여

마쓰다 가문의 저택 이구라노 야카타

년 전의 건축 양식과 옛 사람들의 생활상이 고스란히 남아 있다.

　큼직한 문을 열고 실내로 들어가자 할아버지 두 분께서 반갑게 맞아 주셨다. 마을 주민이자 이곳의 관리인인 할아버지들께서는 두시던 바둑을 멈추고 건물의 역사와 마쓰다 가문의 이야기를 들려주셨다. 그러다 문득 땀 흘리는 나를 보시더니 시원한 야메차八女茶(후쿠오카의 명물 녹차)를 따라 주셨다.

　"자네, 야메차 좋아하나? 여름에는 야메차만 한 게 없어. 아침마다 한 병씩 챙겨오는데 오늘은 나보다 자네에게 더 필요할 거 같네. 어서 마셔 보게나."

　정성스레 따라 주신 차 두 잔과 실내의 시원한 바람을 음미하는 사이 더위가 물러가는 듯했다. 할아버지들과 한참 이야기를 주고받은 후 본격적인 건물 구경에 나섰다. 400평의 대지 위에 들어선 건물에는 저마다의 생활상이 남았다. 높은 천장과 각종 문양이 새겨진 문, 넓은 실내 공간, 그리고 서양식 화장실이 마쓰다 일가를 위한 공간이었다면, 마당 한쪽 끝에 붙은 낡은 부엌과 창고 겸 욕실에는 일꾼들의 애환이 묻어 있었다.

　볼거리 풍성한 이구라노 야카타 견학을 끝내고 밖으로 나오니 건물 앞으로 흐르는 맑은 하천이 힘찬 물살로 여름의 도래를 기뻐하고 있었다. 지금이야 고작 물고

묵직한 세월의 무게가 서린 가가미다 야시카

기나 오가는 정도지만, 100여 년 전까지만 해도 규슈 전역의 물자가 오가는 해상 교통로이자 유통 거래처로 분주했을 하천이다. 하천과 그 뒤편으로 자리 잡은 유치원과 초등학교의 전경이 합을 이룬 게 세상 평화롭다.

유치원 맞은편으로는 중후한 분위기의 가가미다 야시키鏡田屋敷가 보인다. 1863년, 군역소(오늘날의 군청)의 관사로 건설된 이 건물은 오늘날 우키하에 남은 유일무이한 무사 가옥이다. 실내로 들어가자 이번엔 할머님 두 분께서 나를 맞이해 주셨다. 어디서 왔냐며, 밥은 먹었냐며 안부를 물어봐 주시는데 어릴 적 할머니댁에 놀러간 기분이 들었다. 이에 잠시 가방을 내려놓고 이야기꽃을 피운 후 건물 산책에 나섰다.

앞서 만난 이구라노 야카타가 지난날 우키하의 번영을 알리는 상징물이었다면, 지금 서 있는 이곳은 화려함보다는 묵직한 세월의 무게가 서린 건물이다. 무사 가옥에서 흔히 볼 수 있는 정원과 연못 등의 실외 풍경과 더불어 실내에 전시된 서예 작품과 전시품 등이 안정감을 더해 준다. 또한 1893년에 증축된 접객실과 2층 실내는 그 나름의 매력을 뽐내고 있다. 건물이 주는 안정감에 기대어 선선한 바람이 부는 정원이 내다보이는 실내를 조망하며 생각을 정리했다.

분위기 좋은 레스토랑과 빵집, 카페 투어

목적 의식 없이 길을 따라 거닐다가 시계를 확인하니 어느새 11시. 점심 식사를 하기에는 다소 이른 시간이라 간식부터 먹기로 결정하고 지역 내에서 명성이 자자한 팡노모카ぱんのもっか라는 빵집을 방문했다. 메이지 시대에 지어진 듯한 흰 창고 건물에 들어선 이 빵집에는 앙증맞은 모습의 빵이 가득한 것으로 유명하다. 그중에서도 애니메이션 〈이웃집 토토로〉의 캐릭터를 표현한 토토로 빵과 크로스케クロスケ 빵은 방문자들의 눈길을 사로잡는다.

내가 팡노모카를 방문했을 때는 마침 실내가 한산했다. 빵 두 개를 구입한 후 가게 뒤편에 마련된 조그만 휴식 공간에 앉아 배를 채웠다. 에어컨은커녕 선풍기도 없는 후텁지근한 공간인데 이상하리만큼 쾌적했다. 덕분에 빵만 구입해서 나갈까 하던 계획을 취소하고 30분가량 휴식을 즐겼다.

토토로 빵을 파는 빵집 팡노모카

하지만 빵은 그저 간식에 불과하니 이제 진짜 점심 식사로 배를 채울 시간이다. 사실 여행을 할 때는 그 지역만의 독특한 특산물을 먹어야 한다는 강박관념이 있는 편이지만, 오늘은 그러지 않기로 했다. 일본식이 아니라도 좋으니 그냥 지역 주민들이 즐겨 찾는 아무 식당이나 들르기로 했다.

그리하여 마을 내에서 가장 큰 사랑을 받는 마파두부 전문점 마보야まぁぼや로 향했다. 흰 셔츠의 샐러리맨과 작업복을 입은 직장인들의 발길이 끊이지 않는 이 가게는 도쿄의 유명 중화요리점인 아카사카 사천반점赤坂四川飯店에서 요리를 배운 마쓰오 노부유키 씨가 고향에 돌아와서 문을 연 마파두부·탄탄면 전문점이다.

가게 외관 공사 중이라 건물 주변이 공사용 천막으로 가려져 있지만 실내는 정상 영업 중이었다. 마파두부 정식을 시키니, 얼마 안 되어 빨간 마파두부와 흰 쌀밥, 맑은 미역국과 입맛을 돋구는 작은 반찬 하나가 더해진 점심 식사가 나왔다. 한 번씩 들르는 후쿠오카 시내의 마파두부 전문점과 달리, 달지 않고 적당히 매콤한 것이 내 스타일이었다. 마파두부 한 입, 흰쌀밥 한 숟갈, 그러다 미역국 한 모금씩 번갈아 먹는 재미가 쏠쏠하다.

행복한 마음으로 식사를 즐긴 후 가게를 나와 카메라를 들었다. 팽팽히 차오른

마보야의 마파두부

미노우 북카페에는
책과 커피 향이 어우러져 있다.

포만감도 누를 겸 골목 곳곳을 누비며 사진에 담기로 했다. 뷰파인더 속에 들어오는 골목골목이 정겹다. 정말이지 나만 알고 싶은 여행지다.

오후 2시경, 긴 산책을 끝내고 턱밑까지 차오른 더위를 피할 겸 미리 봐 둔 카페를 찾아 나섰다. 미노우 북카페MINOU BOOK & CAFÉ라는 곳이다. 진한 커피 향과 심플한 디자인의 내부, 주인장의 취향이 깃든 서적이 조화를 이룬 공간이다.

가게에 들어가자 차분한 인상의 사장님께서 나를 반겨 주신다. 우선 시원한 커피 한 잔을 주문한 후 형형색색의 잡지와 서적으로 가득한 서점 코너로 이동했다. 여행지를 방문할 때마다 '이 순간을 기억할 만한 선물'을 하나씩 구입하는데, 오늘은 나를 위한 책 한 권을 골랐다. 〈ABOUT COFFEE〉라고 하는 얇은 일러스트북이다. 최근 들어 커피에 관심을 갖게 되었는데 때마침 예쁜 그림과 심플한 커피 이야기가 조화를 이룬 책이 눈에 띄어 과감히 지갑을 열었다.

자리로 돌아와 커피 한 잔을 앞에 두고 책장을 넘겼다. 40페이지 남짓한, 그마저도 대부분이 예쁜 그림으로 가득한 책을 오늘 이 자리에서 다 읽어 버리기로 했다. 평소 같으면 어렵다고 넘겨 버릴 커피 상식도 알기 쉬운 그림으로 만나니 술술 읽힌다. 언젠가는 유럽 각국의 커피 전문점을 돌며 커피 한 잔에 담긴 역사와 문화를 접하고 싶다는 생각을 해 본다.

긴 산책 끝에 만난 수제 버거

직사광선이 가장 뜨거울 시간을 카페에서 보낸 후 다시 거리로 나섰다. 역사 보존 지구의 주요 건축물과 거리를 조금 더 돌아보다가 숙소가 있는 우키하역까지 걸어 갔다. 버스를 타면 금방이지만 그냥 걷고 싶은 마음에 40분 가까이 논밭과 한적한 거리를 걸었다.

그나저나 지금 당장 숙소에 가 봤자 온천욕밖에 할 게 없는데 이걸 어쩌나. 잠시

빈티지 밴이 유명한 델리 보이 브로스 햄버거

발걸음을 멈추고 휴대폰을 꺼내 역 주변의 괜찮은 레스토랑을 검색하기 시작했다. 그런데 찾고 보니 좀 난감하다. 레스토랑이 우키하역에서 1시간을 더 걸어야 하는 곳에 있는 모양이다. 하지만 남는 게 체력과 시간이니 걷기로 했다.

 긴 이동 끝에 오늘 여정의 마지막을 장식할 '델리 보이 브로스 햄버거Deli☆Boy BROS. HAMBURGER'에 도착했다. 지역의 특산물 중 하나인 포도를 판매하는 관광 포도부회観光ぶどう部会 맞은편에 위치한 가게는 수제 버거만큼이나 가게 앞에 주차된 파란색 빈티지 쉐보레 밴 차량으로 유명하다. 이 차량은 단순한 전시용이 아니라 한 번씩 실시하는 이동 판매 시에 활용하고 있다.

 도쿄의 유명 수제 버거 가게에서 요리를 배운 멋쟁이 사장님이 운영하는 가게 내부는 밖에 주차된 밴 차량만큼이나 빈티지하다. 20세기 중반 미국의 분위기를 연상시키는 잡화와 전시품이 전시된 가운데 신나는 팝 음악이 실내를 메웠다. 사장님과 몇 마디 인사를 주고받은 후 칠리버거와 콜라 한 잔을 주문했다. 야간 영업의 첫 손님이니 더욱 최선을 다하겠다는 말씀을 남기고 부엌으로 들어가신 사장님의 분주한 손길이 여기까지 느껴진다.

잠시 후 주문한 음식이 나왔다. 두꺼운 패티 사이로 육즙이 흐르는 햄버거와 먹음직스러운 튀김 감자, 그리고 갈증을 풀어 줄 시원한 콜라 한 병. 한 시간 넘게 걸어온 보람이 있다. 냅킨으로 햄버거를 싸서 한 입 한 입 베어 먹기 시작했다. 입안으로 뚝뚝 떨어지는 진한 육즙과 소스, 그리고 아삭아삭한 채소까지 여러 미사어구를 갖다 붙일 필요도 없었다. '정말 맛있었다.' 어찌나 맛있던지 순식간에 접시를 비웠지만, 맞은편 하늘 위로 타들어 가는 저녁놀이 너무 예뻐서 잠시 넋을 놓고 하늘을 바라보느라 한참을 더 앉아 있었다.

'이렇게 여유로운 마음으로 노을을 바라보는 게 얼마만이지?'

그렇게 어스름이 내릴 때까지 하늘을 바라보다가 사장님과 인사를 나눈 후 터덜터덜 걸어온 길을 되돌아갔다. 그리고 낡은 시골 료칸의 조각방에 짐을 풀고 뜨끈뜨끈한 온천욕을 끝내자마자 깊은 잠에 빠졌다.

다네노 도나리의 건강한 맛

우키하에서의 둘째 날 아침, 어지간히 피곤했는지 10시 20분에야 눈을 떴다. 어제도 그러했지만 오늘 일정도 단순하다. 우선 다네노 도나리つうね棚の隣라는, 이 동네에서 가장 유명한 카페를 찾아 브런치를 먹은 후 일본의 100대 전경으로 손꼽히는 계단식 논밭 쓰즈라타나다つづら棚田를 방문하는 게 고작이다.

숙소에서 다네노 도나리로 이어지는 도로 주변에는 탐스러운 포도알이 주렁주렁 열린 포도밭이 펼쳐졌다. 간간이 복숭아나무도 눈에 띈다. 예로부터 풍부한 수원과 온난한 기후를 바탕으로 포도와 복숭아 등 각종 과일 농사가 발달한 우키하는 규슈를 대표하는 과수 지역이다. 이 포도밭 사이로 난 시골길을 따라 30분쯤 걸으니 첫 번째 목적지인 다네노 도나리가 등장했다.

조그만 미술 전시관과 잡화 판매점, 그리고 카페가 한데 모인 이곳은 교외 드라이브를 즐기는 사람들이 즐겨 찾는다. 아니나다를까 실내로 들어가니 꽤 많은 사람들이 즐거운 한때를 보내고 있다. 바깥이 내다보이는 커다란 유리창과 짙은 색의 목제 테이블과 의자, 그리고 흙과 돌이 조화를 이룬 벽이 어우러진 실내를 살핀 후 적당한 자리를 골라잡았다.

친환경 재료로 건강한 음식을 내놓는 이곳의 주력 메뉴는 '도나리노고항隣りのごはん'이라 불리는 정식이다. 이 정식은 매달 메뉴가 바뀌는 걸로 유명한데 이번 달에는 신선한 새우와 채소가 듬뿍 들어간 물만두, 으깬 두부에 야채를 버무린 시라아에白和え, 튀긴 가지, 두부, 낫토, 샐러드 등 몸에 좋은 음식들로 엄선되었다. 편의점 음식과 패스트푸드에 의존하던 일상에서 벗어나 자연의 신선함이 깃든 음식을 만나니 한껏 건강해지는 기분이다. 또한 맛도 좋으니 입이 즐거웠다. 새우 물만두는 말할 것도 없고 가지와 낫토는 어찌나 맛있는지 새삼 감동스럽다. 매일 이렇게 먹을 수 있다면 100세까지 사는 것도 가능할 텐데.

식사를 끝내니 이번에는 진한 원두 향이 흐르는 커피 한 잔과 입안을 산뜻하게 해 줄 디저트가 나왔다. 다음 일정까지 시간도 여유 있겠지, 커피 한 잔과 함께 어제 구입한 책을 꺼내 그림만 슥슥 넘기면서 읽었다. 쉬어 가는 기분으로 오후의 한때를 즐겼다.

일본의 100대 전경으로 꼽히는 계단식 논밭

쓰즈라타나다つづら棚田로 가는 버스를 타기 위해서 우키하역 근처로 돌아갔다. 우키하와 히타를 잇는 산악 지대에 자리한 이 계단식 논밭은 규슈 지역에서는 보기 드문 지형으로 옛 농민들의 구슬땀이 고스란히 배어 있다. 그러나 이곳을 오가는 버스가 2~3시간에 한 대꼴이라 타이밍을 잘 잡아야 한다. 우키하역 근처 우키하 발착소うきは発着所에서 커뮤니티 센터コミュニティセンター前행 버스에 올랐다.

나를 포함해 단 두 명의 승객이 탑승한 25인승 버스는 시내를 거쳐 꼬불꼬불한 산길을 타고 들어갔다. 어찌나 골짜기가 깊은지 때때로 휴대폰 전파가 끊어지기도 했다. 게다가 고도는 어찌나 높은지 두 귀가 먹먹해졌다. 애꿎은 귀만 누르길 30분, 주변으로 삼나무가 빼곡한 사지바라이三寺払 정류장이 보였다. 도착이다.

그러나 고생은 지금부터다. 버스 정류장 앞으로 보이는 가파른 언덕길을 1시간 가량 걸어야 하는데 언덕길은 둘째치고 날씨가 심상치 않다. 검은 구름이 푸른 하늘을 뒤덮어 버린 것이다. 불안한 마음을 안고 아무도 오지 않는 깊은 산속을 걷기 시작했다. 어찌나 언덕이 가파른지 출발한 지 얼마 안 되어서 온몸이 땀으로 얼룩졌다. 한참 만에야 저 멀리 오르막 근처로 계단식 논밭이 보이기 시작했다.

과연 고생한 보람이 있는 경치

였다. 차오를 대로 차오른 숨을 가다듬고 그 고요하고 아름다운 경치를 찍기 위해 카메라를 들었다. 그런데 몇 컷 찍지도 않았을 때, '우르르 쾅쾅' 하는 소리와 함께 비가 내리기 시작했다. 서둘러 비 피할 곳을 찾기 시작했다. 아쉬운 대로 저 앞에 보이는 조그만 화장실로 뛰어갔다. 빗방울은 점점 더 굵어졌다. 길어야 30분이면 그치겠거니 했던 내 예상과는 달리, 소름 돋을 정도로 큰비가 이어졌다.

결국 일본의 100대 전경을 사진으로 담아 내겠다는 목표는 산산조각 나고, 2시간 동안 아무도 오지 않는 외딴 화장실 입구에서 하염없이 비 구경만 했다. 여기까지 오느라 고생한 것을 생각하면 허무했지만, 여행이란 언제나 계획대로 될 수는 없는 법. 이것 또한 추억이려니 하고 생각하니 마음이 편해졌다. 간신히 비구름이 지나간 후, 마지막 버스를 타기 위해 발길을 돌리며 다음을 기약했다.

지독한 장마에 지치고 일상에 싫증날 무렵에 만난 우키하에서의 1박 2일. 마지막에 아쉬움이 남기는 했지만, 아무 생각 없이 산책하고 멋진 레스토랑과 카페를 돌아다닌 것만으로도 충분히 즐거운 추억이 되었고, 무엇과도 바꿀 수 없는 행복을 얻었다.

우키하역으로 돌아가는 버스 타는 곳

Travel Tip

가는 방법 항공편으로 후쿠오카 공항에 도착(한국 직항 있음). 후쿠오카의 하카타역(博多駅)에서 구루메역(久留米駅)행 완행열차 탑승. 구루메역에서 치쿠고요시이(筑後吉井)행 전차로 환승하여 치쿠고요시이역 하차. (약 1시간 30분 소요, 요금 1,310엔)

둘러보기 치쿠고요시이역 → 우키하 역사 보존 지구 → 이구라노 야카타 → 가가미다 야시키 → 팡노모카 → 미노우 북카페 (약 3~4시간 소요)
  ※ 당일치기 여행자라면 시내 중심가의 역사 보존 지구가 있는 치쿠고요시이 지역에서 한나절을 보내는 것을 추천한다. 계단식 논밭인 쓰즈라타나다는 뚜벅이 여행자에게는 추천하지 않으며, 렌터카를 이용하는 경우에 추천한다.

볼거리 **계단식 논밭 쓰즈라타나다**(つづら棚田)
- 가는 방법 : 우키하역 근처 우키하 발착소(うきは発着所)에서 2~3시간 간격으로 운행되는 커뮤니티 센터(コミュニティセンター前)행 버스 탑승하여 사지바라이(三寺払)에서 하차. (약 30분 소요) 계단식 논밭까지 도보 1시간.

먹거리 **팡노모카**(ぱんのもっか)
고소함과 양증맞음의 조화를 이룬 빵집이다.
- 주소 : 후쿠오카현 우키하시 요시이마치 1127-5 (福岡県うきは市吉井町1127-5)
- 영업 시간 : 09:00~18:00, 매주 월요일, 매월 2번째 화요일 휴무 (빵이 다 팔리면 영업 종료, 오후 2~3시경 빵이 다 팔리므로 오전 방문을 추천)

미노우 북카페(MINOU BOOKS & CAFÉ)
우키하에서 가장 분위기 좋은 북카페다. 오리지널 커피, 카페라떼 등이 있다.
- 주소 : 후쿠오카현 우키하시 요시이마치 1137 (福岡県うきは市吉井町1137)
- 영업 시간 : 11:00~17:00(주말은 19:00까지), 매주 화요일, 매월 3번째 수요일 휴무

델리 보이 브로스 햄버거(Deli☆Boy BROS. HAMBURGER)
- 주소 : 후쿠오카현 우키하시 우키하마치 야마키타 1758-21 (福岡県うきは市浮羽町山北1758-21)
- 영업 시간 : 화 11:00~15:00, 수~토 11:00~20:00, 일 11:00~18:00 / 매주 월요일(그 밖에 가게 사정에 따라) 휴무

다네노 도나리(たねの隣)
온몸이 건강해지는 건강식을 한자리에서 맛볼 수 있다. 도나리노고항(隣のごはん)이 대표 메뉴다.
- 주소 : 후쿠오카현 우키하시 우키하마치 나가레가와 333-1 (福岡県うきは市浮羽町流川333-1)
- 영업 시간 : 11:30~15:30 / 매주 목요일, 오봉 기간(8월 15일 전후)과 연말연시 휴무

임진왜란 이후 일본으로 끌려온 조선인 도공들은 일본 도자기 문화 발전에 큰 획을 그었다. 전란 당시 일본군의 전진 기지 역할을 하던 사가현 곳곳에는 그들의 발자취가 남아 있는데 그중 하나가 바로 이마리다. 오늘날 이곳은 도자기뿐만 아니라 일본의 대표적 소고기로 손꼽히는 이마리규의 원산지로도 유명세를 떨치고 있다.

조선인 도공의 발자취를 찾아서

이마리 伊万里

16세기 말, 일본 전역을 통일한 도요토미 히데요시는 대륙 정복이라는 헛된 욕망에 사로잡혀 20만 대군으로 조선을 침략했다. 그 결과 조선 전역이 황폐화되고 수많은 사상자가 발생했다. 그뿐만 아니라 상당수의 조선인이 일본으로 납치되었다. 훗날 '피로인'이라 불리게 된 이들 중에는 남부 지방 출신의 도공이 포함되어 있었다. 이 도공들은 한평생 도자기 제조에 매진하며 일본 도자기 문화 융성에 이바지했다. 그래서 역사학자들은 임진왜란을 '도자기 전쟁'이라 부르기도 한다. 당시 도공 중 상당수는 한반도와 인접한 사가현佐賀県에 배치되었다. 그리고 이들이 살던 마을 중 한 곳인 이마리伊万里가 오늘의 목적지다.

화려한 불쇼 구경하며 이마리규 스테이크 맛보기

후쿠오카 하카타 버스 터미널에서 고속버스로 1시간 40분가량 달려 도착한 이마리역은 몇 해 전에 왔을 때와 변함없이 고요했다. 역 주변에 설치된 도자기 전시품이 눈길을 끌었다.

본격적으로 이마리를 둘러보기 전에 점심 식사를 하러 역 뒤편 400m 거리에 위치한 '이마리 스테이크 하우스 쓰지카와 ステーキハウス つじ川'에 들렀다. 일본에서 손꼽히는 소고기 산지로 알려진 사가현에는 소고기 요리점이 많은데 그중에서 정점에 선 이곳은 철판 요리로 명성이 자자하다. 6년 전 처음 왔을 때와 똑같은 모습을 간직한 실내에는 흰 모자를 쓴 주인 아저씨가 계셨다. '사가현 특제 소고기 세트'를 주문하자 내 앞으로 다가와 조리를 하는 아저씨는 예전에 비해 주름살이 깊어지셨으나 말 한 마디 한 마디에 깃든 따뜻함은 그대로였다. 내 몫의 음식이 완성되기까지 이런저런 이야기를 많이 들려주셔서 기다림이 즐거웠다. 그리고 조리의 막바지에 이르자 철판 위에 놓인 음식에 기름을 부었는데, '화르르' 피어오르는 불길이 장관이었다. 10여 분간의 조리를 거쳐 내 자리 앞에 놓인 쟁반 위로 잘 구운 고기와

채소 등이 한가득 쌓였다.

나는 아저씨의 추천대로 고추냉이를 섞은 특제 소스에 고기 한 점을 찍어 먹었다. 보통 소고기를 완전히 익혀 먹으면 질길 때가 있는데 이 집 고기는 그렇지 않았다. 아이스크림마냥 입에 살살 녹았다. 황홀한 식감과 깊은 맛에 감탄사가 절로 나오니 제법 비싼 음식값이 아깝지 않았다.

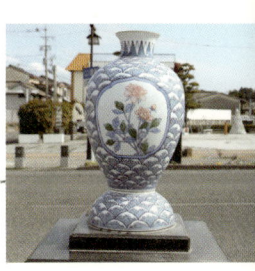

도자기의 역사가 담긴 이마리 거리 산책

만족스러운 식사를 즐긴 후, 이마리역 2층에 있는 무료 전시관에 들러 작품 몇 점을 둘러보고 거리로 나섰다. 역전 사거리를 건너자 기모노 끝을 쥔 채 걸어가는 여성을 형상화한 도자기 전시품이 등장했다. 화려함을 추구하던 에도 시대의 흐름과 달리 소박함과 담백함을 간직한 이 작품은 온갖 유행에도 흔들리지 않고 본연의 가치를 창조하고자 한 이마리 도자기의 특징을 고스란히 보여 주고 있었다.

2~3분쯤 더 걸어가니 다리 하나가 등장했다. 마을 중심부에는 '엔가바시緣起橋'라 해서 행운을 부르는 다리 세 개가 있는데, 그중 사랑하는 연인이 손을 잡고 건너면 평생을 행복하게 살 수 있다는 전설이 있는 아이오이 다리相生橋 주변으로는 지난 400년의 화려했던 이마리 역사가 살아 숨 쉰다. 지금은 도자기 전시품 몇 점만 놓여 있을 뿐 적막이 흐르는 다리이지만, 한때는 다리 아래에 '이마리쓰伊万里津'라는 나루터가 있어서 많은 도자기 수송선이 정박했다. 특히 17, 18세기에는 이마리 도자기를 유럽 전역에 판매하는 네덜란드 상관이 있었던 나가사키 데지마로 향하는 도자기 수송선들로 문정성시를 이뤘다. 이를 표현한 것이 다리 근처의 사가 은행 벽면에 붙은 카라쿠리 시계로, 매시 정각이 되면 경쾌한 음악과 함께 네덜란드 상인들과의 교역을 표현한 인형이 나와 춤을 춘다.

또한 은행 옆 골목을 따라 100m쯤 들어가면 일본 도자기의 발전사를 살필 수 있는 도자기 상가 자료관伊万里市陶器商家資料館과 바다의 실크로드관海のシルクロード館이 있다. 먼저 1825년에 지어진 상가 건물을 개조한 도자기 상가 자료관으로 들어갔

도자기 상가 자료관과 바다의 실크로드관

다. 이곳에는 이마리 도자기의 기원과 발전 등을 소개하는 자료가 전시되어 있었는데, 여기서 주목해야 할 이름이 있었으니 바로 '도조陶祖' 이삼평이었다.

정유재란 때 나베시마 나오시게 군軍에게 붙잡혀 일본 사가현에 끌려온 그는 이후 양질의 도자기 생산에 필요한 백토를 찾기 위해 사가현 곳곳을 누비다가 1616년 아리타有田의 이즈미야마泉山에서 최고급 백토를 발견했다. 이에 일가를 이끌고 아리타에 이주해 도자기를 빚은 그는 이마리 도자기의 선구자로서 조선의 혼이 담긴 도자기를 대량 생산하기 시작했다. 한편, 명나라의 멸망으로 도자기 공급처를 잃은 네덜란드는 새로운 도자기 구매처로 일본을 주목했다. 수출 초창기에는 유럽 측이 원하는 무늬와 양식을 가미해 도자기를 생산했으나, 점차 조선 도자기의 담백함과 일본 특유의 멋과 미를 혼합한 도자기를 생산했고 이렇게 탄생한 도자기는 유럽 도자기 문화에도 큰 영향을 끼쳤다.

그런데 도자기와 더불어 생각지도 못한 물건 하나가 유럽 사회를 뒤흔들었으니 바로 도자기를 포장하는 데 쓰던 우키요에浮世絵 양식의 포장지였다. 에도 시대에 탄생한 풍속화인 우키요에 속에는 화려한 의상을 걸친 게이샤와 우스꽝스러운 모습을 한 광대가 자주 등장하는데, 유럽인들의 시선에는 몹시 이국적인 이 양식이 큰 인기를 얻었고 고흐, 모네 등 서양 인상주의 화가들에게 큰 영감을 줬다.

이렇듯 에도 시대 조선인 도공과 그 후손들이 빚은 이마리 도자기는 임진왜란 전만 해도 제대로 된 질그릇 하나도 못 만들던 일본의 도예 기술을 몇 차원 끌어올린 것은 물론이고, 유럽 상류층 문화에도 지대한 영향을 미치며 현재까지 그 가치를 인정받고 있다.

2층까지 이어지는 자료관 구경을 끝내고 바로 옆에 위치한 바다의 실크로드관에 방문했다. 자료관과 마찬가지로 무료 입장이 가능한 이곳 1층에는 도자기 판매장이 있었고, 2층에는 도자기 체험장과 전시관이 마련되었다. 특히 전시관에는 이마리 도자기를 실어 나르던 수송선인 센고쿠부네千石舶와 상가 모형 등 에도 시대의 상황을 가늠할 수 있는 전시품이 여럿 남아 있어 일본 도자기 발전사를 살피기에는 참 좋았다.

다만, 한국 사람으로서 이곳의 전시품을 구경하는게 마냥 편하지만은 않았다. 일본으로 끌려온 도공들을 향한 연민, 우리의 것을 훔쳐 화려한 문화를 꽃피운 일본을 향한 분노, 그리고 세계 최고의 기술을 가졌음에도 이를 활용하지 못한 조선의 현실 등 생각만 해도 가슴 아픈 역사에 한숨만 절로 나왔다.

나베시마 도자기의 혼이 깃든 마을 오카와치야마

실크로드관 구경을 끝으로 역으로 돌아가 오카와치야마大川內山로 향하는 시내버스에 올라탔다. 창밖으로 펼쳐지는 전원 풍경에 시선을 맡긴 채 15분가량 달려 오카와치마야에 도착하니, 산골짜기 입구에 도자기 파편으로 만든 나베시마항 가마하시(도자기 다리)가 등장했다.

험준한 산 아래에 위치한 마을 오카와치야마는 1671년 나베시마(오늘날 이마리와 아리타 지역) 영주가 어용 가마를 설치했던 곳으로, 가마가 폐쇄된 1871년까지 약 200여 년간 최고급 도자기를 생산했다. 나베시마 영주는 도예 기술이 외부에 노출되는 것을 막고자 세이라산으로 둘러싸인 오카와치야마에 가마를 설치하였고, 마을 입구에 관소関所·세키쇼라는 관문을 설치해 마을 출입자들을 철저히 수색할 정도였다. 이후 마을에 들어선 요장(도자기 공방)들은 영주의 철저한 감시하에 고급 자기를 생산했고, 이들이 빚은 나베시마 자기는 조정과 막부에게 헌상되었다. 이때 탄생한 나베시마 청자鍋島青磁(청자 원석을 잘게 부순 유약을 발라 구운 도자기)와 이로나베시마色鍋島(백자 위에 빨강·초록·노랑 삼색으로 그린 덧그림을 넣은 도자기), 나베시마 소메쓰케鍋島染付(청화)는 현재에도 최고급 도자기로서 비싼 값에 거래된다. 또한 오늘날에도 30여 군데의 요장(도자기 공방)이 마을 곳곳에 남아 역사를 이어 나간다.

이렇듯 도자기로 시작해 도자기로 끝나는 마을을 둘러보기에 앞서 다리 건너편 주차장에 위치한 이마리 나베시마 도자기 회관伊万里鍋島陶磁器会館에 들러 여행 지도를 얻었다. 사실 회관 바로 옆에도 도자기 타일로 만든 오카와치야마 마을 지도가 있어서 마을 내 주요 시설물의 위치를 확인할 수 있으나, 지도 한 장은 손에 쥐어야 마음이 놓여서 종이 지도를 들고 마을 산책을 나섰다.

옛날에는 기술 유출을 우려해 폐쇄적이었던 마을은 이제 도자기 장인들의 예술의 장으로 탈바꿈했다. 이를 반영하듯 마을 언덕 초입에는 도쇼카 요장陶咲花窯과 다이치로 요장太一郎窯, 하타만도엔 요장畑萬陶苑 등 도자기를 판매하는 공방들이 줄을 이었고, 이들 건물 처마에 걸린 풍경들이 바람에 흔들려 예쁜 소리를 냈다. 그리고 그 아래로는 도자기를 고르는 손님들과 작품 소개를 하는 상인들이 이야기꽃을 피웠다.

하타만도엔 요장畑萬陶苑 건너편에 자리한 세이라 요장 근처에는 관문 역할을 하

던 관소 유적이 있었고, 거기서 오른쪽으로 몸을 돌리자 크고 작은 요장과 도자기 전시장이 옹기종기 모인 나베시마항가마 언덕鍋島藩窯坂이 나왔다. 가파른 언덕길 양옆으로 흰 벽과 검은 기와가 조화를 이룬 도자기 공방과 빨간 벽돌 굴뚝이 고개를 내민 언덕길을 따라 걸었다. 전시관으로 공개된 몇몇 공방에도 들어가 도자기를 살펴보았는데, 공방들을 둘러볼수록 뭔가 이질감이 들었다. 조선인 도공에 의해 꽃핀 도예 문화라고는 하나, 400여 년의 역사를 거쳐 일본화된 탓에 우리 백자에서 볼 수 있는 여백의 미와 소박함, 그리고 자연과의 조화를 찾기는 불가능에 가까웠다. 그럼에도 본인의 뿌리가 조선임을 잊지 않은 도공들이 있었음에 180도 다른 모습에서도 어렴풋이 동질감이 들었다.

이런 묘한 감정을 안은 채 언덕 가장 위쪽에 자리한 도예관 이마리까지 둘러본 후 걸어온 길을 따라 내려갔다. 그러다가 언덕 중간 지점에서 왼쪽으로 이어지는 골목길을 따라 진상용 도자기를 굽던 노보리 가마를 만났다. 매년 11월, 나베시마 번요 축제가 열릴 때, 마을의 모든 공방이 이곳에서 불을 피운 후 헌납 의식을 치른다고 하니 축제에 맞춰 재차 마을에 들러 보고 싶은 마음이 들었다. 그렇게 잠시 노보리 가마를 구경한 후 도자기 판매장이자 찻집인 고센가마에 들러 예쁜 도자기 컵과 그릇에 담긴 커피와 케이크로 배를 채웠다.

어느덧 버스 시간이 가까워졌다. 남은 시간에는 마을 외곽에 위치한 고려인의 묘지에 방문해 우리 조상님께 인사를 드렸고, 버스 정류장 옆에 있는 이마리 아리타 도자기 전통산업회관伊万里・有田陶磁器伝統産業会館에 방문해 화려한 도자기들을 구경하는 것으로 오카와치야마에서의 여정을 마무리했다.

동영상 보기

Travel Tip

가는 방법
① 항공편으로 후쿠오카 공항에 도착(한국 직항 있음). 후쿠오카의 하카타 버스 터미널 3층 32번 탑승장에서 이마리(伊万里)행 버스 탑승. (1시간 45분 소요, 왕복 3,600엔)
② 후쿠오카의 하카타역에서 JR 특급 열차 탑승하여 이마리역 하차. (약 2시간 소요, JR 규슈 패스 이용)

돌아보기
후쿠오카의 하카타 버스 터미널에서 오전 일찍 출발하여 10시 이전에 이마리 도착 → 이마리 시내 관광 후 12:00 버스로 오가와치야마 이동 → 오가와치야마 돌아보기 → 16:33 버스로 이마리로 돌아와 쓰지카와에서 이마리규 스테이크로 식사 → 후쿠오카로 이동 (약 8시간 소요)

볼거리

도자기 마을 오카와치야마(大河內山)
• 가는 방법 :
① 이마리역 앞에서 오카와치야마행 버스 탑승. (약 15분 소요, 하루 4번 운행, 편도 170엔)
　이마리역-오카와치야마 버스 시간(2023년 4월 기준) : 10:00, 12:00, 14:00, 16:15
　오카와치야마-이마리역 버스 시간(2023년 4월 기준) : 10:20, 12:22, 14:22, 16:33
② 택시를 탈 경우 편도로 약 2,500엔(5.7km).

먹거리

쓰지카와(辻川)
지역의 명물 이마리 소고기로 만든 스테이크 전문점이다. 추천 메뉴는 특선 사가규 로스 스테이크(特選佐賀牛ロースステーキ)이다. 한국어 메뉴판이 있으며, 카드 결제는 안 된다.
• 주소 : 사가현 이마리시 신텐초 720-3(佐賀県伊万里市新天町720-3)
• 영업 시간 : 11:30~14:30, 17:00~21:00

베이스캠프 이마리(basecamp 伊万里)
오가와치야마 초입에 위치한 카페 겸 숙소. 80년 넘은 민가를 개축한 곳으로, 아늑한 분위기가 매력적인 가게다. 기모노 대여(5,000엔)도 가능하다.
• 주소 : 사가현 이마리시 오카와치야마초 오쓰 1846(佐賀県伊万里市大川内山町乙1846)
• 영업 시간(카페) : 주말 10:00~16:00 / 평일 휴무
• 홈페이지: basecampimari.com

5 규슈 남부

신이 머물다 간
황홀한 대자연의 땅

일본 본토의 최남단에 위치한 가고시마현은 예로부터 해양 세력과의 교류를 통해 독자적인 문화를 꽃피웠다. 특히 격동의 개화기에는 적극적으로 서양 문물을 받아들임으로써 일본 근대화의 초석을 다졌다. 당시의 흔적이 고스란히 남아 있는 시내는 물론이고, 매년 분화하는 사쿠라지마, 뜨거운 모래찜질을 즐길 수 있는 이부스키, 그리고 일본 본토의 최남단 역 니시오야마 등 근교 여행지들이 다양한 매력으로 여행자들을 유혹하고 있다.

일본 본토의 최남단

가고시마 · 이부스키 鹿兒島 · 指宿

오전 11시 15분, 가고시마 중앙역에 도착하자마자 내일 탈 이부스키행 특급 열차의 표를 예매한 후 역을 나섰다. 큼직큼직한 상가 건물과 알록달록한 시내버스, 그리고 중앙역 옥상을 뱅뱅 도는 관람차가 시야에 들어왔다.

'생각보다 역 주변이 화려하네.'

한편, 역 광장 한가운데에는 빛바랜 동상 하나가 우뚝 서 있다. 1865년 사쓰마(오늘날의 가고시마현) 영주가 극비리에 영국으로 파견한 가고시마 출신의 젊은이 19명의 기개를 보여 주는, 〈젊은 사쓰마薩摩의 군상〉이라는 작품이다. 예로부터 일본 사람들에게 사쓰마 출신은 강인하고 도전적인 이미지로 인식되는데, 이는 일반인의 해외여행이 엄격히 금지되던 에도 시대에 영국으로 건너가 선진 문물을 배우는 한편, 파리 만국 박람회에서 방적 기계를 들여오는 등 근대화에 앞장선 19

명 젊은이들의 열정이 한몫했다.

역에서 멀지 않은 곳에는 메이지 유신의 한 축을 담당했던 오쿠보 도시미치大久保利通 동상이 있고, 그 밖에도 시내 곳곳으로 과거의 영광을 떠올리게 하는 조형물이 즐비하다. 또한 조형물 주변으로 길게 이어진 상점가에서는 감미로운 음악이 흘러나온다. 옛 영광을 그리워하며 추억을 노래하는 거리에서 나는 문득 수년 전에 만났던 오스트리아의 비엔나를 떠올렸다. 다른 시간, 다른 공간, 그러나 미묘하게 들어맞는 그날의 분위기. 이제 막 발 디딘 도시에서 접하는 낯설지 않은 느낌이 긴장감을 몰아냈다.

가고시마 역사와 문화 1번지, 덴몬칸

노면 전차에 올라 시내 중심가의 한 축인 덴몬칸天文館으로 이동했다. 1779년 시마즈 시게히데島津重豪가 천문 관측을 위해 '메이지칸明時館'이라는 천문 관측소를 지은 것에서 유래한 덴몬칸 지구는 오늘날 가고시마의 경제와 문화, 그리고 생활의 중심지다.

중소 도시치고는 꽤 큰 상점가가 이어지는 이곳에서 가장 눈에 띄는 건물은 야마가타야山形屋 백화점이다. 1751년 포목점으로 문을 연 야마가타야는 1917년 대형 백화점으로 몸집을 바꾼 후 오늘날에 이르렀다. 전형적인 20세기 초의 건축 양식을 취한 백화점 옥상에는 화려한 시계탑이 심볼로 자리 잡고 있다. 그러나 중후한 외관과 달리, 내부는 여느 백화점과 다를 바 없는 세련됨을 갖췄다.

백화점 주변을 걷고 있자니 상점가에서 흘러나오는 달달한 디저트 내음에 허기

가 느껴졌다. 마침 끼니 때도 되었으니 점심부터 먹기로 했다. 점심 메뉴는 흑돼지 돈가스다.

　드넓은 대지와 온화한 기후가 조화를 이루며 농업과 축산업이 발달한 가고시마는 '사쓰마이모^{薩摩芋}'라는 품종의 고구마와 '롯파쿠 구로부타^{六白黒豚}'라 불리는 흑돼지로 명성이 자자하다. 일설에 의하면 이 가고시마 흑돼지는 지금으로부터 400년 전 류큐 왕국^{琉球王国}(지금의 오키나와)에서 헌상한 돼지와 외래 돼지인 버크셔종을 품종 교배하여 오늘에 이른 것이란다. 참고로 가고시마 흑돼지로 인정받기 위해서는 일정 기간 사쓰마이모가 들어간 사료를 먹이는 등 엄격한 기준을 통과해야만 한다. 이 돼지가 얼마나 유명한지 오늘날 가고시마의 캐릭터도 흑돼지를 형상화한 '구리부^{ぐりぶー}'라는 녀석이다.

　이 명성 높은 흑돼지를 맛보기 위해 '구로카쓰테이^{黒かつ停}'라고 하는 흑돼지 돈가스 전문점을 찾았다. 야마가타야 백화점에서 도보로 5~6분 거리에 자리한 이 가게는 지역을 대표하는 맛집으로 국내뿐만 아니라 해외 관광객의 발길도 잦다고 한다. 실내로 들어가 자리를 잡고, 가장 인기 있는 메뉴인 '조로스카쓰 런치^{上ロースかつランチ}'를 주문했다. 두툼한 살집 위로 바삭바삭한 튀김옷이 입혀진 돈가스가 나오

자마자 서둘러 한 점을 입에 넣었다.

'오, 맛있네!'

일전에 구마모토 여행 중에 들른 일본 제1의 돈가스 전문점 '가쓰레쓰테이勝烈亭'에서 느낀 경이로움까지 아니더라도, 지금까지 먹은 돈가스 중 다섯 손가락 안에 들어갈 만큼 맛이 좋았다. 특히 야들야들한 속살이 일품이고, 양도 푸짐해서 흰쌀밥과 함께 먹으니 든든했다. 기분 좋은 포만감과 함께 가게 문을 나섰다.

시로야마 전망대에서 감상하는 사쿠라지마

가고시마 시내에서 약 4~5km 떨어진 곳에는 사쿠라지마桜島라는 활화산이 있다. 사실 사쿠라지마는 100년 전까지만 해도 섬이었으나, 1914년 대폭발 때 분화구에서 흘러나온 용암이 쌓여 오오스미 반도와 연결되면서 육지의 일부가 되었다. 그런데 지금도 분화를 거듭하는 탓에 시내의 초등학생들은 날아오는 화산재를 대비하기 위해 모자나 헬멧 등을 착용한다고 한다. 어쨌거나 이 산은 오늘날 지역을 대표하는 상징으로 자리 잡으며 관광객들을 끌어모으고 있다.

이 섬인 듯 섬 아닌 사쿠라지마는 시내 곳곳에서 보이지만, 그중에서도 해발 107m 높이의 시로야마 전망대城山展望台에서 내려다보는 풍경이 일품이라는 말을 들은 적이 있어 전망대를 찾아 나섰다. 인터넷으로 검색해 보니 시내 중심가에서부터는 3km 정도 걸어야 한다고 해서 신발끈을 질끈 조였다.

덴몬칸을 벗어나 '역사와 문화의 길'로 접어들자 전국 시대로부터 에도 시대에 이르기까지 이 지역을 다스린 시마즈 가문이 대대로 기거하던 쓰루마루 성터를 비롯해 규모 있는 박물관과 미술관이 등장했다. 그리고 몇 개의 큼직한 건물을 지나자 오솔길 하나가 등장했다. 제법 꼬불꼬불한 산책로를 따라 산을 오르고 있자니 코흘리개 시절 할머니 산소 가던 길이 떠올랐다. 풀 냄새 짙고 새들이 지저귀는 비탈길에서 아빠 손을 꼭 잡고 종종걸음을 옮기던, 그러다 지치면 아빠 등에 업혀 가면서 휘파람 불던 그때 그 시절이 떠올라 휘파람을 불며 산행을 이어 나갔다.

그렇게 20분쯤 더 걸어서 전망대에 닿으니, 드디어 푸른 바다 위로 우뚝 솟아오른 사쿠라지마가 모습을 드러냈다. 몇몇 여행객이 사쿠라지마를 향해 열심히 셔터를 누르고 있는 모습에, 나도 뒤질세라 카메라를 들었다.

'찰칵찰칵!'

이리저리 각도를 바꿔 가면서 산 아래로 펼쳐진 시가지와 푸른 바다, 그리고 대자연의 위용을 뽐내는 사쿠라지마가 어우러진 풍경을 담아 냈다. 수풀이 우거진 탓에 사진으로 남기기에는 다소 어중간하지만, 두 눈으로 바라보기에는 이보다 좋을 수 없다. 이왕 여기까지 온 거 잠시 쉬어 갈 요량으로 전망이 내려다보이는 벤치에 앉아 솔솔 부는 바람을 느껴가며 망중한을 즐겼다.

사쓰마 사람들의 도전 정신이 깃든 근대 건축물 투어

올라오는 데 들인 시간만큼이나 느긋한 휴식을 즐긴 후에야 자리를 털고 일어났다. 다시 오솔길을 밟아 내려가며 다음 행선지를 고민했다.

'우선은 도시에 남은 근대 건축물부터 돌아보는 걸로 하자.'

먼저 전망대에서 멀지 않은 '역사와 문화의 길' 주변에 자리한 가고시마 현립 박물관(구 가고시마 현립 도서관)과 가고시마 현립 박물관 사고 자료관鹿兒島縣立博物館考古資料館(구 흥업관)을 거쳐 가고시마 중앙 공민관을 찾아 나섰다.

1927년, 공회당으로 시작된 가고시마 중앙 공민관은 수십 년간 지역의 사교장으로 명성 높던 곳이다. 비록 오늘날에는 겉만 멀쩡한 전시 시설로 전락했지만 그럼에도 가고시마의 찬란했던 과거를 보여 주는 데는 손색 없는 자산이다. 그리고 공민관 근처에는 일본 근대화의 주역인 사이고 타카모리의 동상이 남아 있다. 그는 정한론(조선을 정복하여 서구 열강과 어깨를 나란히 하자는 주장)의 주창자라는 점에서 우리에게는 결코 반갑지 않은 얼굴이다.

신나는 음악이 들리는 상점가를 지나 덴몬칸의 야마가타야 백화점 근처로 가니, 멀지 않은 곳에 1937년에 지어진 남일본 은행 본점南日本銀行本店 건물이 보였다. 규모로 보나 건축 양식으로 보나 야마가타야와 비교할 바가 못 되지만, 그럼에도 꿋꿋이 거리 한 켠을 지키고 있는 모습이 대견했다.

이렇듯 근대 건축물 탐방을 하다 보니, 내친 김에 이소간마치磯・上町까지 돌아보고 싶다는 욕심이 생겼다. 가고시마 외곽에 위치한 이소간마치라는 동네에는 역사적 건축물이 많이 남아 있다. 특히 이진칸異人館과 쇼코슈세이칸尚古集成館은 2015년에 메이지 일본의 산업 혁명 유산으로 유네스코에 등재될 만큼 역사적 가치를 지니는 곳이다. 그러나 시 외곽에 위치한 데다 교통편도 버스 몇 대가 고작이라 선뜻 가 볼 엄두가 나질 않았다. 하지만 오늘이 아니면 언제 다시 오겠는가 하는 생각에, 계획에도 없던 이소간마치 탐방을 결정했다.

덴몬칸 일대의 근대 건축물. 윗줄 왼쪽부터 시계 방향으로 가고시마 시청, 가고시마 중앙 공민관, 남일본 은행 본점, 가고시마 현청 기념관

덴몬칸에서 시내버스를 타고 15분쯤 달리자 목적지인 이소간마치가 등장했다. 버스 정류장 앞으로는 사쿠라지마가 내다보이는 바닷가가 시원하게 펼쳐지고, 바로 옆에는 12세기부터 사쓰마 지역을 다스려 온 시마즈 가문의 별장으로 유명한 센간엔仙巖園과 일본의 근대화에 불을 지핀 쇼코슈세이칸尚古集成館이 자리 잡고 있다. 이소 지구를 방문하면 센간엔은 꼭 둘러봐야 한다지만, 시간상 이를 건너뛴 후 쇼코슈세이칸으로 입장했다.

격동의 19세기 초, 가고시마를 비롯한 규슈 각지에는 프랑스, 영국 등 서양 열강의 선박이 출몰하기 시작했다. 에도 막부는 이미 오래전부터 나가사키의 데지마出島를 통해 네덜란드와의 교역을 실시했지만, 제한된 범위에서만 교역해 온 탓에 서양 과학 기술의 우수성을 이해하기에는 한계가 있었다. 그러던 중, 사쓰마의 11대 영주 시마즈 나리아키라島津齊彬가 서양 과학 기술을 도입하여 부국강병과 식산흥업의 꿈을 이루고자 했다. 그리하여 1857년 대포 생산 공장과 유리 제조 공장 등을 건설한 후 이를 '슈세이칸集成館'이라 이름 붙였다.

그러나 다음 해 그는 꿈을 이루지 못한 채 콜레라로 세상을 떠났고 그의 장남 시마즈 타다요시島津忠義가 아버지의 꿈을 이어받았다. 아버지만큼이나 서양 문물에 관심이 많았던 타다요시는, 서양의 과학 기술을 전수받기 위해 19인의 젊은이를 유럽으로 파견하는 한편 파리 만국 박람회에서 방적기를 들여왔다. 또한 1865년에는 지금의 쇼코슈세이칸 자리에 일본 최초의 방적 공장인 가고시마 방적소를 건설했다. 현재 쇼코슈세이칸 곳곳에는 당시의 개혁적인 활동으로 이루어 낸 결과물이 전시되어 있다.

전시관 내부를 돌아본 후 근처에 위치한 이진칸異人館(구 가고시마 방적소 기사관)을 찾아갔다. 가고시마 방적소에서 일하던 7명의 영국인 기술자가 묵는 숙소였던 이진칸은 다른 지역에서 만났던 서양식 건물들과 비교해 봐도 뒤지지 않을 우아함이 남아 있다. 덕분에 이 건물은 지역을 대표하는 심볼 중 하나가 되어, 가고시마

쇼코슈세이칸   이진칸

관광 안내 팜플렛에 단골로 등장하고 있다. 그러나 문을 닫을 즈음에 방문한 탓에 실내를 둘러보지는 못하고 외관 사진 한 장 건지는 데 만족해야 했다.

덴몬칸 무자키의 달콤한 과일 빙수, 시로쿠마

시내로 돌아온 후 '덴몬칸 무자키天文館むじゃき'라는 과일 빙수 가게에 들렀다. 가고시마에 가면 '시로쿠마白熊'라는 과일 빙수를 꼭 먹어 봐야 한다는데, 시로쿠마를 파는 가게들 중에서도 덴몬칸 무자키 본점은 여행자들이 꼭 들러야 할 명소로 매스컴이나 여행 책자에 자주 소개되고 있다.

귀여운 곰이 그려진 간판과 곰 인형이 설치된 입구를 통과해 안으로 들어가자 손님들로 북적거린다. 1945년 패전 이후 얼음 위에 꿀 시럽을 뿌려 먹던 것을 계기로 오늘날의 화려한 시로쿠마가 탄생했다는데 모두들 80

년의 역사를 자랑하는 이 맛을 즐기러 온 모양이다.

 레귤러 사이즈의 시로쿠마를 주문하니, 연유 얼음 위로 수박, 귤, 복숭아 등 알록달록 과일이 어우러진 빙수가 나왔다. 오키나와식 빙수인 '젠자이'와 비슷하지만 조금 더 단 느낌이다. 결국 반 정도 해치울 무렵부터 질리기 시작했다. 팥이라도 들어 있으면 좋으련만 연유와 우유의 달달한 부드러움이 계속되니 낭패. 그래도 비싼 가격을 생각해 차마 남기지 못하고 간신히 그릇을 비웠다.

 탱탱해진 배를 부여잡고 거리로 나섰다. 저녁 식사는 도저히 생각하지 못할 만큼 배가 부른 데다가 새벽부터 쌓인 피로까지 겹친 탓에 남은 일정은 포기하기로 하고, 앞서 보지 못한 가고시마 현청 기념관(1925년, 구 가고시마 현청)과 시청 건물까지만 둘러본 후 호텔로 돌아가 샤워와 함께 깊은 잠에 빠졌다.

다마테바코 열차를 타고 모래찜질 하러 이부스키로

초저녁부터 숙면을 취한 덕분에, 여느 때보다 상쾌한 기분으로 가고시마에서의 둘째 날을 맞이했다. 오늘은 이부스키指宿로 이동해 스나무시(모래찜질) 온천욕을 체험하고, 일본 본토의 최남단 역 니시오오야마西大山도 방문해 볼까 한다. 일정은 빡빡하지 않지만, 전차를 놓쳤다간 여행 전체가 꼬일 수 있어 얼른 식사를 끝내고 한걸음에 중앙역으로 이동했다.

 이부스키행 열차가 출발하는 플랫폼으로 가니, 흑과 백의 조화를 이룬 2량짜리 다마테바코玉手箱 열차가 철로 위에 서 있다. '보물 상자'라는 뜻의 다마테바코 열차는 유후인노모리ゆふいんの森와 더불어 규슈를 대표하는 특급 열차다. 가고시마 지역에 전해 내려오는 우라시마 다로浦島太郎*의 용궁 전설에서 모티프를 딴 이 열차는 '보물 상자를 여니 흰 연기가 피어올랐다.'라는 대목에서 착안하여 문이 열릴 때마다 흰 김을 뿜어낸다. 우라시마 다로가 용궁의 공주로부터 받았다는 보물 상자를

형상화한 외부 디자인은 말할 것도 없고, 가고시마산 원목으로 중후하면서도 클래식한 분위기로 꾸며진 객실은 여행자들의 마음에 불을 지폈다. 특히 책장과 소파가 배치된 좌석은 인기를 많이서 이동 내내 주변이 소란스러웠다.

고개를 돌리지 않아도 차창 밖을 바라볼 수 있는 포근한 좌석에 앉아 짐을 내려놓고 주변을 두리번거리는 사이 출발을 알리는 방송과 함께 열차가 움직이기 시작했다. 몇 분 후, 차창 밖으로 사쿠라지마와 눈부신 해변이 등장했다. 여기저기서 찰각찰각 하는 셔터음이 들려왔다. 지나가는 판매원에게 유명한 이부스키 사이다 指宿サイダー와 이부타마 푸딩 いぶたまプリン를 사서 맛보며, 창밖으로 펼쳐지는 소박한 시골 풍경과 푸른 지평선을 감상하고 있노라니 어느새 이부스키에 도착했다는 안내 방송이 흘러나온다.

* 우라시마 다로 이야기
옛날 옛적, 이부스키에 우라시마 다로라는 어부가 살았다. 어느 날 그는 바닷가에 일을 하러 나갔다가 어린아이들이 거북이 한 마리를 괴롭히는 것을 목격하고 거북이를 구해 준다. 그러자 거북이가 은혜를 갚겠다며 그를 용궁으로 데려간다. 다로는 용궁에서 극진한 대접을 받으며 행복한 한때를 보낸다. 하지만 얼마 후 집이 걱정된 나머지 뭍으로 돌아가기로 결정하는데, 용궁 사람들은 돌아가려는 다로를 강력히 말린다. 그러나 그 누구도 다로의 결정을 꺾을 수 없었고 결국 용궁의 공주는 다로에게 보물 상자를 건네며 '무슨 일이 있어도 열지 마세요.'라고 신신당부한다. 다로는 보물 상자를 가지고 뭍으로 돌아갔지만, 고향에는 가족도, 이웃도, 그 누구도 아는 얼굴이 없었다. 그는 이게 무슨 영문인가 싶어 공주의 당부를 잊은 채 보물 상자를 열었다. 그러자 흰 연기가 피어올랐고, 연기가 온몸을 뒤덮는 순간이 다로는 노인이 되고 말았다.

시원한 바다가 펼쳐진 이부스키 해변

　출발 한 시간 만에 도착한 이부스키역 관광 안내소 주변은 모래찜질 온천 및 료칸, 렌터카 예약을 위한 관광객들로 북적였다. 이들을 뒤로한 채 밖으로 나와 신나는 음악이 울려 퍼지는 상점가로 진입했다. 역전을 시작으로 다닥다닥 붙은 상가 건물 대다수가 셔터를 내린 상태다. 수십 년 전 가고시마와 미야자키 지역이 신혼여행지로 각광받을 무렵 우후죽순으로 들어섰다가 이후 그 열기가 사그라듦에 따라 하나둘 문을 닫은 모양이다. 황량한 상점가에 지나칠 정도로 신나는 댄스 음악이 흐르니 어딘가 이질적이다.
　상점가를 거쳐 해변가를 따라 걷기를 20여 분, 커다란 온천 건물이 나타난다. 스나무시 회관 사라쿠 砂むし会館 砂楽다. 본관으로 들어가 요금을 지불한 다음 탈의실로 향했다. 턱밑까지 차오르는 열기가 싫어 그 흔한 목욕탕도 안 다니는데 모래찜질은 괜찮을까? 걱정 반, 두려움 반으로 유카타로 갈아입고 타올을 챙겨 해변가에 위치한 찜질장으로 이동했다.

시원한 바다가 펼쳐진 해변가 한 켠에 들어선 천막 아래로는 직원들이 분주하게 움직이고 있었다. '삭삭' 하는 삽질 소리가 들리는 가운데 검은 모래 위로 뜨거운 열기가 올라왔다. 직원의 안내에 따라 자리에 눕고, 챙겨 온 타올로는 얼굴을 감쌌다. 준비가 끝나자 직원 분들의 힘찬 삽질이 시작되었다.

뜨거운 모래가 몸 위로 실린다. 생각 이상으로 무겁다. 게다가 어찌나 뜨거운지 그 열기가 상상 그 이상이다. 50~55도의 모래를 덮고 10분가량 누워 있으면 몸속의 노폐물이 쫘악 빠져나간다는데, 10분은 고사하고 지금 당장 벗어나고 싶다. 그래도 지금 아니면 언제 또 이런 호사를 누릴까 싶어 입술을 꽉 깨물고 버텨 보았다. 어느새 이마에는 땀방울이 맺혔다. 5분, 6분, 7분, 서서히 인내심이 한계에 다다랐다. 결국 10분을 채우지 못하고 직원에게 부탁해 찜질을 끝냈다.

본관으로 돌아와 몸을 깨끗이 씻은 후 옷을 갈아입고 나와 시원한 음료수를 사 마셨다. 시원하게 땀을 뺀 가운데 차가운 음료가 목을 타고 내려가니 말로 설명할 수 없는 상쾌함이 온몸을 휘감았다. 그렇게 후끈후끈했던 모래찜질을 경험한 후 한결 가벼운 상태로 이부스키역으로 되돌아갔다.

일본 본토의 최남단, 니시오오야마

일본 본토의 최남단 가고시마현에서도 니시오오야마西大山는 일본 본토 최남단 역으로 유명하다. 한때는 일본 전체의 최남단 역으로 명성을 떨쳤으나, 2003년 오키나와에 유이 레일이 설치되면서 일본 최남단 역의 지위를 넘겨주고, 대신 '본토 최남단'이라는 이름으로 명성을 이어 가는 중이다. 비록 자그마한 무인역이지만 명성 덕분에 많은 관광객을 끌어모으고 있다.

니시오오야마로 향하는 전차가 드문드문한 탓에 한참을 대합실 의자에 앉아 기다렸다. 그러다 겨우 도착한 2량짜리 낡은 완행열차를 타고 30분쯤 달려 작은 역

에 도착했다. 전차에서 내리니 역 앞으로는 JR 일본 최남단 역임을 알리는 푯말과 함께 '사쓰마의 후지산'이라 불리는 카이몬타케開聞岳가 우뚝 서 있다.

역 주변으로는 행복을 전하는 노란 우체통이 눈에 띈다. 장식용 우체통이 아니라 진짜 우체통이다. 인생의 전환점을 맞이하는 시기에 떠난 여행인 만큼 스스로에게 편지 한 장을 써 주고 싶었다. 역 근처의 기념품 매장에서 엽서 3장을 구입하여 간절한 염원을 담아 깨알 같은 글씨로 적어서 우체통에 넣었다. (국제 우편을 보내고 싶다면, 미리 가고시마 중앙역 근처 우체국에 들러 국제 우표를 구입해야 한다.)

'행복을 전하는 우체통아. 부디 나를 포함해 엽서를 받을 친구들 모두에게 따뜻한 행복과 희망을 전해 주기를…….'

한편, 니시오오야마역은 올레길 코스로도 유명한 모양이다. 역에서부터 카이몬타케로 향하는 올레길은 해바라기가 만개할 무렵 그 매력이 절정에 달한단다. 마음 같아서는 한 번 걸어 보고 싶었지만 다음 전차까지의 시간이 촉박한 관계로 언제가 될지 모를 다음을 기약하며 발길을 돌렸다.

일본 본토 최남단에 위치한 가고시마현. 일본의 구국 영웅 사카모토 료마 부부의 신혼여행지이자 메이지 유신의 주역들의 고향. 노면 전차와 모래찜질, 사쿠라지마 등 며칠 밤을 꼬박 새워도 못 끝낼 이야기가 있는 고장. 비록 찬란한 과거의 영광은 사라졌지만, 밝고 긍정적인 에너지로 똘똘 뭉친 주민들이 오늘을 살아가는 가고시마에서 그간 쌓아 둔 마음의 짐과 찌든 때를 깔끔히 내려놓고 간다.

Travel Tip

가는 방법
① 항공편으로 후쿠오카 공항 도착(한국 직항 있음). 후쿠오카 하카타역에서 신칸센 탑승하여 가고시마 중앙역 하차.(1시간 20분 소요, JR 규슈 전지역 레일패스 이용, 3일권 17,000엔 / 5일권 18,500엔 / 7일권 20,000엔, 구매 사이트 www.jrkyushu.co.jp/korean/booking/manual.html)
② 후쿠오카 버스 터미널에서 시외버스 탑승하여 가고시마 중앙역 하차.(4시간 20분 소요, 규슈 전지역 산큐패스 3일권 혹은 4일권 이용)

둘러보기
첫째 날 : 가고시마역 → 덴몬칸 → 시로야마 전망대에서 사쿠라지마 감상 → 덴몬칸 주변과 이소간 마치에서 근대 건축물 투어 → 가고시마에서 숙박 (약 6시간 소요)
둘째 날 : 가고시마역에서 다마테바코 열차 탑승 → 이부스키에서 모래찜질 → 니시오오야마역 둘러보기 → 가고시마역 (약 6시간 소요)

볼거리

이소간마치(磯・上町)
- 가는 방법 : 가고시마 중앙역 혹은 덴몬칸역에서 시게히사샤코(重久車庫)행 버스 탑승 후 센간엔 앞에서 하차. (약 30분 소요, 요금 170엔)
- 요금 : 쇼코슈세이칸(尚古集成館) & 센간엔(仙巖園) 종합권 1,000엔 / 쇼코슈세이칸 & 센간엔 &어전(御殿) 종합권 1,500엔
※ 센간엔에는 근대 건축물을 활용한 스타벅스 매장이 있다. 일본의 유명 스타벅스 매장 중 하나이니 들러보는 것을 추천한다.

이부스키(指宿)
- 가는 방법 : 가고시마역에서 다마테바코 열차 탑승하여 이부스키역 하차. (약 1시간 소요, 왕복 3,150엔) 또는 일반 열차 탑승하여 이부스키역 하차(약 1시간 30분 소요, 편도 1,020엔)
- 요금 : 스나무시 회관 사라쿠(砂むし会館砂楽) 입장료 1,100엔(수건 별도 구입)

니시오오야마(西大山)
- 가는 방법 : 이부스키역에서 이부스키 마쿠라자키센(指宿枕崎線) 전차 탑승하여 니시오오야마역(西大山駅)에서 하차. (약 20분 소요, 편도 요금 280엔)

먹거리

구로카쓰테이 덴몬칸점 구로베에(黒かつ亭 天文館店「黒べえ)
가고시마 흑돼지 돈가스 전문점이다. 대표 메뉴는 조로스카쓰 런치(上ロースかつランチ).
- 주소 : 가고시마현 가고시마시 야마시타마치 2-2(鹿児島県鹿児島市山下町2-2)
- 영업 시간 : 런치 11:00~15:30, 디너 17:00~23:00

시로쿠마 무자키 본점(白熊むじゃき本店)
과일 빙수 전문점. 연유 얼음 위로 각종 과일이 어우러진 시로쿠마(白熊)가 대표 메뉴.
- 주소 : 가고시마현 가고시마시 센니치초 5-8(鹿児島県鹿児島市千日町5-8)
- 영업 시간 : 월~토 11:00~22:00 / 일요일, 국경일, 7~8월 10:00~22:00

드넓은 바다 옆으로 모아이 석상과 자연이 선물한 도깨비 빨래판 지형, 오랜 역사의 흔적이 남은 오비 마을, 일본 신화의 현장 '우도 신궁'이 펼쳐지는 미야자키의 보물 창고 니치난. 일본의 하와이라 불릴 만큼 자연의 아름다움이 숨쉬는 매력적인 고장이다.

미야자키의 보물 창고

니치난 日南

이른 아침 미야자키역 부근의 한 호텔에서 눈을 떴다. 오늘 하루는 미야자키현 남부에 자리한 니치난日南이라는 고장을 돌아볼 예정이다. 이곳에는 '규슈 남부의 작은 교토'라 불리는 오비飫肥 마을을 비롯해 7개의 모아이 석상이 있는 산멧세니치난サンメッセ日南, 해안 절벽의 동굴에 세워진 우도 신궁鵜戸神宮, 대자연이 빚은 도깨비 빨래판 등 매력 넘치는 관광 자원들이 풍성하다.

오늘 하루, 내 발이 되어 줄 수단은 한 시간에 한 대꼴로 미야자키역을 출발하는 오비 마을행 버스日南市飫肥バス停다. 왼쪽에 앉아야 이동하는 내내 아름다운 자연 풍경을 감상할 수 있기 때문에, 서둘러 버스에 올라 자리를 잡았다. 잠시 후 모든 승객이 자리에 앉자 부릉부릉 하는 소리와 함께 버스가 움직이기 시작했다.

역을 시작으로 야자수가 이어지는 대로를 지나 미야코 시티, 미야자키 공항, 그리고 몇 개의 언덕을 돌아 바다가 보이는 해안 도로로 진입했다. 꼬불꼬불한 국도를 달리는 버스의 차창 밖으로 펼쳐지는 해안 풍경과 지평선은 절경이었다. 이를 향해 감탄사를 내뱉는 사이 버스는 아오시마, 산멧세니치난 등을 거쳐 오비 마을에 당도했다.

파워 스폿, 오비성

오비 마을에서 조금 떨어진 작은 산에는 300여 년의 역사를 자랑하는 오비성飫肥城이 남아 있다. 가마쿠라 시대(1185-1333)에 허름한 요새로 시작된 오비성은, 전국 시대에 규슈 전역을 호령하던 시마즈 가문을 거쳐 16세기 후반부터 이토 가문의 영향권에 들어가면서 제대로 된 성채와 천수각 등을 갖추게 되었다.

우선 오비성 근처에 자리한 관광 안내소에 들러, 마을 내 주요 건축물의 입장권과 지정 상점에서 사용 가능한 교환권이 붙어 있는 종합권을 구입했다. 종합 안내소를 빠져 나와 완만한 언덕을 향해 걷자 저 멀리 우뚝 선 오비성의 정문 오오테몬大手門이 보인다. 오비성의 정문과 성곽은 1873년 폐성령으로 해체된 것을 1978년에 복원한 것이다. 정문 옆에는 1869년에 지어진 요쇼칸豫章館이 자리 잡고 있다. 오비성의 영주였던 이토伊東 가문의 저택이자 정원이다. 작은 대문을 통해 안으로 들어가니 저택과 함께 잘 관리된 정원이 등장한다. 종합권으로는 입장이 불가능한 곳이라 주변만 살핀 후 발걸음을 돌렸다.

정문을 지나자 푸른 이끼를 입은 성벽과 함께 네 그루의 삼나무가 보였다. 안내 푯말에 의하면 행운을 부르는 '파워 스폿Power Spot'이란다. 이 나라 사람들은 신성한 곳을 찾아 좋은 기운 얻는 걸 참 좋아하는 것 같다. 아니나다를까 이미 몇몇 사람들이 나무 앞에 서서 기지개를 펴고 있다. 나도 뒤질세라 두 팔을 쭉 펴고 크게 숨을 들이쉬었다. 신선한 산소가 오장육부로 파고들자 몸도 마음도 한결 신선해졌다.

가벼운 발걸음으로 돌계단을 밟아 오비성 역사 자료관 근처로 가자 우렁찬 함성 소리가 들려오는 초등학교가 하나 등장했다. 이후 한걸음에 성벽이 남아 있는 마쓰오노마루松尾の丸와 내성에 해당하는 구 혼마루 터旧本丸跡까지 살폈다. 복원된 지 40년밖에 안된 성임에도 100년 이상의 세월을 견딘 삼나무들이 주변을 둘러싸고 있어서인지 뭔가 신비로움이 감돌았다.

규슈 남부의 작은 교토, 오비 마을

오비성에서 마을로 내려오니 조금 출출해져서, 종합권에 딸린 교환권을 쓰기로 했다. 이 마을은 계란말이와 오비텐おび天(어육과 두부를 섞어 만든 튀김)이 유명한데, 나는 계란을 안 먹으니 오비텐을 먹으러 갔다. 오비텐은 관광 안내소로부터 약 250m가량 떨어진 '원조 오비텐 혼포元祖おび天本舗'에서 맛볼 수 있다.

"이랏샤이마세! (어서 오세요!)"

실내로 들어가자 주인 아주머니께서 인사를 건네신다. 교환권을 내미니 비닐봉지에 오비텐과 오비아게おび揚げ(우엉이 들어간 튀김)를 넣어 주셨다. 먼저 오비텐을 한 입 베어 물자 생선 육즙에 고소한 두부 맛이 더해지며 입안을 채웠다. 일전에 먹은 유바湯葉(두부 껍질) 튀김이 생각나는 맛이었다. 이어서 오비아게도 맛보았는데 이것도 내 취향이었다.

'규슈 남부의 작은 교토'로 불릴 만큼 아름다운 오비 마을에는 옛날 사람들의 세간살이를 가늠할 수 있는 전통 가옥이 즐비하다. 그중에서 가장 먼저 향한 곳은 구 야마모토 이헤이 저택旧山本猪平家이었다. 1907년, 오비 마을의 거상이던 야마모토 이헤이가 세운 이 가옥은 332평이라는 넓은 면적과 함께 화려한 세간살이를 자랑한다. 관리인 아주머니께 간단한 안내를 듣고 실내를 둘러보았다. 예로부터 인구도 적고 외부인의 출입이 드물었던 이 동네에 이렇게 큰 상인 가옥이 남은 걸 보면

에도 시대 일본의 경제력이 얼마나 대단했는지 가늠해 볼 수 있다.

방향을 돌려 혼마치 거리本町通り 한복판에 위치한 구 다카하시 겐지로 저택 旧高橋源次郎家을 찾았다. 지역의 실업가이자 귀족원 의원을 지낸 다카하시 겐지로가 살았던 건물에는 20세기 초 상류층의 생활상이 드러나는 방과 전시품이 남아 있다. 당시 이 저택이 등장하면서 마을의 건축 양식 자체에 큰 변화를 주어, 억새 지붕 일색이던 집들이 하나둘 기와지붕으로 바뀌었다고 한다.

바닥이 삐걱거리는 실내 통로를 지나자 퀘퀘한 다다미(볏집으로 엮은 일본의 전통 바닥) 냄새가 코를 자극한다. 그러나 조그만 정원이 내다보이는 마루로 불어오는 바람이 퀘퀘함을 날려 보냈다. 바람과 인사라도 나눌 겸 자리에 앉아 이마에 송글송글 맺힌 땀방울을 닦았다.

다시 거리로 나와, 1870년에 200년 이상의 삼나무를 벌목해 지었다는 상가 자

옛 상류층의 생활을 엿볼 수 있는 구 다카하시 겐지로 저택

료관까지 둘러보았다. 종합권으로 만나볼 수 있는 주요 건축물을 모두 섭렵한 셈이다. 하지만 다음 버스까지는 한 시간가량 여유가 남았기 때문에, 남은 교환권도 쓸 겸 거리를 거닐었다. 맑게 갠 하늘 아래로 길게 늘어선 상점가에서 교환권으로 예쁜 주머니를 구입하는 데 성공했다. 이제 정말 소박한 일상과 전통이 살아 숨 쉬는 오비 마을과 작별할 시간이다.

일본 초대 왕의 아버지를 모시는 우도 신궁

오비 마을을 출발한 버스 안, 기사 아저씨와 할머니들이 정답게 이야기를 주고받는다. 강원도 방언을 닮은 소박한 미야자키 벤宮崎弁(미야자키 방언)이 분위기를 띄우는 가운데, 다음 목적지인 우도 신궁鵜戸神宮으로 향했다.

흔히 일왕 가문의 막을 연 존재로 진무 일왕神武天皇을 언급한다. 우도 신궁은 그의 아버지 히코나기사타케우가야후키아에즈노미코토彦波瀲武鸕鷀草葺不合尊를 모시는 곳으로 잘 알려져 있다. 참고로, 일본인이 믿는 여러 신들을 모시는 신사神社와는 달리, 신궁神宮이란 일본 왕실의 역사와 관련된 신을 모시는 곳이다.

〈고사기〉나 〈일본서기〉 등에 의하면 태양의 신 아마테라스アマテラス의 손자인 니니기가 3가지 신기인 검, 곡옥, 거울을 받고 지상으로 내려와 세상을 다스렸다고 한다. 니니기의 둘째 아들인 야마사치히코山幸彦는 수렵을 즐겨 하던 '산의 신'이었는데, 그는 해신海神의 딸 도요타마히메豊玉姫名과 혼약을 맺었고 이후 둘 사이에서 태어난 아이가 바로 히코나기사타케우가야후키아에즈노미코토다. 그는 오늘날의 우도 신궁 터에서 태어난 후 바위에서 흐르는 물을 마시며 자랐다고 한다. 그 바위는 오늘날까지도 '젖바위'라는 뜻의 오치치이와お乳岩라는 이름으로 남아 있고, 이런 연유로 우도 신궁은 결혼과 순산의 성지로 명성을 떨치고 있다.

40분간의 이동 끝에 도착한 신궁 입구 주차장에는 이미 많은 관광버스가 줄지어 있다. 그리고 주차장 아래로 내려다보이는 아찔한 해안 풍경은 '우와' 하는 감탄사를 자아낸다. 참고로 입구에서 본당까지는 20분쯤 걸린다. 작은 터널과 가파른 계단, 특산물을 파는 기념품 가게들을 지나면 그제서야 커다란 도리이鳥居(신사나 신궁의 입구에 설치된 문)가 나온다. 이를 시작으로 '신의 영역'임을 알리는 신몬神門과 사쿠라몬桜門을 지나 본궁으로 진입하는 계단으로 향했다.

계단 아래로는 푸른 바다 사이로 늠름히 모습을 드러낸 암석과 가파른 절벽, 이를 향해 세차게 부딪치는 거센 파도가 어우러져 장관을 이룬다. 시원한 바람과 신묘한 분위기를 느끼며 신궁을 잇는 내리막 계단으로 내려가자 동굴 속에 자리한 본궁이 등장한다. 보수 공사로 주변이 어수선하고, 심지어 젖바위 주변은 검은 막을 둘러친 탓에 안이 보이지도 않았다. 아쉬운 대로 신궁 사진을 한 장 담은 후 맞은편의 거북바위를 내려다보았다.

거북바위의 등 부분에는 돌돌 엮인 금줄이 쳐져 있고 그 안으로 깊은 홈이 파였다. 그리고 사람들이 홈을 향해 신궁에서 파는 행운 구슬 '운타마運玉'를 던지고 있

우도신궁 본궁 입구

우도신궁 사쿠라몬

다. 소원을 빈 후 던진 구슬이 홈 안으로 들어가면 소원이 성취된다는 미신이 있는데, 여자는 오른손으로, 남자는 왼손으로 던져야 한단다. 미신을 믿지는 않지만 재미로 한 번 던져 보고 싶어서, 구슬을 사서 소원을 빌었다.

'우리 엄마 오래오래 건강하고 행복하게 살게 해 줍쇼!'

기도를 하고 구슬을 던지는데, 두 번 실패한 후에 연달아 3개를 넣는 데 성공했다. 이를 지켜보던 사람들이 함성을 질렀다.

'훗! 우리 홍 여사, 100세 인생은 충분히 이루시겠구먼.'

미야자키에서 만나는 이스터 문명의 흔적, 산멧세니치난

오늘의 세 번째 목적지인 산멧세니치난サンメッセ日南은 신궁 입구에서 불과 5분 거리였다. '산멧세'는 'Sun Message'의 일본식 발음으로 태양의 메시지를 받는 곳이라는 의미이다. 그런데 어째서 이스터섬의 석상이 이곳에 있는 것일까?

1960년대, 칠레에 발생한 대지진으로 인해 이스터섬에 있는 15개의 모아이 석상이 쓰러졌다고 한다. 칠레 정부는 복구할 여력이 없어 수십 년간 방치해 두었는데, 1990년대 초반 일본에서 복구 지원단을 파견하며 석상을 복원했다. 이에 칠레 정부가 보답 차원에서 특별히 석상의 복제를 허가하면서, 7개의 석상이 지금의 산멧세니치난에 세워졌다.

현재 전시된 석상들은 1992년부터 3년간 이스터섬으로 건너가 복구 작업에 힘쓴 나라奈良 출신의 석공 사노카쓰지가 세운 것들로, 이들을 만나려면 버스 정류장에서부터 15분가량 완만한 언덕길을 올라야 한다.

뻘뻘 땀을 흘려가며 산멧세니치난 입구에 도착하니 푸른 바다가 내려다보이는 언덕 아래로 7개의 석상이 보이기 시작한다. 높이 5.5미터, 무게 18~20톤에 달하는 석상들은 늠름한 자세로 하늘을 바라보고 있다. 'Sun Message'라는 이름 그대로 하늘로부터 좋은 기운을 받고 있는 듯하다. 이 석상들은 왼쪽부터 일, 건강, 연애, 전체, 결혼, 재물, 공부 방면의 행운을 나타내고 있어 어루만지면 소원이 이루어진다고 한다. 나도 근처로 다가가 하나씩 만져보면서 소원을 빌었다.

석상 뒤편으로 펼쳐진 드넓은 남태평양으로부터 시원한 바람이 불어온다. 야자수와 꽃잎들은 바람에 몸을 맡긴 채 한들한들 춤을 추었고, 석상이 바라보는 언덕의 전망대 근처에서는 여행객들이 웃음꽃을 피우고 있다. 천국 같은 풍경을 혼자 보기엔 아까울 정도다. 급한 대로 사진을 찍어 친구들에게 전송했더니 '뜬금없이 칠레를 왜 갔냐?'라고 묻는 친구를 비롯해 '이리 좋은 곳을 너 혼자 갔냐?'라고 항의하는 친구까지 메시지가 빗발친다.

'그래, 다음엔 꼭 같이 오자!'

언제가 될지 모를 다음을 기약하며 언덕 뒤편 전망대에 설치된 '천공의 탑'을 찾았다. 일 년에 두 번, 춘분과 추분 때 태양이 가운데 석상(전체운)의 등 뒤로 떠오르면 태양의 빛이 탑 가운데 벌어진 틈으로 들어온단다. 이 빛은 전 세계 18개 종교가 평화를 기원하며 출원한 '지구 감사 종'을 비추게 된다고 한다. 나도 넓은 태평양이 내려다보이는 천공의 탑에서 세계 평화를 기원하며, 저 멀리 태양의 언덕 위로 우뚝 선 해시계와 아래쪽의 석상에게 아쉬운 작별을 고했다.

자연의 신비, 아오시마 도깨비 빨래판

행정 구역상 미야자키시宮崎市에 속한 아오시마靑島는 둘레 1.5km의 작은 섬으로, 간조 시에는 섬 주위로 100m에 걸쳐 '도깨비 빨래판鬼の洗濯板・오니노센타쿠이타'이라는 독특한 지형이 펼쳐진다. 또한 섬 내에는 아열대성 식물을 포함해 226종의 식물이 자라고 있어 생물학적으로 큰 가치를 지닐 뿐만 아니라, 섬 한쪽에는 사랑을 이뤄 준다는 아오시마 신사靑島神社도 남아 있다.

40분간의 이동 끝에 아오시마 입구 버스 정류장에 도착했다. 정류장이 있는 오모테산도表參道 거리의 끝에는 아오시마 해변 공원이 위치한 작은 해변이 펼쳐진다. 이 해변에서 야요이 다리를 건너면 바로 아오시마인데, 다리 주위에 '도깨비 빨래판' 지형이 펼쳐져 있는 것이 한눈에 들어왔다.

다리를 건너 도깨비 빨래판으로 다가갔다. 약 천만 년 전부터 규칙적으로 퇴적된 사암砂岩과 이암泥岩의 상층부가 파도의 침식에 의해 울퉁불퉁해져 형성된 이 독특한 지형은 1934년에 국가 천연기념물로 지정되었다고 한다. 천만 년에 걸쳐 형성된 자연의 산물을 보고 있자니 감탄사가 절로 나온다. 간조가 절정에 달할 시간에 방문한 덕에, 지평선 끝까지 도깨비 빨래판 지형이 드러나 있었다. 불과 몇 시

간 전만 해도 바다 생물들이 춤을 췄을 바위를 밟으며 지평선을 향해 걸어가 보았다. 조금 걷다 보니, 슬슬 물이 차오를 시간이 되었는지 철썩거리는 파도 소리에 힘이 실렸다. 여기까지만 오라는 신호인가 보다.

아오시마 신사의 입구인 '도리이'가 있는 쪽으로 되돌아갔다. 일본의 초대 일왕인 진무 일왕의 조부를 모시는 이 신사는 1737년까지만 해도 참배 기간 이외에는 출입이 금지될 정도로 신성하게 여겨졌다. 신사 내에는 일본 신화를 재현한 공간과 사랑을 이루어 주는 장소가 있다. 본당 앞에 커다란 5엔짜리 동전 모형과 맷돌이 있는데, 동전 모형 앞의 꼬챙이에 5엔(혹은 50엔)을 끼운 후 '사랑하게 해 주세요.'라고 기도하면서 맷돌 손잡이를 돌리면 사랑이 이뤄진다고 한다.

아오시마 신사까지 둘러보고 다리를 건너 해변 공원으로 돌아갔다. 조안 바에

즈Joan baez의 〈Donna Donna〉라는 노래가 흐르면 딱 좋을 것 같은 해변 공원 주변으로 펼쳐진 빠알간 하늘은 눈물 날 정도로 감동적이었다. 맥주병을 부딪쳐 가며 이야기꽃을 피우는 친구들, 사랑스러운 아이의 모습을 사진에 담는 부모, 낭만적인 한때를 즐기는 연인들. 공원에 모인 다양한 군상 사이로 하루를 마무리하려는 상점가 직원들의 움직임이 분주하다.

영업이 마칠 시간인 오후 5시가 지났지만, 다행히 가게 사장님의 호의로 피자 한 판과 콜라 한 잔을 주문할 수 있었다. 파라솔에 자리를 잡고 앉아 저녁 노을에 물든 바다 풍경 속에서 다들 즐겁게 웃음 짓고 있는 풍경을 보고 있자니, 피자 한 조각 뜯는 것으로도 충분히 행복했다. 오후 여섯 시 반, 타오르는 저녁놀과 파도 소리를 벗 삼아서 분주했던 하루에 마침표를 찍었다.

Travel Tip

가는 방법 항공편으로 후쿠오카 공항 도착(한국 직항 있음). 후쿠오카의 하카타역 버스 터미널에서 미야자키행 버스에 탑승하여 미야자키역(宮崎駅) 하차. (4시간 30분 소요, 규슈 전지역 산큐패스 이용)

※ 미야자키와 가고시마를 함께 방문할 예정이라면 산큐패스(3일 혹은 4일간 규슈 전지역 혹은 북부 지역의 버스를 무제한 이용 가능한 패스)의 규슈 전지역 이용권 구입을 추천한다.

※ 후쿠오카에서 미야자키로 바로 가는 신칸센 직통편은 없다. 따라서 가고시마와 미야자키를 함께 둘러보는 여행자 중에서는 시간을 절약하기 위해 후쿠오카에서 가고시마까지 신칸센을 이용한 다음 가고시마에서 미야자키까지 버스로 이동하는 경우가 있다.

※ 미야자키시에서는 'VISIT MIYAZAKI BUS PASS'라는 1일 무제한 승차권(2,000엔. 단, 일본 거주자는 유학생만 구입 가능)을 판매하고 있다. 산큐패스가 없는 여행자들은 이 패스를 구입하면 교통비를 크게 절약할 수 있다. (한국어 안내 www.visit-bus-pass.com/kr_index.html)

둘러보기 미야자키역에서 오비 마을행 버스로 출발 → 오비성과 오비 마을 → 우도 신궁 → 산멧세니치난 → 아오시마 도깨비 빨래판 → 아오시마역青島駅에서 전차로 미야자키역 이동 (약 8시간 소요)

※ 한 시간에 한 대꼴로 미야자키역 니시 1 정류장(宮崎西1)에 서는 니치난시 오비 마을 정류장(日南市飫肥バス停)행 버스를 타고 각 명소를 돌아보는 것을 추천한다. (2023년 현재 미야자키역 출발 시각 09:40, 11:10, 11:45, 13:55, 15:40, 18:55)

볼거리

오비 마을(飫肥)

- 가는 방법 : 미야자키역 앞 정류장에서 니치난시 오비 마을 정류장(日南市飫肥バス停)행 버스 탑승하여 오비 마을 하차. / 또는 미야자키역에서 JR 닛푸혼센 전차 탑승하여 오비역 하차.
- 요금 : 다베아루키・마치아루키(食べ歩き・町歩き) 종합권은 800엔짜리와 1,400엔짜리가 있음.(선물 교환권 5장 포함) 800엔으로는 5번(구 야마모토 이헤이 저택), 6번(상가 자료관), 7번(구 타카하시 겐지로 저택) 입장 가능. 1,400엔짜리 종합권으로는 요쇼칸(豫章館)과 마쓰오노마루(松尾の丸), 역사 자료관(歴史資料館)을 비롯해 총 4곳 입장 가능. 시간적 여유가 없다면 800엔짜리 종합권 구입을 추천.

산멧세니치난(サンメッセ日南)

- 요금 : 성인 1,000엔, 중고생 700엔, 만 4세 이상 어린이 500엔
- 매주 수요일은 휴관

먹거리

네구라 커피(寢珈琲, NEGURA COFFEE)

- 주소 : 미야자키현 니치난시 오비 5-2-18(宮崎県日南市飫肥5-2-18)
- 영업 시간 : 10:00~18:00 / 매주 수요일 휴무

부케야시키 이토테(武家屋敷 伊東邸)

옛 무사 가옥에서 느긋한 식사를 즐길 수 있다. 카페와 레스토랑을 함께 운영하며, 미야자키 명물 닭 요리인 치킨난반 고젠(チキン南蛮御膳, 1200엔)이 대표 메뉴이다.

- 주소 : 미야자키현 니치난시 오비 8-6-10(宮崎県日南市飫肥8丁目6-10)
- 영업 시간 : 11:00~17:00 (런치 11:00~15:00) / 매주 화요일 휴무(화요일이 공휴일인 경우, 다음 날 휴무)